OBST

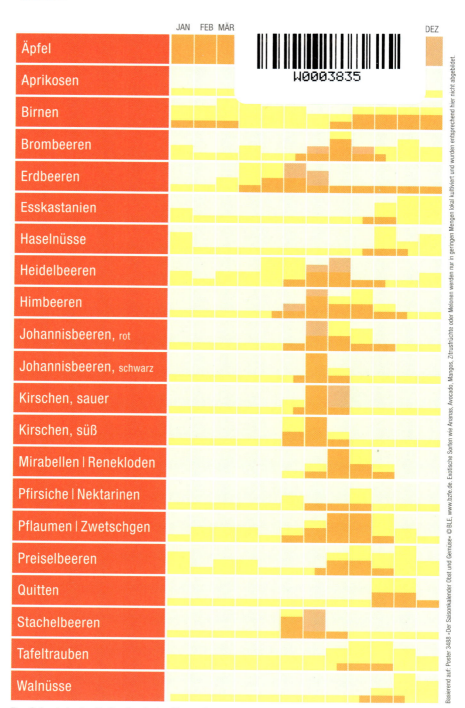

KATARINA SCHICKLING
Der Konsumkompass

KATARINA SCHICKLING

DER KONSUM-KOMPASS

Was Sie wirklich
über Plastikverpackungen,
Neuseelandäpfel & Co.
wissen müssen

Gut und nachhaltig leben
muss nicht kompliziert sein

mosaik

Alle Ratschläge in diesem Buch wurden vom Autor und vom Verlag sorgfältig erwogen und geprüft. Eine Garantie kann dennoch nicht übernommen werden. Eine Haftung des Autors beziehungsweise des Verlags und seiner Beauftragten für Personen-, Sach- und Vermögensschäden ist daher ausgeschlossen.

Wir haben uns bemüht, alle Rechteinhaber ausfindig zu machen, verlagsüblich zu nennen und zu honorieren. Sollte uns dies im Einzelfall aufgrund der schlechten Quellenlage bedauerlicherweise einmal nicht möglich gewesen sein, werden wir begründete Ansprüche selbstverständlich erfüllen.

Sollte diese Publikation Links auf Webseiten Dritter enthalten, so übernehmen wir für deren Inhalte keine Haftung, da wir uns diese nicht zu eigen machen, sondern lediglich auf deren Stand zum Zeitpunkt der Erstveröffentlichung verweisen.

Dieses Buch ist auch als E-Book erhältlich.

Das Papier des Umschlags wird zu 60 % aus recycelten Kaffeebechern hergestellt und das Buch bewusst ohne Schutzfolie verkauft.
Nicht vermeidbare Emissionen werden über ein Aufforstungsprojekt der Verlagsgruppe Random House in Brasilien ausgeglichen.

Verlagsgruppe Random House FSC® N001967

1. Auflage
Originalausgabe April 2020
Copyright © 2020 Mosaik Verlag, München,
in der Verlagsgruppe Random House GmbH,
Neumarkter Str. 28, 81673 München
Umschlag: Sabine Kwauka
Umschlagmotiv: © shutterstock / EllenM und Nadezhda Shuparskaia
Redaktion: Antje Steinhäuser
Satz: Uhl + Massopust, Aalen
Druck und Bindung: CPI books GmbH, Leck
Printed in Germany
GS · CB
ISBN 978-3-442-17866-7
www.mosaik-verlag.de

Besuchen Sie den Mosaik Verlag im Netz

Inhalt

Einleitung 9

Glossar 16

Die Sache mit dem Müll 19

Getränke to go 22
Die Gurke in der Plastikhülle 34
Die beste Einkaufstüte der Welt 38
Wie sinnvoll ist Müll-Recycling? 47
Was gehört ins Altpapier? 53
Die richtige Verpackung 59
Getränke – Einweg oder Mehrweg? 70
Der Kaffee aus der Kapsel 81

Auf der Suche nach dem ökologischsten
Verkehrsmittel 87

Mein Öko-Auto 92
Mit Flugscham leben 106
Wie reise ich richtig? 118
Traumschiff oder Albtraum? 126
Unterwegs im Nahverkehr 131

Strom und andere Energieprobleme ... 143

Energiequellen auf dem Prüfstand. ... 146
Wir Stromverschwender ... 155
Weg mit dem alten Kühlschrank? ... 161
Mobiler Strom: Batterien, Akkus & Co. ... 168
Geht Smartphone auch in Grün? ... 178
Ich google das mal schnell. ... 185

Richtig essen ... 191

Der Apfel aus Übersee ... 193
Sind Veganer die besseren Menschen? ... 202
Wildfang oder Zuchtfisch? ... 214
Wie unser Caesar's Salad
Flüchtlingsboote füllt ... 218
Das Palmöl-Problem ... 225
Kann Wasser Sünde sein? ... 231
Ist bio wirklich besser? ... 236
Wer ist der schlimmste Lebensmittel-
verschwender? ... 241

Politisch korrekter Konsum ... 247

Einkaufen im Internet. ... 249
Das abfallfreie Bad. ... 258
Ist putzen böse? ... 266
Wie man sich glücklich repariert ... 275
Mein Lieblings-T-Shirt als Klimasünder ... 279
Windeln waschen oder wegwerfen? ... 290
Grillen mit gutem Gewissen ... 295

Energiesparen mit dem E-Book-Reader 299
Mit gutem Gewissen durch die
Weihnachtszeit............................... 304

Besser Konsumieren – und alles wird gut? 313

10 goldene Regeln für ein nachhaltiges Leben 318

Dank 321

Hilfreiche Links und Literatur
für bewussteren Konsum......................... 323

Register....................................... 325

Einleitung

>> Wie zahlreich
sind doch die Dinge,
derer ich nicht bedarf. <<

Sokrates (469–399 v. Chr.)

Wo er recht hat … nicht konsumieren, keinen ökologischen Fußabdruck hinterlassen und entsprechend sorgenfrei durchs Leben gehen – das klingt überzeugend. Griechischer Philosoph müsste man sein!

Auch Sokrates musste allerdings etwas essen, und er stand, anders als ich, im Laden nicht vor 15 Apfelsorten aus vier Ländern. Nur der erste Punkt auf meinem Einkaufszettel – und schon habe ich viele Fragen: Kaufe ich lieber den Bioapfel aus Neuseeland oder den konventionell angebauten vom Bodensee? Packe ich die Äpfel anschließend in eine Papier- oder Plastiktüte? Bin ich ein schlimmer Ökosünder, weil ich den praktischen, wiederverwertbaren Synthetik-Beutel zwar gekauft, aber dann zu Hause auf dem Küchentisch liegen gelassen habe? Und fahre ich vom Supermarkt lieber mit dem E-Bike nach Hause oder mit dem Bus, weil es zu Fuß doch ganz schön weit ist, wenn man den Wocheneinkauf für die Familie im Gepäck hat. Oder wäre ich nicht noch besser gleich zum Hofladen des netten Biobauern gegangen? Wobei, da hätte ich dann das Auto nehmen müssen, weil da gar kein Bus hinfährt, und ich wohne in der Großstadt, da gibt es keine Bauern…

Wir modernen Menschen treffen den lieben langen Tag Konsumentscheidungen. Und immer öfter spielt für uns das Thema Nachhaltigkeit dabei eine wichtige Rolle. Im Herbst 2018 hat das Meinungsforschungsinstitut Emnid im Auftrag der Zeitung *Bild am Sonntag* deutsche Verbraucher befragt, ob sie zu einem bescheideneren Lebensstil bereit wären, wenn sie dadurch einen Beitrag zur Begrenzung der Erderwärmung leisten könnten. Stolze 81 Prozent sagten schon damals Ja.

Es wurde auch gefragt, wo die Befragten Abstriche machen wollten:

 84 Prozent würden vermehrt regionale und saisonale Lebensmittel kaufen

 70 Prozent würden ältere Hausgeräte durch umweltfreundlichere Geräte ersetzen

 67 Prozent würden öfter mal das eigene Auto stehen lassen und stattdessen mit öffentlichen Verkehrsmitteln und dem Fahrrad fahren

 64 Prozent würden auf Flugreisen komplett verzichten

63 Prozent würden zu Ökostrom wechseln, auch wenn er teurer wäre

 Immerhin noch 62 Prozent können sich laut der Umfrage vorstellen, im Winter selbst dann weniger zu heizen, wenn darunter das eigene Wohlbefinden leiden würde

Mittlerweile würden diese Zahlen vermutlich noch eindrucksvoller ausfallen – seit unsere Kinder uns bei ihren »Fridays for Future«-Demos eindrucksvoll daran erinnern, wie dringend ein Umdenken in Sachen Konsum und Nachhaltigkeit angesagt wäre, ist das Thema ungeheuer »in«. Die Versuche, irgendwie nachhaltiger zu leben, sind im Mainstream angekommen. Als mein 19-jähriger Sohn ein Baby war, verwendeten nur besonders grüne Ökoapostel Stoffwindeln – mittlerweile gibt es Dienstleister, die die schmutzigen Höschen aus Biobaumwolle abholen, zentral waschen und wieder ausliefern. Mehrere Freundinnen von mir ersetzen ihre Wattepads zum Abschminken durch waschbare Häkelpads. Und die EU geht mit gutem Beispiel voran und verbietet ab 2021 zahlreiche Einwegplastik-Produkte.

Aber sind diese Maßnahmen überhaupt zielführend? Ist es schlimm, dass nur 10 Prozent der für die oben zitierte Umfrage erfassten Deutschen komplett auf tierische Lebensmittel verzichten würden, oder ist ein veganer Lebensstil womöglich gar nicht so viel nachhaltiger? Wie gut ist die Ökobilanz des schon erwähnten Bodenseeapfels nach zehn Monaten Lagerung im Kühlhaus noch im Vergleich zum neuseeländischen Apfel, frisch vom Riesenfrachtschiff, das so viele Äpfel auf einmal transportieren kann, dass der CO_2-Abdruck des einzelnen Apfels nicht mehr so wild sein dürfte?

Fragen über Fragen, und selbst hochangesehene Experten streiten über die richtigen Antworten. Auch wenn es manchmal auf den ersten Blick so einfach scheint. Zum Beispiel im Sommer 2019. Plötzlich scheint es ein ganz einfaches Mittel gegen den Klimawandel zu geben. Ein Forscherteam der ETH Zürich macht weltweit Schlagzeilen mit einem Vorschlag, wie sich das CO_2-Problem lösen lasse: durch Aufforstung. Von dem bis heute in der Atmosphäre abgeladenen CO_2 ließen sich rund zwei Drittel gewissermaßen wieder einfangen, wenn einfach nur umgehend genug Bäume gepflanzt würden. Anhand von Satellitenbildern haben die Wissenschaftler auch schon ausreichend unbewohnte Flächen gefunden, wo sich diese Bäume pflanzen ließen, ohne irgendeiner Wohnsiedlung, Ackerbaufläche oder Industrieanlage im Weg zu sein. Insgesamt rund 900 Millionen Hektar, die 205 Gigatonnen zusätzlichen Kohlenstoff speichern könnten. Seit Beginn der Industrialisierung habe wir rund 300 Gigatonnen in die Atmosphäre geblasen, gut zwei Drittel davon wären damit neutralisiert – klingt cool!

Leider ist es doch nicht ganz so einfach. Die Forscher der ETH Zürich haben bei ihrer Rechnung etwa um den Faktor zwei übertrieben, was zu tun hat mit dem natürlichen Kreislauf von CO_2 zwischen Atmosphäre, Ozeanen und Erde. Allerdings wären 100 Gigatonnen weggeschafftes

CO_2 ja immer noch schön. Aber wir reden hier nur von dem CO_2, das in der Vergangenheit angefallen ist. Die 200 Gigatonnen aus der Studie entsprechen etwa dem, was wir bei unserem heutigen Konsum in 20 Jahren neu erzeugen. Auch mit 900 Millionen Hektar Wald ist unser CO_2-Problem also nicht mal ansatzweise gelöst, ganz zu schweigen davon, wie unwahrscheinlich es ist, dass sich die Nationen dieser Welt mal eben auf ein gigantisches Aufforstungsprojekt einigen würden.

Mir geht es wie vielen: Ich finde mich in der eingangs zitierten Umfrage wieder. Ich bin bereit, Dinge anders zu machen, wenn ich damit die Welt retten oder wenigstens meinen Alltag etwas nachhaltiger gestalten kann. Ich wohne in München. Die Landshuter Allee, die neben dem Stuttgarter Neckartor am häufigsten Schlagzeilen in Sachen Feinstaubalarm macht, liegt nur fünf Autominuten von meiner Wohnung entfernt. Ich sehe immer mit leichtem Schaudern, wie die Farbe frisch gefallenen Schnees dank der Abgase innerhalb von 24 Stunden von Weiß zu Dunkelgrau wechselt.

Aber ich möchte auch, dass mein Verzicht – denn ökologisch korrekter leben geht fast nie zum Nulltarif – tatsächlich etwas bewirkt. Wie viel Gutes tue ich also tatsächlich der Umwelt, wenn ich Zug statt Auto fahre? Welchen Unterschied macht es, wenn ich mich mit einem waschbaren Läppchen abschminke? Verbraucht das Herstellen und Waschen womöglich ähnlich viel Energie wie das Produzieren und Wegwerfen von ein bisschen Watte?

In diesem Buch will ich diese und andere Fragen in Sachen nachhaltiger Konsum klären. Nicht mit gefühlten Wahrheiten, etwa zu Plastik und Co., sondern mit Fakten. Mit starkem Eigeninteresse: Als berufstätige Mutter kenne ich die Zwänge des Alltags nur allzu gut. Und gleichzeitig möchte ich gerade als Journalistin in Sachen ökologischer Fußabdruck natürlich möglichst vorbildlich handeln. Ich mache seit Jahren Filme für die großen öffentlich-rechtlichen Sender zu Verbraucherthemen und recherchiere die Hintergründe von vermeintlichen Tatsachen. Ich habe für dieses Buch nach seriösen Studien gesucht, die umfassende Ökobilanzen erstellt haben, und mit den verantwortlichen Forschern gesprochen. Habe fundierte Untersuchungen zum Fußabdruck einzelner Produkte genau unter die Lupe genommen. Habe durchgerechnet, was es bedeutet, wenn mein wiederverwertbarer Kaffeebecher in meiner heimischen Geschirrspülmaschine, von Hand unter fließendem Wasser oder im Profigerät im Café gereinigt wird, und wie oft das passieren muss, bis seine Herstellung weniger Ressourcen verbraucht hat, als die gleiche Menge Wegwerfbecher. Eine große Herausforderung – denn viele dieser Fragen sind bisher nicht seriös durchrecherchiert worden. Viele der Artikel, die sich zu diesen Themen im Internet finden, basieren auf interessengesteuerten Informationen – die Studie etwa, die Pappbecher für ökologisch unbedenklicher hält als Porzellantassen, ist ausgerechnet vom Einweg-Industrieverband der Benelux-Länder bezahlt worden.

Diese Recherchen finden Sie in diesem Buch, Punkt für Punkt. Ich habe Autoren der Originalstudien befragt. Ich habe nach Zahlen gesucht, die tatsächlich vergleichbar sind. Ich stelle das, was alle immer wieder voneinander abschreiben, auf den Prüfstand und entlarve Ökomythen. Sie können dieses Buch als Nachschlagewerk nutzen – zu allen Kapiteln gibt es Kurzzusammenfassungen mit den wichtigsten Tipps für ein nachhaltiges Konsumverhalten. Wenn Sie sich noch gründlicher ins Thema vertiefen möchten, finden Sie Links zu relevanten Studien und Quellen, zum Nach- und Weiterlesen. Die Informationen und Internetverweise sind auf dem Stand von Dezember 2019. Alles, was Sie im Text an Informationen finden, ist gründlich überprüft und gegengecheckt. Damit Sie, wie es auch mir ein Anliegen ist, Ihre Konsumentscheidungen künftig auf der Grundlage von Tatsachen treffen können.

Glossar

In der Debatte um die Rettung unseres Planeten kursieren ein paar Begriffe, die mir, als Nicht-Naturwissenschaftlerin, zunächst nicht immer ganz klar waren. Deshalb vorneweg ein kleiner Überblick über die wichtigsten Schlagwörter und was sich dahinter verbirgt. Sollten Sie in der Schule einst besser aufgepasst haben, als ich: einfach weiterblättern!

Treibhausgase

Gasförmige Bestandteile der Atmosphäre, die den sogenannten Treibhauseffekt verursachen. Dabei absorbieren sie langwellige Strahlung, die von der Erdoberfläche, den Wolken und der Atmosphäre selbst ausgestrahlt wird, und strahlen sie wieder ab. Die wichtigsten Treibhausgase sind Wasserdampf, Kohlenstoffdioxid, Distickstoffoxid (Lachgas), Methan und Ozon. In ihrer Gesamtwirkung erhöhen sie den Wärmegehalt des Klimasystems.

CO_2-Äquivalent

Kohlendioxid (CO_2) ist das bekannteste, aber, siehe oben, eben nicht das einzige Treibhausgas in der Atmosphäre. Wird im Zusammenhang mit dem Klimawandel über Mengen dieser Gase gesprochen, werden sie in jene Mengen Kohlendioxid umgerechnet, die die gleiche Klimawirkung entfalten würden. So verstärkt beispielsweise eine Tonne Methan über einen Zeitraum von 100 Jahren gerechnet den Treibhauseffekt im gleichen Ausmaß wie 28 bis 34 Tonnen CO_2.

Erneuerbare Energien

Darunter versteht man alle Energiequellen, die sich durch natürliche Prozesse mit einer Geschwindigkeit erneuern, die der Nutzungsrate entspricht oder diese sogar übertrifft. Windkraft, zum Beispiel, Sonnenstrahlung, Erdwärme oder biologische Ressourcen.

Seltene Erden

Scandium, Yttrium, Lanthan, Gadolinium, Cer, Terbium, Praseodym, Dysprosium, Neodym, Holmium, Promethium, Erbium, Samarium, Thulium, Europium, Ytterbium, Lutetium. Auch wenn Sie von den meisten dieser 17 Elemente eventuell noch nie den Namen gehört haben, kommt Ihr Haushalt nicht ohne aus: In Akkus, LEDs, Bildschirmen, Leuchtziffern oder Glasfaserkabeln. Die meisten sind, anders als der Name suggeriert, gar nicht sonderlich selten. Aber dafür sind es die wirtschaftlich ausbeutbaren Lagerstätten. Die Elemente kommen zumeist nur in jeweils kleinsten Mengen oder als Beimischungen in anderen Mineralien vor; ihre Gewinnung verursacht deshalb oft große Umweltschäden.

Die Sache
mit dem Müll

Ende der Achtzigerjahre legte mein Großvater sich ein neues Hobby zu: Mit 76 Jahren wurde er zum leidenschaftlichen Mülltrenner. Dabei war er bis dahin nie mit besonderen Sympathien für grüne Ideen aufgefallen. Im Gegenteil: Als langjähriger Mitarbeiter der Farbwerke Höchst pflegte er ein höchst unbekümmertes Verhältnis etwa zu Pflanzenschutzmitteln, und wenn es nach Zwischenfällen im Werk in seiner nahe gelegenen Heimatgemeinde gelb oder orange regnete, dann brummte er höchstens, dass es früher einmal die Woche bunt geregnet habe, und das habe schließlich auch niemandem geschadet.

Doch nachdem in Hessen seit 1985 zum ersten Mal in Deutschland die Grünen mitregierten, änderte sich das politische Klima und im Zuge dessen auch die Müllsatzung der

Gemeinde Kriftel im Taunus: Wer besonders wenig Restmüll produzierte und seine Tonne seltener leeren ließ, weil er einen Großteil der Abfälle anderweitig recycelte, bekam am Ende des Jahres einen Teil der Müllgebühren zurück. Damit wurde Restmüllreduktion für meinen Großvater zur Aufgabe…

Wegen eines Praktikums in Frankfurt verbrachte ich zu dieser Zeit einige Wochen bei meinen Großeltern. Schon beim Zubereiten des Frühstücks musste ich immer damit rechnen, dass mein Großvater plötzlich hinter mir auftauchte, um zu verhindern, dass ich womöglich einen Joghurtbecher in den Restmülleimer warf. Familienmitglieder alleine in der Küche waren ihm suspekt – bestand doch stets das Risiko, dass irgendein Wertstoff unsachgemäß entsorgt wurde. Weil meine Großmutter sich standhaft weigerte, sich die komplexen Regeln des Recyclings anzueignen, bürgerte es sich ein, dass der während des Kochens anfallende Müll zunächst in Plastikschüsseln zwischengelagert wurde. Nach dem Essen stand dann mein Großvater in der Küche und sortierte Aludeckel, Verbundkartons und Kompostierbares in verschiedene Tüten. Er schaffte es mehrere Jahre lang, die höchstmögliche Rückzahlung der Müllgebühren zu erreichen und war tiefbetrübt, als die Gemeinde ihr System eines Tages wieder änderte.

Irgendwie fand ich meinen Opa damals ziemlich cool. Und gleichzeitig stellte ich mir zum ersten Mal die Frage, was die Mülltrennerei wirklich bringt. Wurde all das wirklich sinnvoll wiederverwertet? Oder landete der liebevoll sortierte und getrennt transportierte Müll am Ende doch wieder auf der gleichen Deponie?

In diesem Kapitel geht es um die Hinterlassenschaften unseres Konsums: Wo ist Recycling und der Einsatz von Mehrwegsystemen wirklich sinnvoll? Und wo beruhigen wir damit lediglich unser Gewissen?

Getränke to go

Als Studentin hatte ich ein Stipendium, um für meine Magisterarbeit in Rom zu forschen. Wie habe ich dort die italienische Sitte geliebt, jede Verabredung, jeden Termin mit einem schnellen *caffè* zu beginnen, zu unterbrechen, zu beenden – oder noch besser: alles davon. Seitdem ist ein schneller Kaffee zwischendurch für mich eine Art Denk-Treibstoff. Und so gefiel es mir gut, als auch bei uns überall die Kaffeebars aus dem Boden sprossen.

Die deutsche Version des schnellen Kaffees finden die meisten Italiener allerdings sehr seltsam: In Rom gab es den Espresso immer aus einer Porzellantasse, an der Bar, im Stehen. Bei uns ist es üblich geworden, den Kaffee mitzunehmen und unterwegs zu schlürfen. 162 Liter Kaffee haben wir Deutschen 2014 durchschnittlich pro Jahr getrunken, immerhin 5 Prozent davon aus Einwegbechern.[1] Der Kaffeebecher in der Hand gehört zum modernen Städter wie das Smartphone – ein unverzichtbares Accessoire, um sich damit durch den Großstadtdschungel zu kämpfen.

Bis die Deutsche Umwelthilfe mal ausgerechnet hat, welche Müllberge wir Kaffeefans dabei hinterlassen: 7,6 Millionen Kaffeebecher am Tag stapeln sich zu der schier unvorstellbaren Höhe von 255 000 Kilometern – das wären etwa zwei Drittel der Strecke von der Erde bis zum Mond oder mehr als sechs Mal um den Äquator herum. Und wie gesagt,

---

1   Quelle: Deutsche Umwelthilfe

das sind nur die deutschen Kaffeebecher, und nur, wenn wir von 0,2-Liter-Portionen ausgehen. Hinzu kommen noch die Plastikdeckel, die kleinen Plastiklöffelchen zum Umrühren, und – worst case – womöglich auch noch ein Strohhalm. Zudem handelt es sich bei dem typischen Kaffeebecher auch noch um ein recyclingtechnisch besonders ungünstiges Produkt: Der Becher selbst, aus Pappe, ist verantwortlich für das Abholzen der Wälder, darf aber wegen seiner Beschichtung nicht ins Altpapier. Es gibt hochspezialisierte Firmen, die diese Becher theoretisch verwerten könnten, dort kommen die Becher aber praktisch nie an, weil sich uns meist gerade kein geeigneter Spezialabfalleimer in den Weg stellt, wenn wir mit unserem Wegzehrungs-Kaffee fertig sind.

Ich weiß nicht, wie es Ihnen geht: Mir hat das den Spaß am coolen Lifestyle-Kaffee verdorben! Seit dies alles breit durch die Presse gegangen ist, schaffe ich es nicht mehr, einfach einen Pappbecher mitzunehmen, ohne dass mich das Gewissen plagt. Hätte ich nicht heute Morgen vorausschauend einen Thermobecher einpacken sollen? Der dann allerdings den Rest des Tages meine Handtasche vollkleckert, weil die Dinger ja selten *wirklich* dicht schließen… Und wäre es nicht eh noch besser gewesen, wenn ich mich damals stattdessen für einen Becher aus Porzellan entschieden hätte? Oder aus Kunststoff, weil mir der sicher nicht beim zehnten oder elften Benutzen kaputtgeht? Oder wäre es noch politisch korrekter, wenn ich zu meinem Brauch aus der Studentenzeit zurückkehren würde, meinen Kaffee an der Theke zu trinken und das Abspülen den Profis zu überlassen?

Zahlreiche Städte entwickeln mittlerweile Mehrwegbecher-Konzepte – das Münchner Start-up Recup, zum Beispiel, hat deutschlandweit ein Pfandsystem etabliert und wirbt damit, dass seine Becher aus recyclebarem Kunststoff mindestens 500 Spülgänge überleben würden. Die Becher kosten einen Euro Pfand und dürfen bundesweit bei Recup-Partnern zurückgegeben werden. In Freiburg gibt es seit 2016 den FreiburgCup, der immerhin 400-mal wieder benutzbar sein soll.

Damit liegen sie im Trend: Im November 2018 hat der »Verbraucherzentrale Bundesverband« eine Umfrage durchführen lassen. Dabei sprachen sich 71 Prozent der Befragten für einen Preisnachlass für Konsumenten aus, die eigene Behälter mitbringen. Jeweils mehr als jeder Zweite war für ein Verbot von Einweg-to-go-Verpackungen (57 Prozent) und die Einführung eines Pfandsystems (55 Prozent).[2]

Auch für mich klang das alles total plausibel, bis mich diverse Zeitungsartikel aufschreckten: Unter griffigen Titeln wie »Verschlimmbechert«[3] berichteten seriöse Zeitungen wie die *Süddeutsche, Die Welt* oder die *FAZ* von Studien, die angeblich belegt hätten, dass in Wahrheit der Pappbecher die viel ökologischere Lösung sei, als die hochgelobten Mehrwegsysteme. Tatsächlich? Sind wir hier Opfer unserer eigenen Vorurteile geworden?

Die Studie, auf die sich alle diese Artikel zunächst beziehen, ist schon relativ alt: 2007 vergleicht die niederlän-

---

2   https://www.vzbv.de/pressemitteilung/verbraucher-wollen-weniger-go-muell

3   https://www.faz.net/aktuell/wirtschaft/wirtschaftspolitik/coffee-to-go-umweltanalysen-von-mehrwegbechern-und-einweg-15029225.html

dische Organisation für angewandte naturwissenschaftliche Forschung Einweg- und Mehrwegkaffeebecher unter dem Aspekt der Umweltfolgen – Herstellungsaufwand von Porzellantassen, Plastik- und Pappbechern, der Energieaufwand beim Spülen, die Entsorgung …[4] Und kommt damals tatsächlich zu dem überraschenden Ergebnis, dass Wegwerfbecher für die Umwelt am wenigsten schädlich seien.

Nun hat diese Studie allerdings mehrere Haken. Zunächst sind zehn Jahre eine lange Zeit – Herstellungsmethoden, die Arbeitsweise von Geschirrspülern, das Material der verschiedenen Becher … all das hat sich seitdem weiterentwickelt, sodass sich schon deshalb die Frage stellt, welchen Wert diese Studie für uns heute noch haben kann. Zum zweiten Mal gestutzt habe ich, als ich gleich auf Seite eins den Auftraggeber der Studie fand: Die »Benelux Disposables Foundation« – das ist der Industrieverband der Einweghersteller in den Benelux-Ländern. Noch wichtiger jedoch ist, was da eigentlich untersucht wurde: Es geht in dem Papier um sehr spezielle Selbstbedienungsautomaten, die in Büros oder Fabriken zum Einsatz kommen. Auf Nachfrage bestätigen mir die Autoren der Studie dann auch, dass ihre Erkenntnisse auf den typischen To-go-Kaffee nicht wirklich anwendbar sind.

Als der Deutsche Kaffeeverband im September 2015 versucht, mit dieser Studie die wachsenden Bedenken gegen Pappbecher zu entkräften, meldet sich die Deutsche Um-

---

4   https://www.tno.nl/media/2915/summary-research-drinking-systems.pdf

welthilfe mit methodischer Kritik zu Wort: »*Der Deutsche Kaffeeverband versucht Bürgern das Umweltproblem von Coffee to go-Bechern mit einer veralteten Studie als umweltfreundlich zu verkaufen. Die gewählte Füllgröße des Einwegbechers ist zu klein, sein angenommenes Gewicht zu leicht und die CO_2-Emissionen sind zu gering. Für Mehrwegbecher wurden dagegen veraltete und deutlich zu hohe Energiewerte für die Warmwasserbereitstellung beziehungsweise die automatische Spülung angenommen*«, erklärt der DUH-Leiter für Kreislaufwirtschaft Thomas Fischer.[5]

Auch die zweite Studie zu diesem Thema ist eher speziell: Nach der Fussball-EM in Österreich und der Schweiz untersuchten im September 2008 drei Forschungseinrichtungen im Auftrag des Österreichischen Bundesministeriums für Land- und Forstwirtschaft, Umwelt und Wasserwirtschaft und des Schweizer Bundesamtes für Umwelt verschiedene Bechersysteme bei Großveranstaltungen rund um das Sportereignis und im deutschen Fußball-Bundeliga-Betrieb. Eine Besonderheit hier ist die beschränkte Wiederverwertbarkeit einiger Mehrwegbecher wegen des Brandings – Fußballverbände sind mit Lizenzprodukten, die ihre geschützten Logos tragen, sehr streng… Dennoch kommen die Autoren der Studie zu einem eindeutigen Ergebnis: »*Alle Mehrwegbecherszenarien weisen gegenüber den betrachteten Einwegszenarien geringere Umweltbelastungen auf. Wobei die Unterschiede bei allen untersuchten Bechern signifikant sind, mit Ausnahme des Kartonbechers, bei dem die Unterschiede nur beschränkt signifikant sind. Für das beste Einwegbecher-Szenario werden doppelt*

---

5   https://www.presseportal.de/pm/22521/3134792

so viele Umweltbelastungspunkte ausgewiesen wie für das ungünstigste Mehrwegbecher-Szenario, bei dem aufgrund des Brandings eine Nachnutzung nicht möglich ist.«[6]

Das klingt schon ganz anders als die niederländischen Erkenntnisse, lässt sich auf die typische Coffee-to-go-Situation aber wieder nicht unmittelbar anwenden – dafür ist auch hier der Untersuchungsgegenstand zu unterschiedlich. Das schreiben auch die Autoren der Studie selbst in ihrer Schlussfolgerung: »*Wie bei allen Ökobilanzen gelten die Ergebnisse nur für die untersuchten Systeme beziehungsweise Produkte. Es ist nur beschränkt zulässig, Rückschlüsse auf andere Anwendungen zu machen, auch wenn sie ähnlich gelagert sind.*«[7]

Nach der Lektüre beider Studien bin ich etwas verwirrt. Wie soll man aus Untersuchungen, die dermaßen spezielle Szenarien erfassen, etwas über den Kaffeebecher aus der Bäckerei auf dem Weg zur Arbeit lernen? Ich finde schließlich eine neuere Studie aus Deutschland, aus dem Juni 2017, die sich konkret mit der Kaffeebecher-Frage befasst. Unter der Leitung von Prof. Stefan Pauliuk haben sich Johannes Althammer und Kaja Weldner an der Fakultät für Umwelt und Natürliche Ressourcen der Uni Freiburg für ihre Masterarbeit mit dem weiter oben schon erwähnten FreiburgCup beschäftigt. Ein Pfandsystem, an dem mittlerweile über 100 Ausgabestellen beteiligt sind. Damit wird man den leeren

---

6   http://www.lorangerie.ch/wp-content/uploads/2012/03/oekobilanz_bechersysteme.pdf, S. 8

7   S. o., S. 90

Becher im Stadtgebiet relativ zuverlässig wieder los, bevor er die Handtasche vollkleckert.

Die Veröffentlichung dieses Papiers war der Anlass dafür, dass so viele Zeitungen im Sommer 2017 plötzlich Schlagzeilen dazu fabrizierten, dass Einwegbecher gar nicht so schlimm seien. Als Journalistin verstehe ich gut, warum sich so viele Medien so begeistert auf das Thema stürzten: Überraschende Meldungen werden immer gerne genommen ... »Es stimmt: Mehrweg ist besser als Einweg« – da fällt der Chefredakteur sofort in Tiefschlaf. »Alles falsch: Pappbecher sind die beste Lösung!« – mit diesem Rechercheergebnis bekommen Sie als Autorin sofort eine halbe Seite ...

Dabei gibt die Schlussfolgerung der Studie das nicht wirklich her. Darin heißt es: »*Bei der Bewertung der Freiburg-Cup wurde festgestellt, dass das Mehrwegsystem aus der Sicht der Müllvermeidung einen positiven Effekt gegenüber einem Papierbechersystem mit sich bringt.*« Die Autoren schreiben allerdings auch: »*Aus der Sicht von Ökologie und menschlicher Gesundheit ist die Bilanz der FreiburgCup in den meisten betrachteten Szenarien und Kategorien mit der einer Papiertasse vergleichbar.*« Denn es stellte sich heraus, dass die FreiburgCup-Benutzer offenkundig ihre Becher als Souvenir mit nach Hause nahmen, anstatt ihn zurückzugeben – das führt dann natürlich ein Pfandsystem schnell ad absurdum.

Damit liegt der Ball im Feld von uns Verbrauchern. Der Mehrwegbecher ist sehr wohl sinnvoll, er muss nur regelmäßig zum Einsatz kommen. Das schreiben die Forscher auch gleich im nächsten Satz: »*Aus ökologischer Sicht ist allerdings eine enorme Verbesserung zu erreichen, wenn*

1. *der FreiburgCup häufig ausgegeben, verwendet und auch wieder zurückgegeben wird.*
2. *der FreiburgCup mit einem hohen Anteil an Ökostrom gespült wird.*
3. *der FreiburgCup ohne einen Polystyrol-Deckel genutzt wird.«*[8]

Auf einen Punkt hat die Stadt Freiburg mittlerweile reagiert: Es gibt nun auch Mehrwegdeckel für den Becher, die jeder Kunde kauft und wiederverwendet – aus Hygienegründen scheidet da ein Pfandsystem aus, weil die Deckel zu kompliziert zu spülen sind. Generell scheinen die Deckel beim To-go-Becher immer der Knackpunkt zu sein – auch beim Pappbecher war gemäß der Freiburger Studie der Plastikdeckel das größte Problem, bei der Herstellung ebenso wie bei der Entsorgung.

Noch etwas stellte sich in der Studie heraus: Es hing viel davon ab, wie die teilnehmenden Kaffeeverkaufsstellen den Mehrwegbecher vermarkteten: Wurde er immer direkt mit angeboten oder gab es ihn nur auf ausdrücklichen Wunsch der Kundschaft? Lagen Deckel neben Zucker und Milch zum Mitnehmen bereit, oder gab es die nur auf Nachfrage? Je selbstverständlicher der Mensch hinterm Tresen den Pfandbecher ausgab, umso häufiger wurde er auch genutzt.

Der Geschäftsführer des Anbieters Recup ist davon überzeugt, dass er mit seinem Konzept richtigliegt. Sein Unter-

---

8   http://www.blog.industrialecology.uni-freiburg.de/wp-content/uploads/2017/06/Umweltauswirkungen-der-FreiburgCup_Endversion.pdf, S. 2

nehmen macht weiter und startet jetzt mit »Rebowl« – denn auch beim schnellen Essen in der Mittagspause ist der Müllberg enorm: Über 281 000 Tonnen waren es 2017, 58 Prozent davon Teller, Boxen und Schalen.[9]

Ein nicht ganz unwichtiger Punkt ist der Energieaufwand beim Spülen der Becher. Die Geschirrspülmaschinen, die in unseren heimischen Küchen stehen, unterscheiden sich drastisch von denen, die in Cafés oder Geschäften eingesetzt werden. Wo die Geräte für den Privatgebrauch heutzutage vor allem auf Energiesparen und geringen Wasserverbrauch hin konstruiert sind und im Gegenzug mehrere Stunden für einen Spülgang benötigen, arbeitet die klassische Gastro-Spülmaschine mit sehr viel höheren Temperaturen und aggressiveren Spülmitteln.

Es gibt keine Studien dazu, welche Spülmaschine umweltfreundlicher spült, die zu Hause oder die im Café. Ich suche Rat bei Rainer Stamminger. Der Professor für Haushaltsund Verfahrenstechnik am Institut für Landtechnik der Universität Bonn ist gewissermaßen der Papst der Waschund Spülmaschinenforschung. Allerdings kann auch er dazu keine eindeutige Aussage machen. Gastro-Spülmaschinen arbeiten mit vorgeheiztem Wasser – ist die Maschine im Dauerbetrieb, weil das Café so viele Gäste hat, dass fortwährend schmutzige Tassen anfallen, ist das eher gut für die Ökobilanz: Das Wasser muss dann nicht für jeden Spülgang neu aufgeheizt werden. Außerdem haben die Profi-Maschi-

---

9   https://www.nabu.de/news/2018/10/25298.html

nen meist keine Trocknung. Wenn die Maschine jedoch nur fünfmal am Tag läuft, gewinnt unsere Maschine zu Hause, vorausgesetzt sie ist wirklich vollgeräumt. Definitiv am ungünstigsten ist es, den Becher unter fließendem Wasser abzuspülen.[10]

Schlussendlich sind Pfandbecher also eine gute Idee. Und wo solche Systeme nicht angeboten werden, ist der eigene Mehrwegbecher sinnvoller als der tägliche Griff zum Pappbecher. Zumal wir Bürger die indirekt an anderer Stelle teuer bezahlen: Allein in Berlin sind bis zu 15 Prozent der öffentlichen Mülleimer mit To-go-Bechern vollgemüllt. Was nicht mehr reinpasst, landet auf der Wiese – und hat in den Augen der Berliner Stadtbevölkerung laut einer Umfrage mittlerweile sogar Hundehaufen abgelöst als größtes Ärgernis in der Stadt.

Kaffeebecher sind als Müll schwierig: Durch die Beschichtung zählen sie verwertungstechnisch zu den sogenannten Verbundstoffen. Die Materialien sind nur mit großem Aufwand zu trennen. Das würde sich lohnen, wenn es große Mengen sortenreinen Bechermüll gäbe. An der Universität im niederländischen Leiden werden die Pappbecher seit Februar 2019 separat gesammelt und von einer Spezialfirma zu Toilettenpapier verarbeitet – eine mögliche Alternative zu Mehrweg.

So eindrucksvoll indes die eingangs erwähnten Müllmengen klingen – unterm Strich ist der Kaffeebecher zwar ein

---

10 Mehr zum Thema ökologisch abspülen im nächsten Kapitel!

plakatives Beispiel, jedoch kein besonders schwerwiegendes für die generelle Klimabilanz. Die Studie der Freiburger Universität schreibt zur Einordnung des Problems: »*Bezogen auf die CO_2-Emissionen sind die Auswirkungen der FreiburgCup mit etwa 30 g deutlich geringer als die Emissionen des Kaffees, den sie beinhaltet (etwa 1 kg). Auch im Vergleich mit anderen Aktivitäten sind die Emissionen der FreiburgCup gering: Um dieselben Emissionen zu erzeugen, wie beispielsweise für einen Urlaubsflug (hin und zurück) nach Barcelona, könnte man 7100 Mal die FreiburgCup benutzen.*«[11]

Man könnte aber auch, wie die Italiener, öfter fünf Minuten investieren und den Kaffee einfach vor Ort trinken, bewusst und mit Genuss. Entschleunigung kann ziemlich nachhaltig wirken!

_____

11 S.o., S. 28

FAZIT:

- Die beste Lösung unter ökologischen Aspekten ist ein Pfandsystem, das funktioniert – mit möglichst vielen Ausgabestellen und einer großen Zahl von Einsätzen pro Becher – so fällt der Aufwand bei der Herstellung des Bechers kaum ins Gewicht.

- Wo es ein solches System nicht gibt, ist der eigene Mehrwegbecher eine sinnvolle Alternative. Der wird am ökologischsten sauber in einer vollgeräumten Geschirr-spülmaschine, die mit Ökostrom arbeitet.

- Sollten Sie Zugang zu separaten Sammelsystemen für gebrauchte Becher haben – unbedingt nutzen!

- Ein wirklich großes Problem sind Wegwerfdeckel und Plastikumrührer – ab 2021 EU-weit zwar verboten. Aber bis dahin tun Sie der Umwelt einen großen Gefallen, wenn Sie darauf so oft wie möglich verzichten.

Die Gurke in der Plastikhülle

Manchmal ist es gar nicht so einfach, ein guter Mensch zu sein. Zum Beispiel, wenn man gerne Gurken isst. Zwei Sorten hat mein Supermarkt um die Ecke im Angebot: gleich am Eingang eine ganze Kiste loser, konventioneller Salatgurken aus Holland, einen Gang weiter dann bayerische Biogurken, eingeschweißt in Plastik. Und schon habe ich die Wahl zwischen Pest und Cholera. Ich möchte gerne nachhaltige Landwirtschaft unterstützen und würde deshalb gern zur Ökogurke greifen, und Gemüse aus der Region finde ich eh besser. Andererseits will ich möglichst wenig Plastikmüll verursachen. Was also tun?

Der Grund, warum ausgerechnet Bioware im Supermarkt oft so unbiologisch eingeschweißt wird: Die Händler trauen uns nicht! Damit wir die teurere Biogurke nicht an der Kasse als konventionelle Gurke durchschmuggeln, muss sie sich unveränderbar unterscheiden. Und weil es im Supermarkt normalerweise mehr konventionelle als Bioware gibt, wird letztere im Plastikkondom gereicht. Immerhin reagiert der Handel hier zunehmend auf den Wunsch der Kunden nach Einkaufen ohne Müll. REWE lasert seit Anfang 2018 Bioavocados und -süßkartoffeln, Netto Bioingwer und Biogurken. Edeka beschriftet Mango, Ingwer, Süßkartoffel und Kokosnuss aus ökologischer Erzeugung mit Laser, und künftig auch Avocados, Kiwis, Wassermelonen, Kürbisse, Zitrusfrüchte und Gurken. *»Perspektivisch können somit 50 Millionen Etiketten und Folien pro Jahr eingespart werden – das entspricht* *rund 50 Tonnen Verpackungsmaterial*«, so der Handelsriese in einer Pressemitteilung im Juli 2018.[12] Die Schwarz-Gruppe (Lidl, Kaufland) will durch den Verzicht von Plastikhüllen bei Gurken in ihren Kauflandmärkten künftig jährlich sogar 175 Tonnen weniger Müll verursachen und hat zudem eine Recyclingfirma für Plastikabfälle gekauft.

Ein weiteres Argument mancher Händler, neben der Warenauszeichnung, ist das Thema Frische. Gerade Gurken und Brokkoli, die zum Zeitpunkt der Ernte noch eine aktive Zellatmung besitzen, verlieren ohne Verpackung extrem schnell viel Feuchtigkeit. Eine Gurke besteht zu etwa 96 Prozent aus Wasser. Unter Schutzatmosphäre eingeschweißt wird ihre Haltbarkeit etwa verdoppelt. Eine unverpackte Gurke, die im Supermarkt vergammelt und dort im Müll landet, hätte eine deutlich schlechtere Umweltbilanz als eine eingepackte Gurke, die verzehrt wird. Wasser und Energie, die bei der Produktion und dem Transport des Gemüses eingesetzt wurden, wären bei verdorbener Ware schließlich umsonst verbraucht worden.

Das Problem mit den Plastikverpackungen in der Gemüseabteilung ist ein großes: Die Verbraucherzentrale Hamburg und der Verbraucherzentrale Bundesverband haben im Mai 2019 einen Marktcheck gemacht und in insgesamt 42 Filialen der wichtigsten acht Lebensmittelketten nachgese-

---

12 Beim Lasern wird die oberste Schicht der Schale weggebruzelt, und es entsteht ein nicht entfernbares Brandzeichen. Dieses Verfahren funktioniert übrigens nicht für alles: Zitronenschalen wuchern nach dem Lasern einfach wieder über die Markierung drüber …

hen. Zu fast zwei Dritteln wurde dabei Obst und Gemüse in Plastikverpackungen angeboten. Tomaten, Möhren, Paprika, Gurken, Äpfel – mit massenhaft Plastikmüll frei Haus. Bei Penny und Aldi war die durchschnittliche Plastikquote dabei mit 81 und 74 Prozent besonders hoch, besser schnitt Edeka ab, mit immer noch 48 Prozent. Und wir Kunden werden auch nicht wirklich gelockt, Plastikmüll zu meiden: Bei zwei Dritteln der Testkäufe war unverpackte Ware teurer.

Dabei haben deutsche Handelsketten den müllvermeidenden Verbraucher durchaus als interessanten Kunden entdeckt: Manche Händler bieten mittlerweile wiederverwendbare Säckchen an, zum Kaufen natürlich, auf die sogar die Waagen geeicht sind – wodurch man übrigens gleichzeitig an die jeweilige Kette gebunden ist, weil andere Händler wieder andere Säckchen haben. Außer man beschließt, die paar Cent, die man möglicherweise für das Gewicht des ökologisch korrekten Beutels bezahlt, als eine Art Umweltabgabe zu begreifen. Dumm nur, wenn es dafür dann kaum Ware gibt, und die obendrein noch teurer ist!

Und dann bleibt noch die Frage, ob mein wiederverwendbarer Beutel tatsächlich umweltfreundlicher ist … Zu Obstverpackungen gibt es noch keine wissenschaftlichen Untersuchungen, das Thema ist wohl noch zu frisch … aber dafür zu den Einkaufstüten, mit denen wir unsere Einkäufe aus dem Supermarkt nach Hause tragen. Dazu mehr im nächsten Kapitel. Unterdessen ist die Hobby-Handarbeitsszene hier ebenfalls aktiv geworden und näht aus alten Gardinen Obstbeutel. Auf Neudeutsch heißt das »Upcycling«. Das Internet wimmelt von Anleitungen für den ultimativ ökologisch korrekten Einkauf. Und das Münchner Start-up »Rebeutel« vertreibt seine Gardinenbeutel über zahlreiche Lebensmitteleinzelhändler und nimmt gerne Stoffspenden entgegen – eine sinnvolle Alternative zu gewerblichen Altkleidersammlungen.

FAZIT:

- Ich werde bei Lesungen oft gefragt, was besser ist: konventionell und unverpackt oder bio in der Plastikhülle. Ganz ehrlich? Weder noch! Wenn Sie Ihr Biogemüse in einem Laden kaufen, der ausschließlich Erzeugnisse aus ökologischer Landwirtschaft vermarktet, braucht der Händler keine Plastikhüllen, um Schummelei an der Kasse zu unterbinden.

- Kaufen Sie Obst und Gemüse möglichst oft regional ein, und zwar dann, wenn es Saison hat. Die Gurke aus dem Nürnberger Knoblauchsland, die ich auf dem Wochenmarkt bei mir im Viertel kaufe, hat auch ohne schützende Plastikhülle deutlich weniger Gelegenheit, zu Biomüll zu werden, als die spanische Gurke, die schon auf ihrer langen Reise anfängt zu schrumpeln.

- Machen Sie Ihren Händlern Dampf! Wir Kunden haben viel mehr Macht, als uns oft bewusst ist. Was glauben Sie, warum die großen Ketten plötzlich Geld für die Erforschung von Laserkennzeichnung ausgeben? Weil sie oft genug von ihrer Kundschaft für die Plastikfluten gebasht worden sind. Also dranbleiben!

Die beste Einkaufstüte der Welt

Meine Großmutter wäre niemals ohne Korb einkaufen gegangen. Allerdings war sie auch nicht berufstätig. Der Gang zum Supermarkt fand bei ihr immer geplant statt, nicht spontan zwischen Job und Kindergartenabholung oder während einer sich plötzlich bietenden Lücke im Terminkalender. Für moderne doppelt bis dreifach belastete Menschen wie mich ist es deshalb durchaus praktisch, wenn man im Supermarkt Tüten und Taschen in allen Größen dazubekommt. Als ich das erste Mal in den USA war, habe ich gestaunt über die freundlichen Packhelfer, die meine Einkäufe in eine Unmenge von bereitliegenden Plastiktüten packten. In deutschen Supermärkten kosten Tüten seit ich mich erinnern kann Geld – allerdings so wenig, dass sich das prophylaktische Herumtragen eines Korbes nicht so richtig im Geldbeutel bemerkbar macht. Aber doch immerhin genug, um uns schon vor den jüngsten Aktivitäten der EU zu Europas sparsamsten Tütenverbrauchern zu machen: 71 Plastiktüten pro Kopf und Jahr – in Polen, Ungarn oder der Slowakei waren es 450.

Das mag damit zu tun haben, dass es in den Mangelgesellschaften hinter dem Eisernen Vorhang nicht nur keine Bananen, sondern auch keine Tüten gab und deshalb ein gewisser Nachholbedarf bestand. Dabei waren die Ostblockbewohner in Sachen nachhaltige Einkaufstransportmedien aus heutiger Sicht wegweisend… Die Schauspielerin Gerit Kling, ein Kind der DDR, hat mir in einem Interview vor ein paar Jahren erzählt, dass sie *immer* einen sogenannten Dederonbeutel eingesteckt hatte, für den Fall, dass es plötzlich unerwartet etwas Besonderes zu kaufen gab. Nicht auszudenken, wenn der Kauf von zwei Kilo Orangen am fehlenden Behältnis gescheitert wäre …

Auf der anderen Seite der Mauer galten die »Ich hab immer meine Plastikalternative dabei«-Typen eher als etwas skurril: Der »Jute statt Plastik«-Beutel gehört für mich genauso zur Folklore einer bundesrepublikanischen Kindheit in den Siebzigerjahren wie Bonanza-Räder oder Dolomiti-Eis. Ab 1978 wurden die Taschen für 1,50 DM in Dritte-Welt-Läden vertrieben und wurden zum unverzichtbaren Accessoire für Menschen, die ihre Schafwollpullover selbst strickten und für ihr Müsli morgens eigenhändig Haferflocken quetschten. Sie wurden dafür gerne belächelt. Doch der Lauf der Zeit gibt ihnen recht: Heute gibt es handliche, wiederverwertbare Einkaufstaschen sogar in Museumsshops und Duty-Free-Läden – so etwas nicht dabeizuhaben, outet einen sofort als Klimasünder.

Denn ehrlich gesagt: Jede Tüte, ob Plastik, Papier oder Stoff, die wir beim Einkaufen dazuerwerben, ist ein Ökoproblem. Ende April 2015 hat die EU-Kommission deshalb eine Richtlinie verabschiedet mit dem Ziel, dass der Verbrauch von Einwegtüten bis Ende 2019 auf 90 Stück pro Kopf reduziert werden soll. Bis 2025 soll der Verbrauch in der EU sogar auf 40 Stück pro Kopf und Jahr zurückgehen. Grundsätzlich können die EU-Länder im Rahmen der Richtlinie eine verpflichtende Abgabe für die Tüte einführen. Irland etwa hat dies vor einigen Jahren getan – mit Erfolg. Dort sank der Verbrauch von über 300 Tüten pro Person und Jahr auf nur noch 14 Tüten. Und auch bei uns in Deutschland hat sich noch mal etwas bewegt, seit Plastiktüten fast überall kostenpflichtig sind: 2018 lagen wir pro Person nur noch bei 24 Tüten jährlich – das ist etwa eine Tüte alle zwei Wochen.

Interessanterweise geht es uns dabei offenkundig wirklich mehr um die paar gesparten Cent als um unser reines Umweltgewissen. Gegenläufig zum sinkenden Tütenverbrauch ist nämlich unser Verbrauch an sogenannten »Hemdchenbeuteln« gestiegen – das sind die dünnen Plastiktüten, die in der Obstabteilung hängen... Die sind eigentümlicherweise von der EU-Richtlinie ausgenommen. Das Bundesumweltministerium erklärte auf eine Anfrage der FDP, dass wir Bundesbürger 2018 37 solcher Tüten pro Kopf verwendet hätten, eine mehr als 2015. Während also die Ökostreber unter uns brav unverpackt einkaufen und aus alten Gardinen Obstbeutel schneidern, nutzen die Sparfüchse offenkundig die Hemdchenbeutel als Tütenalternative...

Aldi plant deshalb, künftig auch für diese Tütchen den – eher symbolischen – Betrag von einem Cent zu kassieren. Ob das abschreckend genug ist, wird sich zeigen. Einen anderen Weg geht die Handelskette Real: Dort sollen künftig in der Gemüseabteilung nur noch Papiertüten ausliegen. Mein Bauchgefühl mag das: Papiertüten fühlen sich eindeutig ökologischer an. Aber sind sie es auch?

Also zurück zur ökologischsten Plastiktüten-Alternative – irgendwie müssen die Einkäufe ja nach Hause... Die Stoff- oder Papiertasche im Supermarkt ist zwar deutlich teurer als Plastik, trotzdem habe ich sie auch früher stets lieber

gekauft, in dem Gefühl, damit irgendwie die kleinere Ökosauerei zu begehen. Doch dann macht im Frühjahr 2018
eine Studie des dänischen Umweltministeriums Schlagzeilen. Demnach müsse man eine Tasche aus ungebleich-
ter Biobaumwolle gleich 20 000 (ja, Sie haben sich nicht
verlesen: Zwanzig! Tausend!) Mal verwenden, damit sie auf
die gleiche Ökobilanz komme wie eine Plastiktüte aus Polyethylen, die nach einmaliger Verwendung im Müll endet.[13]
Ich überschlage das mal: Eine Familie, die etwa dreimal wöchentlich einkauft, müsste das demnach – wie bei einem
Erbstück über Generationen hinweg – 128 Jahre lang mit
der Baumwolltasche tun, bis sie in Sachen Ökobilanz besser
dastünde, als wenn sie bei jedem einzelnen Einkauf während
dieser unglaublich langen Zeit eine Plastiktüte gekauft und
anschließend weggeworfen hätte… Damit wäre die Baum-
wollalternative eindeutig raus. Kann das stimmen?

Ich mache mich auf die Suche nach weiteren Studien.
Der Schweizer Forscher Roland Hischier hat 2014 für die
Eidgenössische Materialprüfungs- und Forschungsanstalt,
kurz EMPA, ebenfalls eine Studie zur Ökobilanz von Trage-
taschen verfasst. Auch hier schneidet die Baumwolltasche
am schlechtesten ab, ist allerdings immerhin schon nach 20
Durchgängen gleichauf mit der Plastiktüte. Der Sieger in
dieser Studie ist eine Tüte aus 80 Prozent recyceltem Plastik.[14]

---

13 https://www2.mst.dk/Udgiv/publications/2018/02/978-87-93614-
    73-4.pdf, S. 17
14 https://www.coop.ch/content/dam/act/themen/hauptthemen/verpa-
    ckungen/2014_EMPA_%C3%96kobilanz%20von%20Tragetaschen.pdf

Wohin mit dem Hundekot?

Kennen Sie die Geschichte? Eine junge Schwedin engagiert sich für die Umwelt. Ihr Protestfoto teilt sie über sozi-
ale Medien. Auf der ganzen Welt klicken Menschen ihr Foto
an. Ihr Name ist … nein, nicht Greta. Ich spreche von Sanna
Lagerwall, die 2015 für ein Schulprojekt 172 volle Hunde-
kotbeutel in einem Wald bei Göteborg einsammelte und
anprangern wollte, dass die Besitzer der Hunde die Tüten
nicht ordnungsgemäß in den Müll geworfen hatten.

Hundebesitzer sind in den vergangenen Jahren dazu
erzogen worden, die Hinterlassenschaften ihrer Vierbeiner
stets aufzusammeln. In München stehen in jedem Park
Tütenspender. Und tatsächlich tritt man seitdem viel seltener in Hündehäufchen. Das ist gut für die neuen Sneakers,
aber nicht gut für die Umwelt. In Deutschland gibt es mehr
als neun Millionen Hunde – geht man von zwei »großen
Geschäften« am Tag aus, macht das die kaum vorstellbare
Menge von 6,57 Milliarden Tüten im Jahr.

Die Lösung? Schwierig … ich verstehe jeden Hundehal-
ter, der seinen Vierbeiner innig liebt, aber deshalb trotzdem
nicht wiederverwertbare Kotgefäße mit sich führen möchte.
Hundehaufen in der Tupperdose? Nun ja … Vielleicht eine
Anregung für die Industrie: Wer die ultimative Idee für eine
CO_2-neutrale Entsorgung von Hundehaufen hat, ohne
dass ich deshalb wieder nach jedem Spaziergang stinkende
Kotreste aus dem Profil meiner Turnschuhe kratzen muss –
her damit!

Wieso kommen zwei seriöse Institute beim gleichen Forschungsgegenstand zu so unterschiedlichen Ergebnissen? In einem Interview mit der *Neuen Züricher Zeitung* erklärt der Schweizer Forscher die Diskrepanz so: Die Zahlen beider Studien fielen unter anderem deshalb so unterschiedlich aus, weil die EMPA-Studie den Wasserverbrauch bei der Herstellung nicht einbezogen habe – der Anbau von Baumwolle, auch von Ökobaumwolle übrigens, verbraucht extrem viel Wasser.

Die dänische Studie hat allerdings auch einen methodischen Haken: Die Forscher gehen von einem Einkaufsvolumen von 22 Litern aus, der Standardgröße einer Plastiktüte in Dänemarks Supermärkten. Die untersuchte Stofftasche hat nur ein Fassungsvermögen von 20 Litern, deshalb kalkulieren die Wissenschaftler in ihrer Untersuchung damit, dass die Kundschaft ihre Einkäufe in zwei Stoffbeuteln heimtransportieren muss, während beim Plastik eine Tüte genügen würde. Also gut, wenn wir mit einem Stoffbeutel pro Einkauf auskommen, wären wir schon nach 64 Jahren im grünen Bereich.

Der Stofftasche dicht auf den Fersen bei beiden Studien ist die Papiertüte. 7,4-mal muss sie im Einsatz sein, glaubt man den Schweizern – gar 43-mal, wenn man die dänischen Erkenntnisse heranzieht. Ich hatte bis zur Lektüre der beiden Studien Papiertüten immer, mit halbwegs gutem Gefühl, als Altpapierbehälter genutzt und gemeinsam mit den Zeitungen entsorgt – das war demnach keine richtig gute Idee.

Eine weitere Prämisse der dänischen Studie: Alle Plastiktüten landen ordnungsgemäß im korrekt sortierten Müll.

Hier fängt der Vergleich an zu hinken: Allein im Berliner Bezirk Neukölln landeten 2016 800 Tonnen Abfall am Straßenrand statt in der Tonne. Die meisten Plastiktüten bestehen aus dem Kunststoff Polyethylen, der aus Erdöl hergestellt wird. Gelangen die Tüten in die Umwelt, dauert es mehrere Hundert Jahre, bis sie sich zersetzen. Dabei verrottet das Material nicht, sondern zerlegt sich in kleinere Bestandteile, sogenanntes Mikroplastik. Diese Kunststoffpartikel gefährden Natur und Tiere. Eine Papiertüte zerfällt dagegen einfach und landet zumindest schon mal nicht im Magen von Fischen, Seevögeln, Säugern und anderen Tieren.

Dieses Müllargument fließt übrigens in klassische Ökobilanzen wie die der Dänen gar nicht ein – da geht es vor allem um den Effekt aufs Klima. Das Tier mit unserer Plastiktüte im Bauch ist trotzdem tot – im April 2019, zum Beispiel, fanden italienische Umweltschützer an der Küste Sardiniens eine gestrandete schwangere Walkuh, sie hatte 22 Kilo Plastikmüll im Magen. Die Tütenstudie veranschaulicht gut, warum Meldungen über vermeintliche Ökomythen stets mit Vorsicht zu genießen sind: Wenn auch die Müllfrage mitbedacht wird, ist die wiederverwertete Baumwolltasche eben doch die bessere Wahl.

Nun bieten gerade Supermärkte neuerdings oft Tüten an, die angeblich kompostierbar sind und verrotten. Klingt gut, stimmt aber leider nicht. Das haben britische Forscher herausgefunden.[15] Nach 18 Monaten hatten sich gemäß dieser Studie Tüten aus kompostierbarem Kunststoff in Meerwas-

---

15   https://pubs.acs.org/doi/10.1021/acs.est.8b06984

ser zwar komplett aufgelöst, verbuddelt im Boden waren sie jedoch auch nach 27 Monaten noch vorhanden. Einziger Unterschied zu herkömmlichem Plastik: Die kompostierbare Tüte bestand nach 27 Monaten den Belastungstest nicht mehr, während ihre Geschwister aus herkömmlichem Plastik noch 2,25 Kilogramm Gewicht transportieren konnten.

Unterm Strich ist jede Tüte eine zu viel, wenn sie nach ihrem Einsatz direkt im Müll landet. Also eben doch der gute alte Dederonbeutel (für Wessis wie mich: Polyester), der so klein zu falten ist, dass er im Zweifel täglich genutzt wird. Nachdem mittlerweile nicht nur Supermärkte, sondern auch Boutiquen und Buchläden Geld für ihre Tüten nehmen, kann ich den richtig oft einsetzen. Und strapazierfähig sind die Dinger auch…

FAZIT:

- Es gibt keine Ausrede: Ein kleiner Einkaufsbeutel, handlich zusammengefaltet, passt im Zweifel sogar in eine enge Jeanstasche und sollte einfach immer im Gepäck sein.

- Als Abfalltüten sind alle Tüten aus dem Supermarkt zu schade, ob aus Plastik oder Papier. Aber wenn sie doch im Müll landen, ist es wichtig, sie korrekt dem Recycling zuzuführen – wenn Sie die Einkaufstüte für Ihren Restmüll verwenden, wird sie verbrannt.

- Tüten aus recyceltem Plastik sind besser als die angeblich verrottenden Beutel aus kompostierbarem Plastik.

- »Bio-Plastik« ist eine Mogelpackung. Es bedeutet in der Regel, dass es sich um Tüten aus nachwachsenden Rohstoffen statt aus Erdöl handelt. Diese Agro-Kunststoffe sind – auch wenn sie ein landwirtschaftliches Produkt sind – nicht per se kompostierbar. In Kompostieranlagen sind sie nicht gerne gesehen, da sie von Sortiermaschinen und selbst vom Personal kaum von herkömmlichen Plastiktüten zu unterscheiden sind.

- Papiertüten sind überhaupt nur eine gute Lösung, wenn sie komplett aus recyceltem Material bestehen (das steht dann oft drauf) UND mehrfach verwendet werden.

Wie sinnvoll ist Müll-Recycling?

Mein eingangs geschilderter Großvater war weiß Gott kein Grüner – aber in Sachen Mülltrennung war er wegweisend, wenn auch nicht aus ökologischem Bewusstsein, sondern weil es für seinen Einsatz Geld zurück gab. Ich selbst habe seine Recyclingquote danach nie wieder erreicht, auch weil mich immer der leise Zweifel plagte, ob nicht am Ende unsere fein säuberlich getrennten Abfälle alle gemeinsam auf der gleichen Deponie irgendwo in Asien landen.

1991 wurde in Deutschland »Der Grüne Punkt« erfunden, als Kennzeichnung für Verpackungen, die fortan in den »Gelben Sack« geworfen und separat entsorgt werden sollten, um möglichst viele Wertstoffe weiter zu verwerten. Das dafür zuständige »Duale System Deutschland« hat seitdem zahlreiche Skandale überlebt und wäre fast pleitegegangen. Inzwischen hat es sein Monopol verloren, und es gibt eine ganze Reihe von Firmen, die sich um die Wiederverwertung unseres Verpackungsmülls kümmern. Immer wieder berichten Journalistenkollegen von mir von Gelben Säcken, die sich in Müllverbrennungsanlagen finden, Seite an Seite mit dem Hausmüll. Also doch gleich alles in eine Tonne?

Ich denke, mit der Mülltrennung ist es ein bisschen wie mit der Demokratie: ein System mit vielen Fehlern, aber besser als alle Alternativen. Tatsache ist, dass wir ganz schön viel Müll produzieren. Eine Freundin von mir, die ihre Kindheit im Rumänien der späten Sechzigerjahre verbracht hat, hat mir erzählt, dass die Abfallmenge für sie rückblickend einer der eindrucksvollsten Unterschiede zwischen ihrer alten Heimat und der neuen Heimat Deutschland war. Im ihrem rumänischen Dorf gab es praktisch keinen Müll. Obst und Gemüse wurden selbst angebaut, Reste schon aus Gründen des allgemeinen Mangels verwertet, Mehl oder Nudeln lose im Dorfladen gekauft… Nun wäre ein Leben im Mangel sicherlich keine wünschenswerte Lösung, aber dass es richtig ist, grundsätzlich möglichst wenig Abfall zu verursachen, dürfte ziemlich offensichtlich sein.

Nun muss aber der Rest irgendwo hin. Eigentlich sind die Vorgaben der EU diesbezüglich sehr eindeutig: Die Abfallrahmenrichtlinie 2008/98/EG schafft eine sogenannte fünfstufige Abfallhierarchie. Die sieht nach »Vermeidung« und »Vorbereitung zur Wiederverwendung« eine »stoffliche Verwertung und Rückführung in den Stoffkreislauf« vor. Auf Deutsch: Wenn schon Müll anfällt, dann soll der nach Möglichkeit recycelt werden.

Müllmythen – und was wirklich dran ist

1. Der Inhalt des Gelben Sacks wird im Zweifel eh verbrannt!

Jein – knapp die Hälfte der eingesammelten Verpackungen ist tatsächlich so kompliziert zu sortieren oder zu verwerten, dass sie in der Müllverbrennung landet. Aber das bedeutet im Umkehrschluss, dass immerhin etwas mehr als die Hälfte recycelt wird – das Glas ist also halb voll…

2. Glas nach Farben zu sortieren ist sinnlos

Wir alle haben schon gesehen, wie Container mit mehreren
Fächern auf einen Schlag in *einen* Lastwagen entleert wurden. Also alles Schwindel? Nein! Diese Lastwagen haben
ebenfalls mehrere Fächer. Grundsätzlich kann Glas um so
hochwertiger weiterverwertet werden, je sortenreiner es ist.
Blaues oder rotes Glas gehört in den Grünglascontainer.

Gerade bei Glas lohnt sich Recycling sehr: Das Duale
System Deutschland schätzt, dass wiederverwertetes Glas
30 Prozent Energie einspart.

3. Den Deckel auf der Flasche kann ich drauflassen

Lieber nicht – auch wenn manche Verwerter die Deckel
theoretisch heraussortieren können. Aber das verursacht
unnötige Kosten. Besser extra entsorgen. Glühbirnen
haben im Glascontainer übrigens nichts verloren!

4. Kompostierbare Tüten dürfen in den Biomüll

Keinesfalls – weil sie viel langsamer verrotten, als der restliche Biomüll. Was jedoch hineindarf, in Maßen, sind Tüten aus unbeschichtetem Papier, Eierkartons oder unge-
bleichte Kaffeefilter.

5. Biotonnen ziehen Ratten an

Ein Klassiker in Fernsehredaktionen … weil die Urangst
vor Ratten immer zieht. Dabei werden Biomülltonnen
oft mit Komposthaufen verwechselt – Letztere können
sich tatsächlich in Rattenbuffets verwandeln, wenn dort
Speisereste monatelang aufs Verrotten warten. Eine gut
schließende Biotonne, die einmal in der Woche geleert

wird, stellt hingegen kein Problem dar – da sind Essensreste am richtigen Ort.

6. Joghurtbecher muss man vor dem Entsorgen spülen

Nein. Im Gegenteil: Durch das Spülen, womöglich noch mit heißem Wasser, zerschießen Sie sich die Ökobilanz wieder. Wichtig ist allerdings, dass Verpackungen »löffelrein« sind, also nicht noch halb voll. Und Sie machen Sortieranlagen das Leben schwer, wenn der Deckel noch am Joghurtbecher hängt oder wenn Sie etwa in die leere Chipstüte noch weitere kleine Müllteile hineinpacken – genau diese Art Verpackungsmüll landet im Zweifel in der Müllverbrennung, weil diese Art erforderliche Feinmotorik keine Sortieranlage leisten kann.

2015 wurden in Deutschland trotzdem laut Zahlen des Bund Naturschutz 13,1 Millionen Tonnen »Restmüll« verbrannt, in Müllverbrennungsanlagen, die überwiegend als Heizkraftwerke dienen. Diese Art der Energiegewinnung ist vergleichsweise ineffizient. Auch wenn die Anlagen heute weniger Schadstoffe ausstoßen als in den Achtzigerjahren, sind sie Umweltschützern noch immer ein Dorn im Auge. Außerdem stehen wir vor einer absurden Entwicklung: Weil immer weniger Restmüll anfällt, dank unseres engagierten Mülltrennens, importieren Müllverbrennungsanlagen zunehmend Abfälle aus dem Ausland oder verlangen so niedrige Gebühren für die Vernichtung von deutschem Restmüll, dass sich das Aufbereiten von Wertstoffen im Müll kaum noch lohnt.

Dieser Missstand ist vor allem ein Auftrag an die Politik, die sich darum kümmern muss, dass die vorhandene EU-Richtlinie auch umgesetzt wird. Es wäre jedoch falsch, wenn wir daraus den Schluss zögen, dass wir sowieso nichts an der Marktlage ändern können, und in der Zwischenzeit einfach alles in die Restmülltonne stopfen. 2015 wurden immerhin 69 Prozent unseres Mülls wiederverwertet. Am besten sind die Recyclingquoten bei Glas (85 Prozent), Papier (86 Prozent) und Metall (92 Prozent) – was auch daran liegt, dass die Industrie diese Stoffe besonders gut verwenden kann. Bei Kunststoff lag die Quote gerade mal bei 36 Prozent. 2019 ist ein neues Verpackungsgesetz in Kraft getreten. Künftig muss die Industrie 58,5 Prozent aller Kunststoffverpackungen aufbereiten, ab 2022 sogar 63 Prozent.

Biomüll extra sammeln, da bin ich ganz ehrlich, nervt – irgendwas suppt immer! Trotzdem ist die separate Entsorgung von Essensresten und Gemüseabfällen besonders sinnvoll – die Stadt München, zum Beispiel, macht daraus sehr hochwertigen Kompost. Und der Restmüll lässt sich umso besser verbrennen, je weniger feucht er ist.

Ein wichtiger Faktor beim Thema Müll sind übrigens Plattformen wie eBay – weil das Weiterverkaufen gebrauchter Waren so unkompliziert geworden ist, wird heute etwa bei gebrauchter Kleidung oder Möbeln deutlich weniger weggeworfen als noch vor 20 Jahren. Etwas, wozu es zur Abwechslung mal keine belastbaren wissenschaftlichen Zahlen gibt – aber früher hätte ich beim Auszug meiner Tochter die alten Ikea-Regale ziemlich sicher auf den Sperrmüll geschafft. So jedoch wurde die gesamte Zimmereinrichtung von diversen glücklichen Studenten abgeholt, die sich sogar über Nippes und Kerzenleuchter gefreut haben.

Nach den Recherchen zu diesem Kapitel haben mein Sohn und ich angefangen, Plastikmüll getrennt zu sammeln – und gestaunt, welche Mengen da zusammenkamen und wie leer unsere Restmülltonne plötzlich ist. Inzwischen haben wir beide einen fast schon sportlichen Ehrgeiz, jedes noch so kleine Stück Plastik vor der Müllverbrennung zu retten. Die Gene meines Großvaters, vermutlich …

FAZIT:

- Je gründlicher wir unseren Hausmüll trennen, desto besser kann er verwertet werden.
- Wichtig ist dabei, Komponenten voneinander zu trennen, wo immer es geht – also beispielsweise Joghurtdeckel vom Becher abzureißen.
- Bei Möbeln oder Kleidern ist weiterverwenden besser als wegwerfen – nutzen Sie die Möglichkeiten des Internets!
- Das Bundesministerium für Ernährung und Landwirtschaft hat Tipps gesammelt, was sich mit Gemüseabfällen anstellen lässt:
  https://www.bzfe.de/inhalt/vom-blatt-bis-zur-wurzel-31270.html

Was gehört ins Altpapier?

Bei meinem wichtigsten Morgenritual bin ich noch immer analog: Schon als kleines Mädchen war es für mich der Inbegriff des Erwachsenenlebens, wenn meine Eltern sich Zeitungteile über den Frühstückstisch hin- und herreichten, und bis heute gehört für mich zum Start in den Tag eine Zeitung. Aus Papier. Selbst an einem stürmischen Augustmorgen an einem portugiesischen Strand – ich bin Weltmeisterin im Zeitungfalten in Windrichtung!

Insofern ist der Altpapierberg in meinem Haushalt schon dadurch groß, und die Einführung von Papiertonnen im Hinterhof war eine große Erleichterung. In unserem Haus sind diese Tonnen immer rappelvoll – kein Wunder, im Papierrecycling liegen wir Deutschen nämlich weit vorne: Laut Umweltbundesamt setzte die deutsche Papierindustrie im Jahr 1990 knapp 49 Prozent Altpapier ein, im Jahr 2017 rund 75 Prozent, Zeitungen und Wellpappe bestehen fast vollständig aus recycelten Papierfasern.[16] Damit sind wir an einem Punkt, wo sich die Recyclingquote aus technischen Gründen kaum noch steigern lässt. Und das ist gut so.

Denn ganz grundsätzlich ist Papier ein problematisches Produkt: Jeder zweite Baum, der weltweit gefällt wird, landet nach Erkenntnissen des WWF in der Papierherstellung. Oft sind es Urwälder, die verschwinden, damit wir unsere

---

16 https://www.umweltbundesamt.de/daten/ressourcen-abfall/verwertung-entsorgung-ausgewaehlter-abfallarten/altpapier#textpart-3

E-Mails unnötigerweise ausdrucken können. Papierherstellung ist außerdem relativ ressourcenintensiv – man braucht neben Holz viel Wasser und Energie. Dabei hat die Industrie enorme Fortschritte gemacht – der mittlere Energieeinsatz für eine Tonne Papier sank von 1990 bis 2017 von 3,4 auf 2,8 Megawattstunden. Gleichzeitig produzieren die Hersteller in Deutschland heute jedoch etwa 77 Prozent mehr Papier und Kartonagen als vor 20 Jahren. Der Energieaufwand bei Frischfasern ist sehr viel höher als bei der Verarbeitung von Altpapier: Zunächst muss die Faser aus dem Holzverband eines Baumes herausgelöst werden und dann gebleicht werden. Papierfasern lassen sich bis zu siebenmal wiederverwenden, bevor sie zu kurz sind, um einen weiteren Einsatz zu schaffen – deshalb ist Recycling hier so effektiv.

Was in die Altpapiertonne darf:

Papier ist nicht gleich Papier. Nur einfaches Papier und Kartonagen können von der Industrie mit überschaubarem Aufwand recycelt werden – Zeitungen, Zeitschriften, Werbeprospekte, Büropapier, Eierkartons, die Mehltüte oder der Karton, in dem die Tiefkühlerbsen waren. Wichtig dabei: Nichts einwerfen, was zu verschmutzt ist. Den Pizzakarton also nur, wenn nicht großflächig Käse am Deckel hängt. Und den Nudelkarton am besten ohne Plastikfolienfenster, auch wenn es zugegebenermaßen lästig ist, das herauszutrennen …

Und was nicht:

Alles, was beschichtet ist, ist beispielsweise streng verboten. Also etwa:

- Kaffeebecher
- Backpapier
- Milchkartons
- Butterbrotpapier
- Tapeten

Außerdem:

- Küchenkrepp
- Papierservietten
- Kassenzettel (weil die meist aus Thermopapier sind, ebenso wie alte Faxe)
- Aufkleber
- Fotos
- Papierkarten mit Magnetstreifen

Manche Hersteller werben damit, dass ihr Papier holzfrei oder chlorfrei gebleicht sei. Klingt irgendwie ökologischer, ist es aber nicht wirklich: »Holzfrei« bedeutet nämlich keineswegs, dass kein Baum gefällt wurde. Korrekt formuliert müsste es eigentlich »Holzstoff-frei« heißen. Holzstoff ist ein Papiergrundstoff, der Papier vergilben lässt. Das Wort »Holzfrei« ist eine für uns Verbraucher missverständliche Qualitätsbezeichnung für Papier, das nicht so stark vergilbt.

Chlorfreie Bleiche wiederum ist zwar ein Schritt in die richtige Richtung. Aber laut der Umweltorganisation »Greenpeace« ist chlorfrei nicht gleich chlorfrei. Oft wird Papier, das mit extrem schädlichem Chlordioxid und/oder Chlorperoxid gebleicht wurde, als chlorfrei vermarktet.[17] Mit »chlorfrei« ist hier gemeint, dass kein elementares Chlor verwendet wurde, sondern eine Verbindung. Für mich ist das gesetzlich reglementierte Irreführung!

Zu meiner Schulzeit war Recyclingpapier etwas für die Leute mit dem Jute-statt-Plastik-Beutel. Ökologisch super, aber echt hässlich. Das graue Papier der Recyclingblöcke ließ Tinte seltsam verlaufen, als Klopapier war das politisch korrekte Material eine Zumutung. Das ist heute anders. Gerade Schulhefte aus Recyclingpapier sind mit bloßem Auge kaum mehr von frisch erzeugten zu unterscheiden. Trotzdem verkaufen sich die Altpapierhefte eher schlecht – vermutlich spukt der Elterngeneration immer noch die Produktqualität von vor 30 Jahren im Kopf herum. Besonders fatal jedoch ist, dass der Anteil von Recyclingpapier gerade bei Hygieneartikeln wie Küchenrollen oder Klopapier seit einiger Zeit rückläufig ist. Gerade für diese Produkte, die direkt im Müll oder Abwasser enden, sollte kein Baum gefällt werden, sie sind die ideale Verwendung für das zweite oder dritte Leben einer Papierfaser.

Das Umweltsiegel »Der Blaue Engel« ist bei Recyclingpapier ein verlässlicher Indikator dafür, dass wirklich ausschließlich Altpapier verarbeitet wurde. Außerdem sind bei diesem Siegel weder Chlorbleichmittel noch Azofarbstoffe oder Bestandteile mit Quecksilber, Blei oder anderen schäd-

---

17 https://www.greenpeace.de/themen/waelder/schutzgebiete/woran-erkennt-man-umweltfreundliches-papier

lichen chemischen Verbindungen zugelassen. Die Kriterien für das offizielle Umweltzeichen der EU, das Ecolabel die »Europäische Blume«, sind da deutlich leichtgewichtiger. Dieses Zertifikat findet man bislang meist nur auf Toilettenpapier- oder Küchenpapierpackungen. Auch hier sollen geringere Schadstoffemissionen und eine nachhaltige Forstwirtschaft garantiert werden, allerdings sind die Kriterien schwammig und weniger konsequent kontrolliert als beim Blauen Engel. Der Verband der Lernmittelhersteller vergibt die Siegel »Aqua pro Natura« und »Weltpark Tropenwald«. Damit sind die Hefte dann zwar frei von Tropenholz, dafür stammt das Holz aber oft aus den nordischen Urwäldern Russlands oder Kanadas, die ebenso schützenswert wären.

Wer in bestimmten Fällen nicht auf frisch erzeugtes Papier verzichten mag und trotzdem nicht die Vernichtung von Regenwäldern auf

dem Gewissen haben will, kann sich nur auf ein Zertifikat wirklich verlassen, das des Forest Stewardship Council (FSC). Allerdings sind mittlerweile gleich drei Siegel des FSC im Umlauf, die sich ähneln, aber sich nicht alle auf den Herstellungsprozess beziehen. Waldschutz ist nur bei den Zertifikaten »FSC-100%« und »FSC-Recycled« gewährleistet, beim »Mix«-Zeichen (mittlere Abbildung) dürfen 30 Prozent nicht zertifizierter Ware verwendet werden.

FAZIT:

- Vorneweg: Am ökologischsten ist immer das Papier, das Sie gar nicht erst verbrauchen.
- Im Zweifel immer zu Altpapier greifen. Der Blaue Engel ist hier ein verlässliches Siegel für Produkte, die zu 100 Prozent aus recyceltem Papier stammen.
- Schulhefte sollten grundsätzlich aus Altpapier sein.
- Bei neu erzeugtem Papier ist das FSC-Siegel das einzige, auf das Verlass ist.
- Bei Toilettenpapier und Küchenrollen ist die Verwendung von Recyclingpapier besonders wichtig, weil sich diese Papierarten aus naheliegenden Gründen nicht mehr wiederverwerten lassen.

Die richtige Verpackung

Mein türkischer Gemüsehändler und ich befinden uns in einer Art Wettstreit. Er versucht, möglichst viele seiner Waren doppelt und dreifach zu verpacken – die Tulpen, die ohnehin schon in einer Plastikhülle stecken, werden noch in Packpapier eingewickelt. Die Erdbeeren in der Pappschale kommen in eine Papiertüte, damit keine Frucht herauspurzelt. Der Becher Taramas bekommt noch eine schützende Plastiktüte, falls er aufgehen sollte. Und ich versuche, ihn davon abzuhalten. Ich kann mir da keine Sekunde Unaufmerksamkeit leisten: einmal weggeschaut, und schon ist mein Abfallhaufen wieder etwas größer.

Selbst in Geschäften, wo der größte Teil der Waren unverpackt angeboten wird, bekommen wir Verpackungsmaterial in erheblichen Mengen. Und es wird immer mehr. 1996 machten Verpackungsabfälle noch 13,6 Millionen Tonnen aus, 2017 waren es unglaubliche 18,7 Millionen Tonnen. Das sind pro Bundesbürger ungefähr 600 Gramm Verpackung PRO TAG! Bedenkt man, wie wenig Verpackungen üblicherweise wiegen, ist das eine ziemliche eindrucksvolle Menge. Diese Zahlen stammen vom Bundesumweltamt. Ein Grund für den rasanten Anstieg ist der Boom des Versandhandels: Verpackungen, die den Transport durch eine Spedition überstehen müssen, sind größer und schwerer.[18]

---

18 https://www.umweltbundesamt.de/daten/ressourcen-abfall/verwertung-entsorgung-ausgewaehlter-abfallarten/verpackungsabfaelle#textpart-3

Das exzessive Verpacken von Handelsgütern ist ein typisches Zeichen für den großen Wohlstand einer Konsumgesellschaft. Zu meinen eindrucksvollsten Erfahrungen gehört ein Dreh im Südsudan, Mitte der Neunzigerjahre. Zum ersten Mal in meinem Leben war ich in einer Landschaft, in der es überhaupt keinen Müll gab – keine Kaugummipapiere, keine leeren Getränkedosen, nicht mal Papierschnipsel. Ich habe das danach nie wieder erlebt – selbst in abgelegenen Bergdörfern in Thailand oder Tadschikistan: Immer lagen irgendwelche Plastikstückchen und Folienfetzen auf der Erde.

Inzwischen ist uns allen irgendwie klar, dass weniger Verpackungen besser wären. Eine ganze Armada von Bloggern lebt mittlerweile davon, begeistert davon zu schreiben, wie unkompliziert ihr »zero waste«-Leben ist. Beim Recherchieren habe ich soeben einen Artikel gelesen, in dem die Heldin schildert, wie sie ihre Wimperntusche aus verkohlten Mandeln herstellt. Es wäre vermutlich ein lohnendes Projekt, seriös auszurechnen, ob der ökologische Fußabdruck der Mandel-Vaseline-Speisestärke-Paste vom heimischen Herd wirklich besser ist, als der der Mascara aus der Kunststoffhülse: Für die Erzeugung von 20 Mandeln braucht man etwa 1000 Liter Wasser. Mandeln stammen meist aus dem chronisch wasserarmen Kalifornien. Das ist schon mal schlecht. Dann die Energie für das Rösten in der Pfanne. Vaseline wird in der Regel aus Erdöl gewonnen. Also... da bin ich raus!

Nun lässt sich ohnehin diskutieren, ob wir durch den Trend zum Plastikfasten verhindern, dass die Strände Südostasiens mit Müll geflutet werden. Der Verpackungsmüll bei uns wird, wie im vorletzten Kapitel geschildert, zu großen Teilen bei uns wiederverwertet. Die EU arbeitet an Richtlinien, die diesen Anteil noch steigern, und sicherlich wäre es gut, wenn die Politik besonders umweltschädliche Verpackungen mit Strafsteuern belegen würde, sodass die Hersteller schon aus Eigeninteresse nach Alternativen suchen. So wie es ja wundersamerweise ganz plötzlich zahlreiche Alternativen zu Strohhalmen, Plastikgabeln und Wattestäbchen gibt, seit deren Verbot ab 2021 feststeht. Und ebenfalls gut wäre es, das, was im Gelben Sack nicht recycelt werden kann, nicht nach Südostasien zu verscherbeln – absurderweise schaffen wir mehr Plastikmüll nach Malaysia als in unser Nachbarland Niederlande. Aber auch das liegt nicht direkt in der Hand von uns Verbrauchern.

Was wir aber schon tun können, als Verbraucher, ohne deshalb gleich Kosmetikartikel in Heimarbeit zu basteln, ist, etwas bewusster zu konsumieren. Zum Beispiel durch den Rückgriff auf Traditionelles: Meine Eltern etwa haben den Schritt von der Seife zum Duschgel gar nicht erst gemacht und verwenden bis heute die abfallvermeidenden Saubermacher, die zudem unterm Strich auch noch billiger sind. Flüssigseife im Spender ist dabei ein besonders überflüssiges Produkt. Kernseife zum Putzen ist in diesem Zusammenhang auch eine gute Idee – dazu später mehr.

Generell gilt: Jede Art von Verpackung, aber ganz besonders Plastikverpackungen müssen recyclebar sein. Dabei helfen ein paar sehr einfache Regeln: Je dunkler und bunter die Verpackung ist, desto aufwändiger wird die Wiederverwertung – durchsichtig oder weiß ist besser! Verbundmaterialien sind schwer zu trennen. Vermeiden Sie also lieber alles, was Sie nicht vor dem Entsorgen mit der Hand auseinanderbekommen, wie etwa das Folienfenster des Müslikartons. Je kleiner die Packung, desto ungünstiger ist das Mengenverhältnis von Verpackung und Inhalt.

An dieser Stelle wird es allerdings schon wieder kompliziert: Wenn die größere Packung nämlich dazu führt, dass Ihnen Lebensmittel verderben, dann ist das noch ungünstiger, als die miese Ökobilanz der kleinen Verpackung – bei der Produktion der vergeudeten Lebensmittel ist im Zweifel sehr viel mehr Energie aufgebracht worden. Der Joghurt im 500-Gramm-Pfandglas ist also nur dann nachhaltiger, wenn Sie ihn auch komplett aufessen – wobei sich gerade Joghurt in der Regel viel länger hält, als es das Mindesthaltbarkeitsdatum suggeriert.

Zudem spielt das Gewicht von Verpackungen eine wichtige Rolle. Der Biolebensmittel-Hersteller Alnatura versucht schon seit Längerem, seine Kunden davon zu überzeugen, dass es unter Ökoaspekten besser sei, die Tomatensoße in einen Verbundkarton zu packen[19] als in eine Dose oder in Glas – weil der Energieverbrauch beim Transport vom Gewicht der Ware abhängt. Ich kann die zögerlichen Kunden da gut verstehen: Auch ich habe bei jeglichen Konserven im Glas irgendwie immer ein besseres Gefühl, vermutlich, weil sich die Sauerkirschen im Glas ähnlich anfühlen wie die selbst eingemachten von meiner Großmutter. Allerdings hat

---

19 Verbundkartons sind beschichtete Kartons, in denen vor allem flüssige Waren verpackt werden, etwa Milch oder eben Tomatenpüree.

die ihre Einweckgläser jahrzehntelang verwendet und nicht nur einmal. Ich habe die Armada von Gläsern in allen Größen noch vor Augen, die wir nach dem Tod meiner Großeltern aus dem Keller räumten. Einwegglas-Verpackungen sind dagegen immer eine besonders schlechte Lösung, selbst wenn das Glas und der Metalldeckel anschließend recycelt werden. Beide Stoffe verbrauchen bei der Herstellung extrem viele Ressourcen.

Also lieber Konservendosen? Die bestehen in der Regel aus Weißblech, das ist mit Zinn beschichteter, besonders dünn gewalzter Stahl. Innen sind sie heutzutage üblicherweise mit einem dünnen Kunststoff überzogen, damit Doseninhalt und Metall nicht miteinander reagieren – früher musste man deshalb Dosen gleich nach dem Öffnen in eine Schüssel umfüllen, weil der eintretende Sauerstoff unschöne Reaktionen auslösen konnte, besonders bei sauren Lebensmitteln. Diese Beschichtung enthält dummerweise manchmal Bisphenol A, eine chemische Verbindung, die zahlreiche Krankheiten auslösen kann. In Babyfläschchen darf Bisphenol A deshalb nicht enthalten sein; ob es der Stoff aus der Dosenbeschichtung, zumindest in kleinsten Mengen, in unsere Dosenerbsen schafft, ist unter Experten umstritten. Das macht mir die Dose jetzt nicht unbedingt sympathischer, zumal die Ökobilanz bei ihrer Herstellung nur unwesentlich besser ist als die des Einwegglases.

Andererseits ist auch der Verbundkarton nicht ganz ohne: Er besteht aus Kunststoff-laminiertem Kartonmaterial, das auf der Innenseite je nach Einsatzzweck unterschiedlich beschichtet wird. Der Karton gibt dem Verbundstoff Form und

Stabilität. Die Innenbeschichtungen bestehen aus Polyethylen, das gegen Flüssigkeiten abdichtet, und Aluminium, das den Inhalt vor Licht und Sauerstoff schützt. Die verwendeten Kartonagen lassen sich grundsätzlich abtrennen und recyceln, wenn denn der Karton nicht im Restmüll landet, sondern in der Wertstofftonne. Doch der Versuch, danach auch das Plastik und Aluminium wieder zu trennen, ist schon vor Jahren im Versuchsstadium gescheitert, diese beiden Wertstoffe werden also sicher verfeuert.

Was nun also tun? Es gibt Studien, die sich mit Getränkeverpackungen befassen, mehr dazu im nächsten Kapitel, nicht jedoch zu anderen Lebensmitteln. Ich befrage Philipp Sommer, den stellvertretenden Leiter der Abteilung Kreislaufwirtschaft, bei der Deutschen Umwelthilfe. Die Organisation hat mehrmals erfolgreich gegen den Verbundkartonriesen Tetra Pak geklagt wegen dessen Werbeversprechen in Sachen Umweltfreundlichkeit und Recyclingquote.[20] Und ich bin überrascht: Bei den Tomaten in der Dose würde der Verbundkarton, trotz all seiner Haken, tatsächlich das Rennen machen, gegenüber Glas und Dose. Wegen seines geringeren Transportgewichts. Noch besser wäre, abgesehen von Pfandsystemen, aus Sicht des Fachmannes eine sortenreine Plastikverpackung. Die gibt es aber nicht. Dafür aber eine ziemlich leicht umzusetzende Lösung, die das Deckelglas schlagartig wieder auf den ersten Platz befördert: *»Nutzen Sie das Glas doch einfach weiter, als Aufbewahrungsbehälter.*

---

20 Mehr dazu im nächsten Kapitel, wenn es um Getränkeverpackungen geht.

Schon mit drei Durchgängen haben Sie den Nachteil in Sachen Ökobilanz gegenüber dem Verbundkarton ausgeglichen.«[21]

Leider gibt es bei Verpackungen, anders als etwa bei verarbeiteten Lebensmitteln, keine gesetzliche Kennzeichnungspflicht. Kann sein, dass die Beschichtung meines Verbundkartons Bisphenol A enthält, kann aber auch nicht sein. Draufschreiben muss der Hersteller es nicht – wobei zumindest die Verwendung von Bisphenol A wohl stark rückläufig ist. Aber zumindest kann ich anhand des Recyclingcodes erkennen, womit ich es zu tun habe.

Es ist auf jeden Fall eine gute Idee, Hersteller zu belohnen, die ihre Verpackungen möglichst weitgehend aus recycelten Materialien herstellen. Allerdings gibt es in diesem Bereich viel Etikettenschwindel, seit die Industrie unser Umweltbewusstsein als Marketingargument entdeckt hat. So hatte der Weltkonzern Procter&Gamble lange Zeit damit geworben, dass die Verpackung eines seiner Geschirrspülmittel »mit Ocean Plastic« hergestellt sei. Das klingt nach dem Plastikmüll aus dem Walfischbauch und löst in mir sofort ein wohliges Gutmenschengefühl aus. Hätte nicht der Hersteller der Frosch-Haushaltsartikel dagegen geklagt und vor dem Landgericht Stuttgart im Januar 2019 recht bekommen. Der nämlich verwendet für seine Verpackungen vorwiegend Plastik

---

21 Dieser Rat hatte fatale Folgen für den Platz auf meinen Küchenschränken: Mit den Gläsern, die ich seit diesem Recherchegespräch gehamstert habe, könnte ich Marmelade für mehrere Großhotels einkochen. Und nein, ich habe noch keine richtig gute Lösung aber ich arbeite daran!

Recyclingcodes entschlüsseln:

Die Zahl inmitten der ein Dreieck bildenden Pfeile sagt aus, um welchen Stoff es sich handelt, geregelt in der Verpackungsverordnung. Für uns Verbraucher sind hier vor allem zwei Gruppen spannend, die Kunststoffe, mit den Nummern 1–7, und die Verbundstoffe, ab Nummer 80. Die Buchstaben verweisen ebenfalls auf den Stoff, ausschlaggebend ist jedoch die Zahl.

1	Polyethylenterephthalat, kurz PET	lässt sich sehr gut wiederverwerten
2	Polyethylen High-Density	typisches Verpackungsmaterial, das sich gut verwerten lässt
3	Polyvinylchlorid oder PVC	lässt sich verwerten, allerdings mit deutlichem Qualitätsverlust
4	Polyethylen Low-Density	ähnlich wie Punkt 2
5	Polypropylen	gut verwertbares Verpackungsmaterial
6	Polystyrol oder auch Styropor	grundsätzlich verwertbar, wird aber dennoch meist verbrannt
7	Andere Kunststoffe wie Polycarbonat (PC), Polyamid (PA), Acrylnitril-Butadien-Styrol (ABS), Polymethylmethacrylat (PMMA), Polylactide (PLA), u. a.	

Nummer 7 zeigt anschaulich die Grenzen der Richtlinie – »andere« ist ein ziemlich weites Feld … insofern liefert diese Kennzeichnung mir als Kunden keine Hinweise, ob die Verpackung recycelbar ist.

80	Papier und Pappe/verschiedene Metalle
81	Papier und Pappe/Kunststoff
82	Papier und Pappe/Aluminium
83	Papier und Pappe/Weißblech
84	Papier und Pappe/Kunststoff/Aluminium
85	Papier und Pappe/Kunststoff/Aluminium/Weißblech
86	Kunststoff/Aluminium
91	Kunststoff/Weißblech
92	Kunststoff/verschiedene Metalle
95	Glas/Kunststoff
96	Glas/Aluminium
97	Glas/Weißblech
98	Glas/verschiedene Metalle

aus dem Hausmüll, um unseren Müllberg vor Ort zu verkleinern, und fand, dass es sich beim »Ocean Plastic« im Gegensatz dazu um Irreführung des Verbrauchers handle. Denn in Wirklichkeit stammt der Kunststoff nicht aus dem Meer, sondern vom Ufer, und auch wie weit ins Landesinnere dieses »Ufer« reicht, ist nicht geregelt. Der US-Konzern SC Johnson, der beispielsweise Autan herstellt, hat für sich definiert, dass sein »Ocean« bis 50 Kilometer weit ins Landesinnere reicht. Nun ist jedes Recycling ja irgendwie gut, aber an der Nase herumgeführt führe ich mich da als Verbraucherin doch.

Wo Plastikvermeidung wirklich wichtig ist: im Urlaub in exotischen Gefilden. Überall auf der Welt, wo es keinen ordentlichen Verwertungszyklus gibt, wandert unser Plastikmüll mit hoher Wahrscheinlichkeit mittelfristig an den Strand oder in den Walfischbauch. In einem Interview mit der *Frankfurter Allgemeinen Sonntagszeitung* empfiehlt Sébastien Humbert von der Schweizer Umweltberatung Quantis deshalb gezielte Plastikverweigerung in China, Thailand oder auch in Griechenland. *»In einem Land mit schlechter Abfallverwertung können Sie mit Plastik in einer Woche alles kaputtmachen, was Sie im Rest vom Jahr zu Hause an Gutem getan haben.«* Sonst sind wir beim Einkaufen auf der sicheren Seite, wenn wir möglichst konsequent zu Mehrwegsystemen greifen und überall da, wo das nicht geht, zu Produkten, die so wenig Verpackungsmüll verursachen wie möglich. Vielleicht kann uns da bald ein US-Unternehmer helfen, der mit Dünger aus Küchenabfällen zum Millionär geworden ist. Tom Szaky, TerraCycle-Gründer, gilt in den USA als die grüne Variante von Mark Zuckerberg und träumt von der ultimativen Kreislaufwirtschaft: einem erdumspannenden Pfandsystem, das sich bis 2060 für alle Produkte überall auf der Welt durchgesetzt haben soll. Im Prinzip angelehnt an den guten alten Milchmann, der einst die Milchflaschen vor die Tür stellte und die leeren Flaschen wieder mitnahm. Szakys Ziel: Müll von Grund auf abschaffen. Das ist weniger traumtänzerisch, als es klingt. Für seine neue Firma Loop hat er einige der weltweit größten Konsumgüterhersteller an Bord geholt: Nestlé, Pepsico, Mars, Unilever und Procter & Gamble. Deoroller, Shampoospender, Eiscremebecher... alles soll wieder befüllbar sein, mindestens 100-mal wiederverwertet werden können und trotzdem nicht teurer sein als Einwegprodukte. Klingt verrückt. Aber ich fand auch den Gedanken, gebrauchte Kinderkleider im Internet zu versteigern, zunächst verrückt. Oder im Gästezimmer wildfremder Leute zu übernachten. Oder mich in deren Autos durch die Stadt fahren zu lassen. Und heute sind eBay, Uber und Airbnb Weltkonzerne …

FAZIT:

- Gar keine Verpackung ist grundsätzlich immer am besten. Es gibt in vielen Städten mittlerweile Geschäfte, in denen man Waren wie Mehl, Nudeln oder Zucker wieder lose kaufen kann, wie einst im Tante-Emma-Laden.
- Am zweitbesten sind Mehrwegsysteme.
- Kunststoff ist umso schlechter wiederzuverwerten, je bunter und dunkler das Material ist.
- Je kleiner die Packung, desto ungünstiger das Verhältnis von Inhalt und Verpackung.
- Dünne Joghurtbecher mit Papphülle sind im Prinzip besser, als reine Plastikbecher. Voraussetzung ist aber, dass Sie wirklich diszipliniert Pappe, Plastik und Aludeckel einzeln entsorgen. Bleiben die drei Komponenten zusammen, wandern sie auch aus der Wertstoffsammlung gemeinschaftlich in die Müllverbrennung.
- Plastik im Recyclingkreislauf kann ganz okay sein, Plastik in der Natur keinesfalls. Wenn schon Plastik, dann korrekt entsorgen.
- Eine zentrale Rolle bei Einwegverpackungen spielt das Gewicht. Leichter ist besser.
- Verbundkartons gehören keinesfalls in den Restmüll.

Getränke – Einweg oder Mehrweg?

Deutschland ist eine Insel: Wohl nirgends sonst auf der Welt, außer vielleicht in einzelnen skandinavischen Ländern, sind so viele Getränkeverpackungen mit irgendeiner Form von Pfand belegt. Kein Zufall, dass der vorne erwähnte Pfandpionier Tom Szaky das deutsche System für Getränkeverpackungen intensiv studiert hat, als er sein weltweites Verpackungskonzept entwickelt hat.

Seit 2003 gibt es in Deutschland auch Pfand auf Getränkeverpackungen, die nicht wiederbefüllt werden, im Volksmund als Dosenpfand bekannt, weil es unter anderem Getränkedosen betrifft. Wobei unser System von Einweg- und Mehrwegpfand an vielen Stellen ziemlich irrational ist. So gibt es beispielsweise keinen richtig guten Grund dafür, warum Wein von der Pfandpflicht ausgenommen ist – außer womöglich den, dass die Lobby deutscher Weinbauern die Entscheider im richtigen Moment wohlschmeckend berauscht hat. Oder warum bestimmte Bierflaschengrößen pfandfrei sind. Bei Fruchtsaft und Milchmixgetränken verstehe ich die Ausnahme von der Einweg-Pfandpflicht noch – was gesund ist, soll im Absatz gefördert werden. Aber mit diesem Ansatz scheitere ich schnell: Alkoholfreies Bier ist immer pfandpflichtig, Schnaps nie.

Aber man muss ja nicht alles verstehen. Klar ist jedoch leider, dass das Einwegpfand keineswegs dazu geführt hat, dass unser Müllberg kleiner geworden ist. Im Gegenteil. Von 2010 bis 2017 ist der Anteil der Mehrwegflaschen sogar gesunken, von 48 auf 42 Prozent. Die Zielvorgabe des Gesetzgebers ist 70 Prozent – das schaffen laut einem Marktcheck der Hamburger Verbraucherzentrale nicht mal Bioläden; die haben eine Mehrwegquote von 57 Prozent. Immer noch besser jedoch als etwa Aldi und Lidl. Deren Quote liegt bei, Achtung!, null Prozent.[22] Beim Recherchieren für dieses Kapitel wurde mir klar, wie vielen meiner Freunde nicht mal bewusst ist, dass viele der Flaschen, die sie im Supermarkt in den Pfand-Automaten stecken, Einwegflaschen sind. Für die meisten Verbraucher fühlen sich Mehrweg und Einweg im Konsum irgendwie gleich an. Beides kostet einen Aufpreis, beides wandert – idealerweise – wieder zurück zum Händler, und landet bei immer mehr Märkten dann sogar im gleichen Automaten. Kein Wunder, dass kaum jemand erkennen kann, wie groß der Unterschied in der Ökobilanz der beiden Produktsorten ist.

Im Grunde soll das Einwegpfand vor allem dafür sorgen, dass ein möglichst großer Teil der Flaschen einem geordneten Recycling zugeführt wird und nicht unsachgemäß im Hausmüll landet. Ob 25 Cent pro Flasche da als Preis schmerzlich genug sind, ist umstritten. Da aber Wiederverwenden viel besser ist als Wiederverwerten, liegen die Mehrwegsysteme in Sachen Klimaschutz klar vorne – deren Flaschen können bis zu 50-mal wieder befüllt werden, bevor sie in der Verwertung landen.

Mehrwegflaschen gibt es aus Glas und dem Kunststoff

---

22 https://www.vzhh.de/themen/umwelt-nachhaltigkeit/muell-verpackungen/mehrweg-wo-bist-du

PET. Wenn ich auf mein Bauchgefühl höre, ist die Sache klar: Glasflaschen sind gut. Aber schwer. Wenn nun also der Transport bei der Ökobilanz eine so große Rolle spielt, kann das ja eigentlich gar nicht so gut sein. Dann vielleicht doch lieber Plastik? Ist da eine recycelte Einwegflasche wirklich so viel schlimmer als die Mehrwegflasche? Die wird womöglich auf dem Weg zur Wiederverwertung auch wieder transportiert. Oder vielleicht auch hier besser Verbundkartons, wie bei der Tomatensoße?

Ganz so einfach ist es nicht. Beispiel Softdrinks und Wasser. Die gibt es auf dem deutschen Markt in Mehrwegflaschen aus Glas oder Plastik, in Einwegflaschen oder -dosen und in Verbundkartons. Es gibt eine ganze Reihe von Studien, die sich mit der Ökobilanz dieser Verpackungsarten befassen. Das Umweltbundesamt analysiert jedes Jahr die Wirkung der Verpackungsverordnung, zuletzt für das Berichtsjahr 2017.[23] Darin werden Verbundkartons zu den ökologisch vorteilhaften Verpackungen gezählt und in einem Atemzug mit Mehrwegflaschen erwähnt. Das Heidelberger Institut für Energie- und Umweltforschung IFEU hat 2010 Schlagzeilen mit einer Studie gemacht, die vermeintlich die Bierdose ökologisch auf Augenhöhe mit der Mehrwegflasche sieht. Umweltschützer auf der anderen Seite laufen gegen diese Einschätzungen Sturm und verweisen auf die Überlegenheit von Mehrweg in jeder Lebenslage.

---

23 https://www.umweltbundesamt.de/sites/default/files/medien/1410/ publikationen/2018-06-21_texte_46-2018_getraenkeverpackungen-2016.pdf

Also schauen wir uns die Studienlage mal im Detail an. Zunächst die Einordnung von Verbundkartons als ökologisch sinnvolles Produkt. Die ist relativ alt und stammt aus einer Zeit, zu der diese Kartons tatsächlich ausschließlich aus dem Verbundmaterial bestanden – zum Öffnen mussten wir eine Lasche hochklappen und abschneiden oder aufreißen. Auch am Boden bestanden die Verpackungen aus dem passend gefalzten Verbundkarton und standen deshalb manchmal etwas wackelig. Heute haben diese Getränkekartons meist einen Schraubverschluss aus Kunststoff und manchmal sogar noch einen extra Kunststoffboden. Sie erahnen das Problem: noch schwieriger zu recyceln, weil nun wirklich kein Verbraucher den Milchausgießer ausschneidet, bevor er die Packung dann sortenrein entsorgt … außerdem wiegen die Packungen dadurch mehr. Das sind auf den einzelnen Liter Milch gerechnet nur ein paar Gramm, aber die summieren sich schnell: Wir trinken im Schnitt rund 50 Liter Milch im Jahr.[24] Wiegt die Verpackung nur ein Gramm mehr, sind das schon 500 Gramm mehr Müll. Aufs ganze Land gerechnet wären das dann über vier Tonnen.

Die Deutsche Umwelthilfe DUH hat zur Einordnung von Getränkekartons 2014 eine Studie durchgeführt und schreibt: »*Dass das in den Ökobilanzen des Umweltbundesamtes zuletzt angenommene Gewicht von 26 g für 1 Liter Füllvolumen zu optimistisch angesetzt war, zeigt bereits eine von Tetra Pak*

---

24 https://milchindustrie.de/wp-content/uploads/2019/04/Prokopf-Deutschland_Mopro_2010-2018x_Homepage.pdf

selbst in Auftrag gegebene Studie aus dem Jahr 2009. In dieser wird ein Gewicht von circa 26 g/l nur von Milchverpackungen ohne Verschluss erreicht. Sämtliche untersuchte Getränkekartons für andere Füllgüter weisen einen Verschluss auf und liegen im Bereich von 31,7 bis 39,5 g/l. Eine Untersuchung der DUH aus dem Jahr 2012 ergab bei 38 verschiedenen Getränkekartonmodellen ein durchschnittliches Gewicht von 35,0 g/l. Gegenüber der Annahme von 26 g/l bedeutet dies eine Steigerung von 34,6 Prozent.«[25]

Die DUH hat, wie oben bereits erwähnt, gegen den Marktführer Tetra Pak geklagt. Der darf seit Dezember 2011 nicht mehr damit werben, dass seine Verpackungen zu 100 Prozent recycelt werden. In Wahrheit liegt die Quote offenkundig eher bei einem Drittel. Seitdem heißt es in der Tetra-Pak-Werbung »zu 100 Prozent recycelbar«. Was, wie im letzten Kapitel geschildert, auch nur theoretisch stimmt, weil es in der Praxis keinen Entsorger in Europa gibt, der etwa die Aluminium- und die Kunststoffschicht im Inneren des Kartons wieder sauber getrennt bekommt.

Gegenüber der *Süddeutschen Zeitung* hat der Nachhaltigkeitsforscher Frank Wellenreuther vom IFEU beziffert, ab wann auch das Leichtgewicht-Argument des Getränkekartons gegenüber einer schweren Pfandflasche aus Glas keine Rolle mehr spielt: Sobald sie weniger als 200 Kilometer transportiert und mindestens 15-mal benutzt wird, ist sie umweltfreundlicher.

---

25 https://www.duh.de/fileadmin/user_upload/download/Projektinformation/Kreislaufwirtschaft/DUH_Hintergrundpapier_Getraenkekartons_141127.pdf

Getränke – Einweg oder Mehrweg?   75

Wellenreuther ist einer der Autoren der zuvor schon erwähnten Bierdosen-Studie. Die war finanziert worden vom
Dosen-Lobbyverband »Beverage Can Makers Europe«. Untersucht worden war darin nur Bier, und das mit teilweise sagen
wir mal schwierigen Parametern: Die Zahl, wie oft Mehrwegflaschen befüllt würden, wurde sehr niedrig angesetzt, die
der Transportwege eher hoch. Der Verband feierte das Ergebnis als generellen Freispruch für die Getränkedose, bis
sich sogar die Heidelberger Forscher selbst in einer »Hand-
reichung« auf ihrer Homepage vom durch die Dosenlobby
kommunizierten Ergebnis vorsichtig absetzten: »*Pressemittei-
lungen mit Schlagzeilen, die eine pauschale ökologische Gleichwer-
tigkeit oder gar Überlegenheit von PET-Einweg oder Getränkedosen gegenüber den Glas-Mehrwegflaschen suggerieren, stehen mit
unseren aktuellen Ökobilanzen nicht in Einklang.*«[26]

---

26 https://www.ifeu.de/oekobilanzen/pdf/IFEU%20Handreichung%20
zur%20Einweg-Mehrweg-Diskussion%20(13Juli2010).pdf

Greenwashing-Alarm:
Das Märchen vom Öko-Bambusbecher

Produkte aus Bambus waren in jüngerer Zeit ein Renner bei ökobewussten Kunden: Was wir aus Thailand-Urlauben als prima Hüttenbaustoff kannten, ging plötzlich auch als Zahnbürstenstil oder Kaffeebecher – ein wunderbarer Plastikersatz für ein gutes Verbrauchergewissen. Und irgendwie hätten wir ahnen können, dass da etwas faul ist: Denn die Bambusbecher sahen ihren Kunststoffgeschwistern viel ähnlicher als den Eckpfosten thailändischer Strandhütten.

Glücklicherweise hat die Stiftung Warentest mit dieser Mär aufgeräumt. Sie hat im Sommer 2019 zwölf solche Produkte im Labor auseinandergenommen. Dabei fanden die Forscher in jedem einzelnen Produkt Melaminharz. Ein Bambusbecher ist als Produkt nämlich ziemlich weit entfernt vom Urbambus: Die Fasern werden zu feinstem Pulver zermahlen. Damit das ein formbarer Werkstoff wird, muss dieses Pulver verklebt werden – mit dem Kunststoff Melamin.

Melaminharz ist ein Nebenprodukt der Harnstoffherstellung und besteht aus Melamin und Formaldehyd. Harnstoff wird in großen Anlagen aus Ammoniak gewonnen, und zu dessen Herstellung braucht man Erdgas – ich ersetze also einen problematischen Kunststoff durch einen anderen.

Doch es kommt noch schlimmer: Melaminharz ist als Werkstoff für den menschlichen Organismus so lange kein Problem, wie er nicht erhitzt wird oder mit heißen Getränken in Berührung kommt. Genau das ist ja aber nun eine zentrale Eigenschaft etwa eines Kaffeebechers: Bei der Simulation eines heißen, leicht sauren Getränks wie Kaffee in den Bechern fanden die Tester der Stiftung Warentest bei vier Bechern bereits nach der dritten und bei drei weiteren nach der siebten Befüllung sehr hohe Gehalte von Melamin und Formaldehyd im Kaffee. Melamin steht im Verdacht, Erkrankungen im Blasen- und Nierensystem zu verursachen. Formaldehyd kann Haut, Atemwege oder Augen reizen sowie beim Einatmen Krebs im Nasen-Rachen-Raum verursachen. Noch mehr Gift tritt aus, wenn man die Becher in die Mikrowelle stellt – wovor allerdings zumindest einige der Hersteller warnen, wenigstens das.

Es kommt allerdings noch dicker: Denn auch das Werbeversprechen vieler Hersteller, ihre Bambusbecher seien recycel- oder gar biologisch abbaubar, ist schlicht gelogen: Das Melamin und die Bambusfasern sind untrennbar miteinander verklebt und deshalb nicht mehr separat zu verwerten, was immer die Voraussetzung für ein Recycling wäre. Und auch nach Jahren wären die Pseudo-Bambus-aber-tatsächlich-Kunststoff-Becher nicht verrottet – es bleibt hier also nur die Müllverbrennungsanlage.[27]

---

27 https://www.test.de/Bambusbecher-im-Test-Die-meisten-setzen-hohe-Mengen-an-Schadstoffen-frei-5496265-0/

Und was kaufen wir jetzt? Der Bund Naturschutz stellt im Internet sehr übersichtlich die aktuelle Faktenlage dar.[28] Der Königsweg ist, sich für Mehrwegflaschen zu entscheiden, die eine möglichst kurze Reise hinter sich haben. Also nicht die Glasflasche aus Italien in Hamburg oder das französische Edelwasser in Dresden. PET-Flaschen sind dabei wegen des geringeren Gewichts in der Ökobilanz etwas besser, obwohl sie weniger oft erneut befüllt werden können. Gemäß Aussagen der Stiftung Warentest sind in diesen Flaschen keine Hormone oder Bisphenol A enthalten, die ins Wasser übergehen können.[29] Sehr wohl aber Acetaldehyd, Ethylenglykol, Terephthalsäure oder Antimon – gesundheitlich laut Bundesamt für Risikoforschung unbedenklich, lässt das Wasser aber leicht süßlich schmecken, etwa wenn die Flaschen lange lagern oder in der Sonne heiß werden. Das passiert mit Glasflaschen definitiv nicht.

Mehrweg-Glasflaschen sind immer dann besonders ökologisch, wenn sie möglichst kurze Strecken transportiert werden. Das spricht für die lokale Brauerei und den Mineralwasser-Brunnen in der Region. Vor allem aber für Firmen, die mit sogenannten Poolflaschen arbeiten. Bei Wasserflaschen erkennt man diese am Relief-Schriftzug »Leihflasche Deutscher Brunnen« und Logo der Genossenschaft Deutscher Brunnen GDB. Das bedeutet in der Praxis, dass diese Flaschen nach der Rückgabe nicht zum ursprünglichen,

---

28 https://www.nabu.de/umwelt-und-ressourcen/ressourcenschonung/ einzelhandel-und-umwelt/mehrweg/nabumehrwegguide.html
29 https://www.test.de/Natuerliches-Mineralwasser-im-Test-4258945-4261114/

sondern zum nächstgelegenen Abfüller transportiert werden.

Ein ähnliches System gibt es auch schon ewige Zeiten bei Bierflaschen – allerdings setzen immer mehr Brauereien aus Marketinggründen lieber auf  individuelles Design. Was chic aussieht, ist leider schlecht für die Ökobilanz ... Auch die so hippen Bügelflaschen sind ökologisch ungünstiger – schon wieder mehr Wertstoffe verbraten, die am Lebensende der Flasche kompliziert zu trennen sein werden, und mal ehrlich: Wie oft stellen Sie ihre halbvolle Bierflasche wieder zurück in den Kühlschrank, für den nächsten Abend? Kronkorken, korrekt in der Wertstofftonne entsorgt, lassen sich hingegen relativ gut recyceln.

Bei Milch ist es eindeutig: Die Pfandflasche schlägt bei der Ökobilanz alle Varianten. Wichtig ist hierbei wieder, dass die Milch aus der Region stammt. Und das die Flasche braun ist: Die Vitamine in der Milch sind lichtempfindlich. Eine relativ ökologische Variante ist in den vergangenen Jahrzehnten leider praktisch vom Markt verschwunden: der Schlauch. Dank seinem geringen Gewicht und der einfachen Wiederverwertbarkeit eigentlich die beste Einwegvariante, aber vom Verbundkarton komplett verdrängt worden. Zugegebenermaßen waren die Schläuche weniger praktisch. Aber in Zeiten wachsenden Umweltbewusstseins steht diese Verpackungsform vielleicht vor einer Renaissance: Ein niedersächsischer Bauer etwa vertreibt die Milch seiner 320 Kühe in einem dünnen Kunststoffbeutel, der zu 40 Prozent aus Kreide besteht und so clever geschnitten ist, dass er sogar »allein« stehen kann.

FAZIT:

- Mehrwegflaschen zu nutzen, ist in jedem Fall die ökologisch bessere Alternative.
- Bei Mehrwegflaschen ist regional zu kaufen besonders wichtig – je weniger weit die Flaschen reisen, desto besser.
- Für PET spricht das Gewicht, für Glas der Geschmack.
- Poolflaschen sorgen für weniger Transportkilometer.
- Verbundkartons sind keine wirklich ökologische Lösung, auch wenn sie von der Einweg-Pfandpflicht befreit sind. Wenn schon Verbundkartons, dann möglichst welche ohne zusätzliche Plastikteile.
- Mehrwegflaschen unbedingt zurückgeben – sonst zahlen die Hersteller drauf! Das Pfand deckt nicht die Kosten für eine Flasche.

Der Kaffee aus der Kapsel

Dass Kaffee einst zum Müllproblem werden könnte, hätten sich unsere Vorfahren vermutlich nicht vorstellen können. Das Lieblingsgetränk der Deutschen wurde seit der Entwicklung des Kaffeefilters durch die findige Sächsin Melitta Bentz 1908 im Einwegfilter aufgebrüht. Der zurückbleibende Kaffeesatz wurde auf vielfältige Weise weiterverwertet: als Blumendünger etwa, oder zum Nachfärben verschlissener Anzughosen. Mit dem Wirtschaftswunder kam dann der Espresso nach Deutschland: Coole Italienfans brachten spätestens ab den Siebzigerjahren eine Espressomaschine zum Auf-den-Herd-Stellen aus Bella Italia mit, die nebenbei den großen Vorteil hatte, dass dabei wirklich ausschließlich Kaffeesatz als Müll anfiel. Zwei Methoden, so simpel wie ökologisch korrekt – und doch auf dem Rückmarsch …

Denn dann kam Nespresso. Schon 1970 erfand der Ingenieur Eric Favre in Nestlés Forschungs- und Entwicklungsabteilung das System mit Einmalportionen in Alukapseln, 1976 wurde es patentiert. Und dann lag das Konzept zehn Jahre lang in der Schublade – möglicherweise fiel den Schweizer Lebensmittelmultis zunächst kein richtig guter Grund ein, wie sie ihrer Kundschaft vermitteln sollten, dass sie künftig ein Vielfaches für ihren Kaffee bezahlen sollte, nur weil er jetzt in Einzelportionen verpackt wurde.

Anfang der Neunzigerjahre holte Nestlé den Maschinenhersteller Krupps an Bord. Aber zum Renner wurden die Kapseln erst nach der Jahrtausendwende, und das ganz besonders, als sie 2006 den bestmöglichen Werbepaten bekamen: Seit George Clooney charmant vermittelt, dass zur ultimativen Coolness der Kaffee aus der Kapsel gehört, gingen die Absatzzahlen durch die Decke. Parallel machten Einwegportionen als Pads Karriere – 2016 hatten beide Systeme in Deutschland gemeinsam einen Marktanteil von immerhin 14 Prozent.[30]

Dass diese 14 Prozent ziemlich viel Müll machen, in Relation zu den paar Gramm Kaffee pro Einmalportion, ist ziemlich offensichtlich. Doch 2017 überraschte Nestlé mit einer großangelegten Studie zu verschiedenen Zubereitungsweisen unter den Aspekten Kaffeeanbau, Zubereitung und Abfall: Demnach sei die Nespresso-Kapsel im Vergleich zu Filtermaschinen oder Vollautomaten sogar die ökologischste Variante, energieeffizient und ressourcenschonend.[31] Um möglichen Kritikern den Wind aus den Segeln zu nehmen, prunkte die Studie, durchgeführt durch die Schweizer Umweltberatung Quantis, zudem mit einer kritischen Prüfung durch den TÜV Rheinland, der, so Nestlé auf seiner Homepage, die Zuverlässigkeit, die Transparenz, die Relevanz und die Repräsentativität der bei der Studie angewandten Methoden und Daten überprüft habe. Klingt unglaublich, oder? Ist es auch. Ihr Bauchgefühl trügt Sie da nicht.

Denn Ökobilanzen sind immer relativ, je nachdem welche der vielen möglichen Parameter wie gewertet werden. Nespresso hat bezeichnenderweise nicht die gesamte Studie veröffentlicht, sondern nur eine Zusammenfassung, aus

---

30   Quelle: Deutscher Kaffeverband
31   https://www.nespresso.com/de/de/thepositivecup/studien

Wettbewerbsgründen, sagt das Unternehmen. Grundlage des Vergleichs ist, dass zweimal täglich jeweils drei Tassen Kaffee gebrüht werden. Neben dem Kaffeeanbau und dem Energieverbrauch der Maschinen sei auch das Recycling positiv berücksichtigt.

Genau hier wird es kniffelig: Nestlé und die Autoren der Studie können nämlich gar nicht wissen, wie viele der Kapseln aus dem teuren Wertstoff Aluminium tatsächlich ordnungsgemäß recycelt werden. Alu wäre tatsächlich ziemlich gut wiederverwertbar – wenn es denn wirklich in einer Wertstoffsammlung landet und nicht im Hausmüll. Allerdings, da lauert das nächste Problem, vor allem, wenn es einigermaßen sauber abgeliefert wird. Vor der Entsorgung müsste der Kaffeetrinker also auch noch den Kaffeesatz aus der Kapsel entfernen und extra entsorgen. Frage an alle Kapseltrinker: Wie oft haben Sie den Kaffeesatz rausgefummelt? Ganz ehrlich? Eben …

Seit einiger Zeit gibt es auf dem Markt Konkurrenzprodukte aus Plastik – mit ähnlichen Recyclingproblemen: Wie viele der Kapseln landen wirklich, idealerweise entleert, im Verwertungskreislauf und nicht einfach in der Tonne? Harte Zahlen dazu gibt es nicht. Günter Dehoust, Experte für nachhaltige Stoffströme und Kreislaufwirtschaft beim Öko-Institut e.V., schätzt, dass es bei beiden Systemen nur um die 50 Prozent sind. Bei korrekter Entsorgung wäre die Aluminiumkapsel, wegen der guten Verwertbarkeit, gegenüber der Kunststoffkapsel etwas im Vorteil. Doch der Fachmann hält das Verhältnis zwischen Verpackung und Inhalt bei Kapseln insgesamt für so ungünstig, dass vor allem dort, wo viel Kaffee getrunken würde, diese Einwegportionen klar im Nachteil seien.

Der größte Posten in Sachen ökologischer Fußabdruck indes ist der Kaffeeanbau selbst. Denn Kaffee hat ganz generell keine gute Ökobilanz. Für den Anbau wurde womöglich Urwald gerodet, die Felder wurden mit Pestiziden bearbeitet. Zudem benötigt der Kaffeeanbau immens viel Wasser: Die Herstellung von einem Kilo Kaffee verbraucht etwa 21 000 Liter der kostbaren Ressource. Das sind, ja, Sie verlesen sich nicht, stolze 140 Liter pro Tasse. Ein Viertelliter Tee kommt im Vergleich dazu mit nur 30 Litern aus, was, nebenbei bemerkt, immer noch viel ist.

Deshalb ist neben der Art, wie unser Kaffee konfektioniert ist, mindestens ebenso wichtig, ob der Kaffee nachhaltig angebaut wurde – da gibt es zu Biokaffee im Grunde keine echte Alternative. Fair-Trade-Kaffee ohne Biosiegel wird nicht notwendigerweise besonders nachhaltig angebaut.

Eine Studie der Eidgenössische Materialprüfungs- und Forschungsanstalt EMPA hat sich 2011 ebenfalls der Ökobilanz von Kaffeezubereitungsweisen angenommen. Sie kommt zum Schluss, dass die Erzeugungsweise des Kaffees der wichtigste Faktor bei der Beurteilung der Ökobilanz ist. Und die Menge des verwendeten Kaffees pro Tasse: Blümchenkaffeetrinker leben also schon mal umweltbewusster. Was die Frage Filter oder Kapsel angeht, ist das Ergebnis der Forscher eindeutig: *»Unter der jeweiligen Annahme, dass beim Filterkaffee die ganze aufgebrühte Kanne getrunken und beim löslichen Kaffee nur so viel Wasser erhitzt wird, wie auch benötigt, schneiden diese beiden Zubereitungsarten pro Tasse Kaffee mit*

Abstand am besten ab.« Das Gleiche, so der Autor der Studie, Roland Hischier, gelte für die Espressokanne, *»vorausgesetzt, es wird pro Tasse gleich viel Pulver wie beim Filterkaffee genommen und die Caffettiera ganz ausgetrunken.*«[32]

Auf Mallorca sollen ab 2020 nur noch Kapseln erlaubt sein, die kompostierbar sind. Wie relativ »kompostierbar« jedoch sein kann, haben wir schon bei den Plastiktüten gesehen: In der Regel verrotten die Kapseln, ähnlich wie die Beutel, nicht schnell genug. Und zudem haben Sortieranlagen Probleme, kompostierbare und nicht kompostierbare Kunststoffe zuverlässig zu unterscheiden und identifizieren im Zweifel beides als Plastikmüll. Pads aus Papier dürfen tatsächlich guten Gewissens in den Biomüll, verbrauchen aber immer noch mehr der kostbaren Ressource Papier als der klassische Kaffeefilter.

Eine mögliche Alternative, wenn man denn gar nicht auf den Kaffee aus der Kapsel verzichten mag, sind wiederbefüllbare Kapseln. Gerade Vieltrinker senken dadurch zudem ihre Kosten. Das Internetportal »Utopia« hat im Frühjahr 2016 einige Produkte getestet.[33]

---

32 https://www.empa.ch/de/web/s604/auf-den-kaffee-kommt-es-an
33 https://utopia.de/ratgeber/mycoffeestar-coffeduck-mister-barista-nespresso-kapseln-test/

FAZIT:

- Nur wer sehr wenig Kaffee trinkt, sollte zu Systemen mit Einwegportionen greifen. Ansonsten sind Kaffeemaschinen und Vollautomaten ökologischer – vorausgesetzt, Strom oder Gas werden gleich nach der Zubereitung abgeschaltet.

- Der größte Umweltfaktor ist der Kaffee selbst: Deshalb darauf achten, dass der Kaffee aus nachhaltigem Anbau stammt.

- Pads aus Papier sind besser als solche aus Alu, Alukapseln geringfügig besser als Kunststoffkapseln.

- Kapseln unbedingt der Wertstoffsammlung zuführen, am besten ohne den Kaffeesatz. Der wiederum gehört in den Biomüll.

- Immer nur so viel Kaffee zubereiten, wie getrunken wird. Kaffee, der weggeschüttet wird, verschlechtert die Ökobilanz drastisch.

Auf der Suche nach dem ökologischsten Verkehrsmittel

An dieser Stelle muss ich ein Geständnis machen: Ich bin eine langjährige Ökosünderin. Ich habe mir mein erstes Auto mit 19 gekauft – einen klapprigen roten R4, der vom Vorbesitzer irgendwie frisiert worden war, sodass er bergab unglaubliche 150 Stundenkilometer fuhr und an der Ampel unvorbereitete Porsche-Fahrer abhängen konnte. Das eigene Auto war für mich ein Symbol der Freiheit – ich bin damals selbst kurze Strecken am liebsten mit dem Auto gefahren und hab die Parkplatzsuche zähneknirschend in Kauf genommen.

In meiner Studienzeit ging viel Zeit dafür drauf, erstens das Geld für meinen fahrbaren Untersatz zu verdienen und zweitens gemeinsam mit handwerklich begabten Freunden die Klapperkiste zu reparieren, wenn sie mal wieder ihren Geist aufgegeben hatte. Mein ganzes Leben lang gab es in meiner Familie ein Auto, oft auch zwei. Ich will lieber gar nicht ausrechnen, wie viel Benzin wir Schicklings in den vergangenen Jahrzehnten in die Umwelt geblasen haben …

In der Bundesrepublik Deutschland waren im Januar 2019 46,5 Millionen PKW zugelassen: Damit hat mehr als jeder zweite Bundesbürger eigene vier Räder. Und angesichts der Diskussion um CO_2-Bilanzen, Feinstaub und Dieselabgas-Schummeleien machen sich immer mehr dieser Autobesitzer Gedanken, ob das gut so ist. Mein Aha-Erlebnis hatte ich an einem grauen Februarmorgen, als mein Auto innerhalb von zwei Monaten zum dritten Mal in die Werkstatt musste. Ich war schon länger unentschlossen, ob mein aktuelles Auto noch mal einen Nachfolger bekommen würde. Im Angesicht der dritten hohen Rechnung in kurzer Zeit entschloss ich mich zu einer radikalen Veränderung: Das Auto wird verkauft, und ich schlage mich fortan mit Mietwagen, Carsharing und öffentlichen Verkehrsmitteln durch.

Zugegeben: Ich wohne mitten in einer Großstadt. Wer weiter draußen wohnt, ist auf ein eigenes Auto oft zwingend angewiesen. In Sachen Anbindung des ländlichen Raums merkt man sofort, dass Deutschland seinen Wohlstand auch der Automobilindustrie verdankt. Vielerorts sind in den vergangenen Jahrzehnten Bahngleise abgebaut worden. Busverbindungen sind spärlich und unattraktiv.

Trotzdem lohnt es sich, mal nachzurechnen. Wie teuer kommen uns die 46,5 Millionen Autos auf unseren Straßen? Könnte man mit dem vielen Geld für die Kfz-Infrastruktur nicht genauso gut bessere öffentliche Verbindungen bereitstellen? Und wie hoch sind eigentlich die versteckten Kosten unseres Energieverbrauchs? Sind Elektro-Autos tatsächlich die umweltschonendere Alternative – der Strom muss ja auch irgendwie erzeugt werden ...

Mein Einstieg in ein Leben ohne eigenes Auto beginnt mitten in der Debatte um die wahre Schädlichkeit von Feinstaub. Über 100 Lungenärzte hatten die Zahlen der Weltgesundheitsorganisation zur Gesundheitsgefährdung der Kleinstpartikel angezweifelt und für große Schlagzeilen gesorgt, bis sich herausstellte, dass sich die selbst ernannten Experten dummerweise verrechnet haben. Feinstaub *ist* gesundheitsgefährdend, Benzin und Diesel *haben* eine miese CO_2-Bilanz, und dass herkömmliche Autos stinken, kann ich jeden Tag selbst feststellen, dazu muss ich mich nur vor die Tür stellen. Nachdem ich mein Auto in der Werkstatt zurückgelassen habe, in der tiefen Überzeugung, dass dies die letzte Reparatur sein würde, die ich bezahle, bin ich ziemlich euphorisch: Ich werde schon bald nicht mehr zum Heer der Luftverpester gehören!

Mein Timing für diesen Schritt ist allerdings nicht ideal: Denn am nächsten Morgen will ich für 14 Tage in die Berge starten, zum Recherchieren für einen Film über die Geschichte des Skifahrens am Arlberg. Mein Ziel Zürs hat keinen Bahnhof. Und ich richtig viel Gepäck. Der Mietwagen kostet etwa viermal mehr als das Zugticket, und außerdem will ich ja künftig umweltfreundlicher reisen. Also mache ich mich mit vier Gepäckstücken auf den Weg zum Münchner Hauptbahnhof, zugegeben mit dem Taxi, als kleines Zugeständnis an die Gepäckmenge, die ich nur so gerade eben eigenständig bewegen kann.

Ich muss mein Gepäck alleine bewältigen können, denn ich muss einmal umsteigen, in Kufstein, und habe dafür nur elf Minuten – zu wenig Zeit, um einen Gepäckwagen zu organisieren oder nette Helfer kennenzulernen. Dann allerdings durchfährt der Lokführer versehentlich einen Bahnhof, wo er hätte halten müssen – ja, wirklich, kein Witz… Während wir in Rosenheim auf die Fahrgäste aus Großkarolinenfeld warten, die der Folgezug aufsammelt, geht mein Umsteigepuffer verloren. Zehn Minuten später halten wir auf offener Strecke, um meinen Anschlusszug vorbeizulassen: Das Inntal ist eng, mit nur zwei Gleisen, und internationale Fernzüge haben Vorrang…

Im Endeffekt bin ich zwei Stunden später am Zielort als geplant. Während ich im Postbus nach Zürs sitze, bin ich trotzdem guter Laune. Denn wenn ich mal ehrlich bin – wie oft habe ich auf dem Weg zum Skifahren schon stundenlang im Stau gestanden?

Bei einer Spontanumfrage im Freundeskreis sind Ausflüge zum Skifahren oder an den Badesee ein häufiges Argument, warum es nicht ohne Auto gehe. Andererseits: Könnten wir von dem Geld, das uns unsere Autos kosten, nicht ganz schön viel Taxi und Mietwagen fahren? Sind die verschiedenen Carsharing-Modelle – stationär oder »freefloatend« (das ist der denglische Fachausdruck für Autos, die man da abstellen kann, wo man will) – tatsächlich ein Beitrag zum Umweltschutz, oder verdichten diese Angebote den Verkehr in den ohnehin schon verstopften Städten noch weiter? Ist Diesel wirklich das Ur-Böse? Sind Elektro-Autos die bessere Alternative – oder eine Mogelpackung, wegen der eingebauten Akkus, und auch der Strom, mit dem sie fahren, ist schließlich umweltrelevant? Ist Fliegen wirklich so schlimm? Und Zug fahren immer viel besser?

In diesem Kapitel geht es um das Thema Mobilität: Wie komme ich mit reinem Umweltgewissen von A nach B?

Mein Öko-Auto

Erinnern Sie sich noch an die Diskussion um das Drei-Liter-Auto? 1984 war »Umweltauto« sogar das Wort des Jahres. Es dauerte dann noch ganze 15 Jahre, bis VW 1999 mit dem Lupo 3 L TDI das erste serienmäßige Fahrzeug mit einem Benzinverbrauch unter drei Litern auf den Markt brachte – ein Auto, das besonders unbequem und besonders unpraktisch war, dafür aber besonders teuer. Entsprechend schlecht hat sich das Auto verkauft, 2005 wurde die Produktion wieder eingestellt.

Ein bisschen schizophren ist das schon: Wir diskutieren offensichtlich schon seit 35 Jahren darüber, dass es wünschenswert wäre, wenigstens weniger Benzin zu verbrauchen, wenn wir denn schon unbedingt Auto fahren müssen. Und gleichzeitig sind in dieser Zeit unsere Autos immer größer und schwerer geworden: 1990 war ein Neuwagen durchschnittlich 1,68 Meter breit, heute liegt der Schnitt bei 1,80 Meter. Der VW 1600 Variant hatte in den Siebzigerjahren ein Leergewicht von etwa einer Tonne. Sein Nachfolger, der VW Passat, wiegt 400 Kilogramm mehr. Der gute alte Opel Ascona brachte leer 915 Kilogramm auf die Waage, das entsprechende Modell von heute, der Opel Insignia, ist stolze 588 Kilo schwerer. Die Motoren sind zwar deutlich sparsamer geworden, auf den gesamtdeutschen Spritverbrauch jedoch wirkt sich das nicht positiv aus, weil die Autos schon wegen ihres Gewichts immer stärkere Motoren brauchen. Und je mehr Technik in modernen Autos zusätzlich verbaut wird, desto mehr an Energiebedarf kommt obendrauf.

Laut dem aktuellen Klimaschutzbericht der Bundesregierung stammen 18 Prozent der Treibhausgasemissionen Deutschlands aus dem Verkehr. Den Löwenanteil daran hat der Straßenverkehr mit 159 Millionen Tonnen CO_2 – und verhindert so, dass Deutschland sein selbst gesetztes Klimaziel erreicht. Eigentlich wollten wir 2020 unseren CO_2-Ausstoß um 40 Prozent reduziert haben, verglichen mit 1990. Wir werden aber wohl nur bei 32 Prozent landen. Im Autoland Deutschland wird das Thema, mit welchem Antrieb wir unsere Flotte bestücken wollen, entscheidend sein. Und schon sind wir mitten in einem Glaubenskrieg …

Die Bundesregierung setzt bislang bei ihren Fördermaßnahmen ganz auf das Elektro-Auto. Autos, die mit Strom fahren, verpesten während der Fahrt schon mal eindeutig nicht die Luft. Nun ist das mit den Ökobilanzen aber viel komplexer. Da spielt auch die Herstellung eine Rolle, und die Gewinnung der dafür nötigen Rohstoffe. Die Größe des Autos. Die Stromquelle. Und so kursieren sehr unterschiedliche Zahlen, welcher Antrieb denn nun wirklich der umweltverträglichste ist, je nachdem an welchen Stellschrauben man dreht und welche Interessen die jeweiligen Autoren der Untersuchungen verfolgen.

Das IFO-Institut, zum Beispiel, stellt dem Elektro-Auto ein schlechtes Zeugnis aus – da sei sogar der vielgeschmähte Diesel noch besser. *»Es zeigt sich, dass der CO_2-Ausstoß des Elektromotors im günstigen Fall um etwa ein Zehntel und im ungünstigen Fall um ein gutes Viertel über dem Ausstoß des Diesel-*

motors liegt.« [34] Der Thinktank »Agora Verkehrswende« hingegen kommt zum gleichen Zeitpunkt und Thema zu einem komplett gegenteiligen Schluss: *»In allen untersuchten Fällen hat das Elektroauto über den gesamten Lebensweg einen Klimavorteil gegenüber dem Verbrenner.«*[35] Sie sehen schon – hier gilt der schöne alte Satz: »Traue keiner Statistik, die du nicht selbst gefälscht hast«.

Schaut man sich die Studie des IFO-Instituts genauer an, stellt man fest, dass die Autoren teilweise ziemlich unsauber vergleichen: So hat das Mercedes-Dieselfahrzeug, um das es bei dem Vergleich geht, 194 PS, der untersuchte Elektro-Tesla dagegen 351. Würde man zum Vergleich stattdessen einen leistungsstärkeren Diesel heranziehen, zum Beispiel ein Fahrzeug mit 254 PS, stünde der Tesla in Sachen CO_2-Bilanz schon deutlich besser da als der Diesel. Oder die Sache mit der Laufleistung: Die IFO-Studie rechnet mit 150 000 Kilometern. Tesla gewährt jedoch für die Batterien seiner großen Fahrzeuge eine Garantie über 192 000 Kilometer – und mit jedem Kilometer mehr verbessert sich die CO_2-Bilanz der Elektro-Autos.

Knackpunkt bei den Elektro-Autos sind die Batterien. Für die benötigt man Lithium, viel Lithium, und um das wiederum zu gewinnen, passieren im Moment heftige Ökosauereien in der argentinischen Wüste, wo jahrtausendealte Salzseen zerstört werden und die Industrie indigenen Bauern

---

34 https://www.ifo.de/DocDL/sd-2019-08-sinn-karl-buchal-motoren-2019-04-25.pdf

35 https://www.agora-verkehrswende.de/veroeffentlichungen/klimabilanz-von-elektroautos/

das bisschen Grundwasser abgräbt, das sie für ihre karge Landwirtschaft dringend brauchen. Nicht gut!

Hergestellt werden diese Batterien dann oft in China oder Südkorea, wo ein großer Teil des Stroms für die Herstellung aus Kohlekraftwerken kommt. Auch nicht gut! Und solange wir in Deutschland einen Strommix haben, der zum größeren Teil aus nicht regenerativen Energiequellen stammt, sondern auch wieder aus Kohle, zum Beispiel, verpesten zwar die Elektro-Autos selbst nicht die Luft, dafür aber die Kraftwerke, die den Strom dafür erzeugen. Andererseits passieren mindestens genauso schlimme Umweltsauereien bei der Erdölgewinnung, wenn etwa in Nigeria Mangrovensümpfe verpestet werden oder nach Ölbohrinsel-Havarien millionenfach Seevögel verenden, vom hochumstrittenen Fracking gar nicht zu reden.

Immerhin wird an den Problemen bei der Herstellung von Batterien für Elektro-Autos mit Hochdruck gearbeitet. Am Georgia Institute of Technology in Atlanta suchen Forscher nach Alternativen zu Lithium – Natrium oder Kalium etwa, das fast überall auf der Erde vorkommt und relativ leicht zu gewinnen ist. Am Ulmer Helmholtz-Institut versuchen Wissenschaftler, Lithium durch Magnesium oder auch Natrium zu ersetzen. Die Natrium-Batterien stehen kurz vor der Serienreife, sind aber schwerer als Lithium-Akkus und deshalb eher für Busse und LKW geeignet.[36] Aber zumindest

---

36 https://www.uni-ulm.de/universitaet/hochschulkommunikation/
presse-und-oeffentlichkeitsarbeit/unimagazin/online-ausgabe-uni-
ulm-intern/uui-347/batterieforschung/fichtner/

tut sich hier etwas. Ebenso wird der deutsche Strommix auf lange Sicht ökologischer werden. Fährt ein Elektro-Auto zu 100 Prozent mit Ökostrom, verändert sich seine CO_2-Bilanz sofort massiv zum Guten.

Das schwedische Umweltforschungsinstitut IVL hat im Dezember 2019 eine Studie zur CO_2-Bilanz von Elektro-Autos veröffentlicht. Demnach hat sich die Ökobilanz von Lithium-Ionen-Batterien in den letzten zwei Jahren drastisch verbessert. So fallen bei der Herstellung im Schnitt zwischen 61 und 106 Kilogramm CO_2-Äquivalente pro Kilowattstunde produzierter Batteriekapazität an. Bei der IVL-Studie im Jahr 2017 waren es im Mittel noch 150 bis 200 Kilogramm gewesen.[37]

Batterien von Elektro-Autos halten meist weniger lange, als das Auto drumherum: Nach acht bis zehn Jahren lässt ihre Leistung deutlich nach. Gesetzlich müssen diese Batterien recycelt werden. Noch klimafreundlicher ist es, ihnen zunächst ein »zweites Leben« zu gönnen und sie unter weniger leistungsfordernden Bedingungen weiterzuverwenden, etwa als Heimspeicher für Solarstrom. Die TU München forscht an solchen Modellen. Weiterer Vorteil: Das Recycling der Batterie wird auf einen Zeitpunkt verschoben, zu dem die momentan noch in den Anfängen steckenden Recyclingtechnologien deutlich effizienter sein dürften.

Die traurige Wahrheit indessen: Es gibt derzeit noch keine ideale Lösung. Zunächst mal konkurrieren hier seit über 100

---

37 Erik Emilsson, Lisbeth Dahllöf: Lithium-Ion Vehicles Batteriy Production, C444.pdf

Jahren optimierte Verbrennungsmotoren samt langjährig ge-
wachsener Infrastruktur mit noch sehr neuen Technologien
samt entsprechenden Kinderkrankheiten und viel schlechterer Versorgungslage. Wer gewohnt ist, mit einer Tankfül-
lung 600 Kilometer zu fahren und jederzeit und an fast jeder
Ecke tanken zu können, wird mit einem Elektrokleinwagen,
der nach 100 Kilometern für eine ganze Nacht an die Steckdose muss, unzufrieden sein. Wer in der Stadt in einer Miet-
wohnung wohnt, findet es doof, wenn er drei Straßen weiter
parken muss, weil da der städtische Stromladeparkplatz ist.

Statt mit fossilen Brennstoffen oder Strom könnten unsere Autos im Prinzip auch mit Wasserstoff fahren – auch
daran forschen viele Hersteller. Hybridfahrzeuge und Autos
mit Brennstoffzellen lassen sich sehr viel schneller betan-
ken als heutige Elektro-Autos, und sie haben auch in der
Regel eine größere Reichweite. Allerdings gibt es für diese
Fahrzeuge noch weniger Tankstellen, und die Technologie
ist bei Weitem noch nicht so entwickelt wie die Elektromobilität. Also was tun?

Der ADAC hat versucht, alle Aspekte der verschiedenen Antriebsarten in eine Ökobilanz zu packen, gemeinsam mit dem
Institut für Energie- und Umweltforschung Heidelberg.[38] Dabei ging es um CO_2-Emissionen bei der Fahrzeugherstellung
und beim Recycling am Ende der Lebenszeit von Fahrzeug
und Batterie, um alle klimarelevanten Emissionen bei der Be-

---

38 https://www.adac.de/verkehr/tanken-kraftstoff-antrieb/alternative-
antriebe/studie-oekobilanz-pkw-antriebe-2018/?redirectId=quer.
oekobilanz

reit- und Herstellung des Kraftstoffs oder Stroms und um den direkten CO_2-Ausstoß im Betrieb, ausgehend von einer Fahrleistung von 150 000 Kilometern. Bei Kompaktwagen der unteren Mittelklasse ist das Elektro-Auto da selbst mit dem aktuellen deutschen Strommix Sieger. Deutlich am schlechtesten schneidet der Benziner ab, gefolgt von Autogas und Diesel. Bei Kleinwagen fällt die Bilanz ähnlich aus. Was sich übrigens ganz dezidiert gar nicht lohnt, ist der kleine Elektroflitzer als Zweitwagen für die Stadt. Um da auf eine bessere CO_2-Bilanz zu kommen, müsste der Elektrokleinwagen gegenüber dem Benziner mindestens 80 000 Kilometer fahren, beim Diesel sogar 110 000 Kilometer – in der Regel kommen solche Zweitwagen nach Erkenntnissen der Forscher aber nur auf 50 000 Kilometer Laufleistung.

Sie merken schon – ich drücke mich gerade um eine klare Aussage. Ganz ehrlich: Auch nach der Lektüre vieler Studien, nach etlichen Fernsehdokumentationen, die sehr engagiert für oder gegen die diversen Antriebsarten Stellung beziehen, nach unzähligen Artikeln und Kommentaren zum Thema – ich fürchte, es gibt hier und heute kein eindeutiges »richtig« oder »falsch«. Außer, dass Fahrzeuge, die mit fossilen Brennstoffen angetrieben werden, möglichst bald auf den Friedhof der Geschichte gehören. Und je schneller die Politik den Wandel hin zu alternativen Antriebsmethoden befördert, desto besser fürs Klima. Und im Zweifel auch für die deutsche Automobilindustrie: Die hoffentlich zügig und entschlossen umrüstet, denn ausgerechnet das Festhalten an überholten Technologien ist nicht besonders clever, um Arbeitsplätze zu sichern …

Wie schlimm sind SUVs?

Dass es mit dem »Greta-Effekt« nicht so sehr weit her sein kann, lässt sich an dieser Zahl eindrucksvoll zeigen: Die sogenannten Sport Utility Vehicles und Geländewagen stellten 2019 fast ein Drittel der Neuzulassungen und sind das mit Abstand am stärksten wachsende Segment in der Statistik des Kraftfahrt-Bundesamtes. Nun haben ir es in Deutschland ja mit sehr ordentlichen Straßen zu tun, anders als vielleicht in Mali oder Bhutan. Es gibt also keinen guten sachlichen Grund, warum wir Bundesbürger zwingend Autos brauchen, die durch Flussbetten fahren oder Schlammpisten bewältigen können.

Ganz abgesehen davon, dass SUVs oft größere Außenmaße mit weniger Platz innen verbinden und für andere Verkehrsteilnehmer gefährlicher sind als ihre normalen Vergleichsmodelle: Unter Klimaaspekten sind SUVs leider indiskutabel. Bei einer Fahrleistung von etwa 20 000 Kilometern im Jahr stößt ein SUV zwischen 400 und 800 Kilogramm mehr CO_2 aus als sein nicht geländegängiger Bruder.[39] Eigentlich darf jeder Erdbewohner nicht mehr als etwa drei Tonnen CO_2 pro Jahr verursachen, wenn wir die Klimakatastrophe verhindern wollen. Da sind schon 400 Kilogramm mehr oder weniger ziemlich viel.

---

39 Greenpeace- Studie 2019: Ein dickes Problem: Wie SUVs und Geländewagen das Klima und unsere Städte ruinieren, s02571_gp_report_suv_09_2019_es.pdf

Das Karlsruher Fraunhofer-Institut für System- und Innovationsforschung hat im Januar 2020 eine Metastudie vorgelegt. Die 13 beteiligten Forscher kommen nach Analyse zahlreicher vorliegender Untersuchungen zu einer sehr optimistischen Einschätzung: *»Festzuhalten ist generell, dass bei einem Vergleich auf wissenschaftlicher Basis selbst im Fall einer für die Batterietechnologie nachteiligen Wahl der Parameter die Technologie heute in der Regel im Vergleich zu Pkw mit Verbrennungsmotor nicht schlechter, sondern sogar besser abschneidet. Die Entwicklungen zwischen 2020 und 2030 werden (…) zu einer zunehmenden Verbesserung der Technologie führen. Der parallele Ausbau der Erneuerbaren Energieträger (EE), der zunehmende Markthochlauf und die technische Reife der Batterietechnologie und der E-Pkw werden dazu beitragen, dass sich E-Pkw zu einer CO_2-armen, kostengünstigen und nachhaltigeren Alternative für konventionelle Pkw entwickeln, die auch bezüglich Reichweite gut abschneiden und auf eine entsprechende Infrastruktur treffen.«*[40] Bei der Lektüre der nüchtern vorgetragenen Analyse der Forscher, beschleicht mich ein Gedanke: Wird das intensive E-Auto-Bashing in deutschen Medien möglicherweise durch eine sehr intensive Lobbyarbeit der Industrie im Autoland Deutschland gespeist? Recycling, CO_2-Bilanz, Rohstoffe – nirgends sehen die Karlsruher wissenschaftlich haltbare Argumente gegen die Elektromobilität. Allerdings betonen auch sie, dass das A und O einer Mobilitätswende neben dem anderen Antrieb vor allem auch ein anderes

---

40 https://www.isi.fraunhofer.de/content/dam/isi/dokumente/cct/
    2020/Faktencheck-Batterien-fuer-E-Autos.pdf

Konsumverhalten sein muss: weniger und kleinere Fahrzeuge, weniger Fahrten.

Wenn ich nun aber schon einen Benziner oder Diesel habe und den erst mal weiterfahren möchte – gibt es denn auch so ein paar Tricks, den CO_2-Ausstoß zu senken? Ja, allerdings: Sprit sparen! Alles, was im Auto Strom verbraucht, schlägt sich auch in der CO_2-Bilanz nieder – Klimaanlage, Sitzheizung, Heckscheibenheizung, Radio, Zusatzscheinwerfer. Bei der Aircondition können das auf 100 Kilometern 1,5 Liter zusätzlicher Treibstoff sein, bei der Heckscheibenheizung immer noch 0,4 Liter! Korrekter Reifendruck kann bis zu 5 Prozent Sprit einsparen, ein leerer Dachgepäckträger frisst bei Tempo 80 0,7 Liter, und auch Ladung im Kofferraum wirkt sich auf den Verbrauch aus. Die Dekra bietet mittlerweile sogar Kurse zum sparsamen Fahren an, generell gilt da vor allem: dosiert Gas zu geben und zu bremsen und immer im höchstmöglichen Gang zu fahren.

Dann das Thema Tempolimit – ja, ich weiß, schnell fahren ist so etwas wie ein Spezialprivileg der Deutschen … außer bei uns sind inzwischen allerdings nur noch Länder wie Afghanistan, Mauretanien oder Nordkorea ohne Tempolimit, und ich weiß gar nicht, ob es dort, so wie bei uns, überhaupt Straßen gibt, über die man mit 200 Sachen heizen könnte.[41] Fakt ist jedenfalls, dass man mit der gefahrenen Geschwindigkeit sehr

---

41 Die vollständige Liste der Staaten ohne Höchstgeschwindigkeit: die indischen Bundesstaaten Vanuatu, Pradesh und Uttar sowie Nepal, Myanmar, Burundi, Bhutan, Afghanistan, Nordkorea, Haiti, Mauretanien, Somalia und der Libanon. In Europa außer Deutschland noch die britische Isle of Man – die hat allerdings nicht mal eine Autobahn

direkt Einfluss auf die CO_2-Bilanz nehmen kann: Das österreichische Umweltbundesamt hat berechnet, wie sich der CO_2-Ausstoß bei verschiedenen Geschwindigkeiten verändert:

Tempo 100	138 g / km
Tempo 130	154 g / km
Tempo 140	170 g / km

Da die Österreicher auf Autobahnen ein Tempolimit von 130 haben, haben sie gar nicht mehr weiter hochgerechnet, aber das lässt sich auch so grob überschlagen: langsamer ist ziemlich offensichtlich besser fürs Klima.[42]

Was übrigens auch ins Kontor schlägt, ist die Suche nach einem Parkplatz in der Stadt – der Parkhaus-Anbieter Apcoa hat 2013 untersuchen lassen, wie die dazugehörende CO_2-Bilanz aussieht. Nach diesen Erkenntnissen dauert die durchschnittliche Suche nach einem Fleck, auf dem sich das Auto abstellen lässt, zehn Minuten. In dieser Zeit fahren wir stolze 4,5 Kilometer. Das schlägt mit 1,3 Kilogramm CO_2 zu Buche. Auch wenn man hinter dieser Studie die Absicht ahnt – *»Fahrt doch lieber gleich in unser Parkhaus, anstatt sinnlos Runden zu drehen«* –, selbst wenn die Strecke nur halb so lang wäre, wäre das immer noch viel.[43] Experten schätzen, dass fast ein Drittel des innerstädtischen Verkehrs für die Suche nach einem Parkplatz draufgeht.

---

42 https://www.umweltbundesamt.at/umweltsituation/verkehr/fahrzeugtechnik/pkw/tempo/
43 https://www.presseportal.de/pm/9373/2541043

Es gibt zu diesem Thema keine einfachen Antworten. So richtig ökologisch gut ist ein privater PKW eben leider nie. Wer alleine im Auto durch die Gegend fährt, schafft keine gute CO_2-Bilanz. Alles, was da nach heutigem Stand drin ist, ist eine Form der Schadensbegrenzung, aber keine wirkliche Lösung. Ich finde dennoch, es ist ein Schritt in die richtige Richtung, sich das zumindest bewusst zu machen.

Im Autoland Deutschland hätte es allerdings auch die Politik in der Hand, dieses besonders wenig umweltfreundliche Verkehrsmittel nicht weiter zu bevorzugen. Zum Beispiel, indem sie die Dienstwagensteuer ökologischer gestaltet. Hier geht es immerhin um etwa 10 Prozent der Autos, die auf unseren Straßen unterwegs sind. Für Arbeitnehmer sind Dienstwagen eine feine Sache: ein Auto und Treibstoff auf Kosten der Firma. Für die Firma ist das ebenfalls ein guter Deal: Sie spart Lohnnebenkosten. Allerdings verhält es sich mit der Auto-Flatrate ähnlich wie mit All-you-can-eat-Buffets: Die private Nutzung des Dienstfahrzeugs wird pauschal besteuert. Damit sinkt der Anreiz, achtsam mit der Ressource Auto umzugehen. Eine Studie zur Dienstwagennutzung in Deutschland belegt, dass Dienstwagen im Schnitt etwa doppelt so viele Kilometer zurücklegen wie private Autos. Das liegt zum Teil sicher daran, dass Handwerker oder Vertriebsmitarbeiter viel unterwegs sind. Aber eben nur zum Teil. Zudem sind Dienstwagen meist größer und PS-stärker als privat angeschaffte Autos, und sie werden in kürzeren Zyklen ausgetauscht.[44]

---

44 https://www.tandfonline.com/doi/pdf/10.1080/14693062.2018.1533 446?needAccess=true&

Das Umweltbundesamt beziffert die Steuererleichterungen bei Dienstwagen mit mindestens 3,1 Milliarden Euro im Jahr und zählt sie zu den umweltschädlichen Subventionen im Bundeshaushalt.[45] Die Organisation für Wirtschaft und Zusammenarbeit in Europa schätzt die Kosten für den Fiskus sogar auf 5,2 Milliarden Euro – das wäre etwa die Hälfte des gesamten Etats des Bundesfamilienministeriums.[46]

Ich habe am Ende meiner Überlegungen dann übrigens mein Auto doch behalten. Gründe gab es einige: Mein Sohn hat gerade den Führerschein gemacht und benötigt Fahrpraxis. Mein Auto hat den Braten irgendwie gerochen und ist fortan ohne einen Mucks gefahren. Ich bin in genau diesem Jahr besonders oft nach Italien gefahren, in ein Haus auf dem Berg, fernab von Geschäften und Restaurants und ohne Anschluss an den öffentlichen Nahverkehr, was meine »so viel kostet der Mietwagen gar nicht«-Kalkulation komplett erledigt hätte. Alles Ausreden, ich weiß. Aber zumindest zum Skifahren werde ich künftig öfter mit dem Zug fahren – versprochen!

---

45 https://www.umweltbundesamt.de/sites/default/files/medien/479/publikationen/uba_fachbroschuere_umweltschaedliche-subventionen_bf.pdf

46 fhttps://www.oecd-ilibrary.org/taxation/personal-tax-treatment-of-company-cars-and-commuting-expenses_5jz14cg1s7vl-en;jsessionid=Frhu8FBGcg_meZwRiYn3aTWw.ip-10-240-5-97

FAZIT:

- Auto fahren ist nicht ökologisch. Nie. Also wägen Sie stets ab, ob eine Fahrt wirklich nötig ist.

- Zum heutigen Zeitpunkt lässt sich eine seriöse Aussage zum nachhaltigsten Antrieb eines PKW kaum machen. Benzin und Diesel sind es allerdings sehr sicher nicht.

- Kleinere, leichtere Autos sind im Zweifel die bessere Wahl. Und geländegängige Fahrzeuge gehören in die Hände von Förstern oder Berghüttenbetreibern, nicht jedoch nach München-Schwabing, um dort besser den Bordstein hochzukommen.

- Fahren Sie möglichst sparsam – das nutzt nicht nur der Umwelt, sondern auch Ihrem Geldbeutel.

- Fahren Sie keine Kurzstrecken, die sind besonders CO_2-relevant, weil der kalte Motor mehr Sprit braucht. Und meiden Sie Fahrten in Gegenden, in denen es sowieso keine Parkplätze gibt – das ist nicht nur schlecht für die Umwelt, sondern auch für Ihre Nerven.

Mit Flugscham leben

Meine große Tochter führt das typische Nomadenleben ihrer Generation. Irgendeine Freundin macht immer gerade Erasmus und muss besucht werden, Musikfestivals von Barcelona bis Budapest sind so alltägliche Ziele wie bei mir vor 30 Jahren Rock am Ring. Sie war zum Highschool-Jahr in den USA, zum Studieren in Istanbul und Leiden und für ein Praktikum in Tunis. Möglich wird dieses Leben durch die unfassbar niedrigen Flugpreise.

Wie billig Flüge mittlerweile sind, wird mir bewusst, als wir in alten Fotoalben kramen. Auch meine beste Freundin hat im Ausland studiert, in Japan. Meine Tochter fragt mich etwas ungläubig, warum um Himmels willen ich sie damals nicht dort besucht habe, und im ersten Moment erscheint auch mir das ein ziemlich dämliches Versäumnis. Doch dann erinnere ich mich. Als ich Ende der Achtzigerjahre studiert habe, gab es keine Billigairlines. Fliegen war für mich als Studentin nahezu unbezahlbar. Die Studienfahrt unseres Latein-Leistungskurses nach Neapel und Pompeji fand mit dem Nachtzug statt, ebenso wie der Schüleraustausch nach Schottland. (Ich brauche nicht zu erwähnen, dass mein Sohn zum Schüleraustausch in die Gegend von London *natürlich* mit dem Flugzeug reiste …) Zum Abitur haben mir meine Eltern 1986 eine Reise in die USA geschenkt. Dorthin konnte man nicht mit dem Zug fahren, und man macht ja auch nur einmal Abi. Das Ticket kostete 999 Mark – billiger wäre es kaum gegangen.

Im Internet rechne ich nach, was diese 999 Mark heute inflationsbereinigt wert wären: 290 Euro. Für diesen Betrag kann man auch heute noch einen Flug von Frankfurt nach New York finden, wenn man konsequent auf Schnäppchenjagd geht. Zum Vergleich: Der Preis für einen Monat Interrail hat sich in diesem Zeitraum von umgerechnet 116 Euro auf 515 Euro gesteigert – das ist mehr als das Vierfache, rechnet man den Kaufkraftverlust ein, wäre man sogar beim Faktor 7,5!

Fliegen ist definitiv die Art der Fortbewegung mit der verheerendsten CO_2-Bilanz – darüber brauchen wir nicht erst zu diskutieren. Dachte ich. Bis sich plötzlich der Chef des Nürnberger Flughafens Michael Hupe zu Wort meldete: Über die Nachrichtenagentur dpa ließ er mitteilen, dass ein Kurzstreckenflug von Nürnberg nach München auch nicht umweltschädlicher sei, als wenn die Passagiere stattdessen die 170 Kilometer mit dem Auto gefahren wären. Diese Rechnung beruhte auf der Annahme, dass vor allem Geschäftsreisende solche Zubringerflüge nutzten: *»Der Kunde fliegt häufig allein und nicht mit der Familie. Wenn Sie 80 Passagiere auf dem Flug von Nürnberg nach München haben, können Sie davon ausgehen, dass Sie dann 75 Autos auf der Straße hätten.«* Nun darf man Herrn Hupe sicherlich ein gewisses Eigeninteresse unterstellen. Aber die Zahl, die er nennt, klingt erst mal beeindruckend: Ein Flugzeug brauche pro Person 3,5 Liter Sprit auf 100 Kilometern. Das schaffen die meisten Autos in der Tat nicht.

Diese Zahl hat er vermutlich aus einer Erhebung des Bundesverbandes der deutschen Luftverkehrswirtschaft von 2017. Dies ist allerdings eine Durchschnittszahl, gerechnet auf den gesamten Flottenverbrauch. Bei kurzen Flügen sieht die Bilanz viel schlechter aus, weil beim Start überproportional viel Benzin verbraucht wird. Und dann ist es klimatechnisch auch ein großer Unterschied, ob Kerosin in großen Höhen ausgestoßen wird oder Benzin und Diesel am Boden. Das Umweltbundesamt kommt im gleichen Jahr zu ganz anderen Zahlen: Pro Personenkilometer verursacht ein Flugzeug 201 Gramm Treibhausgase, ein Auto nur 139 Gramm. Noch viel besser wäre demnach der Zug, der kommt auf nur 60 Gramm. Ich rechne mit den Zahlen des Umweltbundesamtes nach, was das beispielsweise auf der Strecke von München nach Berlin für die Ökobilanz eines einzelnen Passagiers bedeuten würde.

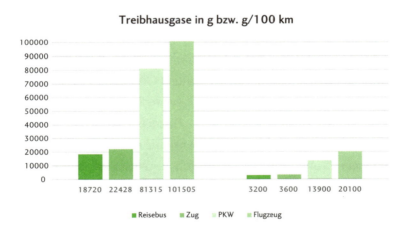

Also ist Fliegen doch eine gigantische Ökosauerei? Die Schweden haben dafür sogar ein Wort erfunden: »Flugscham«. Wenn man sich fürs Fliegen ab sofort schämen muss, bin ich vorne mit dabei. Mein Beruf führt dazu, dass ich ziemlich viel fliege. Ich wohne in München. Ein Interview in Berlin oder Hamburg geht an einem Arbeitstag nur mit dem Flieger. Mit dem Zug brauche ich einen zusätzlichen Tag und würde damit als Freiberuflerin mein Honorar mal eben halbieren. Aber dafür bin ich dann auch irgendwie schuld daran, dass gerade wieder zwei Quadratmeter Packeis geschmolzen sind. Und noch schlimmer: Auch in der Freizeit fliege ich regelmäßig. Also ab sofort keine Wochenendtrips mehr nach Venedig oder Helsinki, der Umwelt zuliebe? Oder diese zumindest kompensieren?

Die Deutsche Gesellschaft für Internationale Zusammenarbeit (GIZ) arbeitet im Auftrag der Bundesregierung weltweit an der Rettung unseres Planeten – vom klimafreundlichen Kaffee in Costa Rica bis zum Schutz der Torfmoorwälder in Indonesien. Dummerweise müssen die GIZ-Mitarbeiter erst mal nach Costa Rica oder Indonesien fliegen, bevor sie dann dort das Retten beginnen können. Deshalb betreibt die GIZ seit einigen Jahren ein eigenes Klimaschutzprojekt in Thailand. Sie bringt ein Palmölunternehmen dazu, Abwasser in eine Biogasanlage einzuspeisen. Und darf sich das, gemäß einem Ausgleichsmechanismus der UN, gutschreiben lassen, für die fliegenden Klimaretter. So will die GIZ im nächsten Jahr klimaneutral sein.

Nun, ich kenne leider keine Palmölfabrikanten, die für mich Biogasanlagen bestücken würden. Aber es gibt mittlerweile eine ganze Reihe von Unternehmen, die etwas in dieser Art für private Umweltsünder organisieren. Eine Branche im Aufwind: Der Marktführer für CO_2-Kompensationen in Deutschland ist die Non-Profit-Organisation Atmosfair. 2018 hat sie 40 Prozent mehr Ausgleichszahlungen kassiert als noch im Vorjahr, insgesamt 9,5 Millionen Euro, die irgendwo auf der Welt in Projekte investiert werden, die Treibhausgase reduzieren sollen. Zum Beispiel in kleine Biogasanlagen in Indien, Kenia, Thailand und Nepal, wo Erntereste und Kochabfälle zur Stromerzeugung genutzt werden. Oder zur Verbreitung von energieeffizienten Kochherden in Nigeria, Ruanda, Kamerun, Lesotho und Indien, um die Menschen dort davon abzuhalten, die Wälder nach und nach zu Brennholz zu machen.

Auf der Website von Atmosfair probiere ich aus, was mich mein Kurzurlaub in Venedig an Kompensation kosten würde: Laut CO_2-Rechner verursache ich mit meinem Ticket 123 Kilogramm CO_2-Emissionen. Damit wären schon mehr als 5 Prozent meines klimaverträglichen Jahresbudgets von 2300 Kilogramm verbraucht. Die freudige Überraschung: Mit nur zehn Euro hätte ich das offenbar wieder ausgeglichen. Klingt toll – aber irgendwie muss ich spontan an den mittelalterlichen Ablasshandel denken: Etwas Geld abdrücken, und schon sind alle meine Sünden getilgt. Funktioniert das wirklich so einfach? Andere Menschen für mich das Klima retten lassen? Was ist, wenn eines Tages alle Nigerianer effiziente Öfen haben?

Genau da liegt der Haken beim Kompensationsgeschäft. Die Emissionen werden damit schließlich nicht ungeschehen gemacht. Schwer zu sagen, ob mein nigerianischer Kompensator sich den Ofen vielleicht auch ohne die Subvention gekauft hätte. Oder ob es den Ofen billiger gegeben hätte, wenn die Anbieter nicht wüssten, dass es dafür Geld aus den reichen Industrieländern abzugreifen gibt. Und womöglich verbessert sich dank des tollen Ofens die wirtschaftliche Situation der nigerianischen Familie, und als Nächstes schafft sie einen klimaschädlichen Kühlschrank an oder macht irgendwann selbst Flugreisen. Und irgendwie fühlt sich all das ein bisschen an wie eine moderne Form des Kolonialismus: Wir Bewohner der Ersten Welt, die wir ohnehin schon mit Abstand die meisten Treibhausgase in die Luft blasen, bezahlen Menschen in der Dritten Welt fürs CO_2-Sparen …

Umweltexperten befürchten einen weiteren negativen Effekt: Wir Menschen sind simpel gestrickt. Wenn wir an einer Stelle etwas ökologisch Lobenswertes getan haben, verringert das unsere Motivation, weiter umweltbewusst zu handeln. Der Fachausdruck dafür ist »moralische Lizensierung«. Gerade bei Personen mit wenig ausgeprägtem Klimabewusstsein könnte der Irrglaube entstehen, man kann bedenkenlos fliegen, so viel man will, solange man diese Flüge kompensiert. Ein Forscherteam der Universität Kassel unter Leitung des Wirtschaftswissenschaftlers Andreas Ziegler hat in mehreren Studien untersucht, wie sich das Kompensationsgeschäft auswirkt. Demnach neigen Klimakompensierer zwar auch in anderen Bereichen zu einem klimafreundlicheren Konsumverhalten. Die Untersuchungen zeigen aber ebenfalls, dass die Möglichkeit von Kompensationszahlungen unterschiedliche Reaktionen bei bestimmten Konsumentengruppen auslösen kann. Gerade wenn Kompensationsmaßnahmen als besonders wirksam wahrgenommen würden oder die Befragten bereits sehr aktiv in Sachen Klimaschutz seien, entstehe eine Tendenz zur Reduzierung anderer Klimaschutzaktivitäten.[47] Man wird also schlicht großzügiger mit sich selbst und gönnt sich die eine oder andere Sünde, weil man ja doch ziemlich vorbildlich unterwegs ist.

Welche Organisation kompensiert richtig?

Wer gerne die CO_2-Emissionen kompensieren möchte, die beim Flug in den Urlaub oder zum Geschäftstermin anfallen, hat mittlerweile die Wahl zwischen zahlreichen Anbietern. Der Preis pro kompensierter Tonne liegt zwischen 5 und 23 Euro. Diese Spanne klingt nach Abzockerei, hat aber zu tun mit den sehr unterschiedlichen Projekten: Es ist viel kostspieliger, ein deutsches Moor zu renaturieren, als in Afrika Kocher anzuschaffen.

Als Laie ist man kaum in der Lage, Sinn und Unsinn von Klimaprojekten zu beurteilen. Wald aufforsten, zum Beispiel, klingt erst mal toll, ist aber unter Experten als Kompensationsprojekt umstritten, weil das in den Bäumen gebundene CO_2 wieder freigesetzt würde, wenn diese Bäume dann doch zu Feuerholz werden.

Auf der sicheren Seite ist man als Verbraucher mit Projekten, die das Gütesiegel »Goldstandard CER« tragen. Bei diesen Projekten geht es nicht nur um die Klimabilanz, sondern auch um den sozialen und ökologischen Nutzen.

---

47 https://www.tandfonline.com/doi/abs/10.1080/00036846.2015.1085 647?tokenDomain=eprints&tokenAccess=gnCxvHvfG8sMn279BQE9 &forwardService=showFullText&doi=10.1080%2F00036846.2015.10- 85647&doi=10.1080%2F00036846.2015.1085647&journalCode=r aec20

Die Zeitschrift *Finanztest* hat im Februar 2018 sechs Organisationen unter die Lupe genommen. Testsieger war Atmosfair. Klima-Kollekte und Primaklima bekamen ebenfalls die Note »sehr gut«, wobei die Tester bei Klima-Kollekte Abstriche in Sachen Transparenz machten. Myclimate bekam ein »gut«, die KlimaManufaktur und Arktik schnitten nur mit »ausreichend« ab und bekamen beim Punkt Transparenz sogar nur »mangelhaft«.[48]

Um die Klimaziele des Pariser Abkommens zu erreichen, reicht es ohnehin nicht aus, Emissionen geografisch umzuverteilen. Kurzfristig funktioniert die Kompensationsrechnung. Mittelfristig aber müssen die Emissionen absolut runter – und somit bleibt der beste Flug der, den man gar nicht erst antritt. Auf der anderen Seite: Was wir so zusammenfliegen, ist ein ziemlich kleiner Teil des weltweiten CO_2-Ausstoßes. Es kursieren hier verschiedene Zahlen, zwischen 2,7 und 5 Prozent. Der Autoverkehr ist dagegen für ein Fünftel der weltweiten Treibhausgasemissionen verantwortlich. Thilo Bode, der frühere »Greenpeace«-Geschäftsführer und Gründer von »Foodwatch«, ist aus meiner Sicht als Umweltfreund über jeden Zweifel erhaben. Er hat kürzlich im Gespräch mit der *Frankfurter Allgemeinen Sonntagszeitung* vor dem schlechten Dauergewissen gewarnt und markig erklärt *»Flugverzicht bringt nichts!«.* Er begründet diese steile These so: *»Es muss Schluss sein mit der Irreführung, dass Appelle an das Verhalten von Einzelnen einen spürbaren Beitrag zum Klimaschutz leisten. Nur*

---

48 https://www.test.de/CO2-Kompensation-Diese-Anbieter-tun-am-meisten-fuer-den-Klimaschutz-5282502-0/

eine entschlossene staatliche Klimapolitik gegenüber Energie- und Autokonzernen sowie der Landwirtschaft kann die CO_2-Emissionen drastisch und schnell senken.« Er macht dort eine Modellrechnung auf: Die Abschaltung eines einzigen Braunkohlekraftwerks würde 30 Millionen Tonnen CO_2 einsparen, ohne dass das unsere Versorgungssicherheit bedrohen würde. Für den gleichen Effekt müssten zehn Millionen Menschen auf einen zwölfstündigen Langstreckenflug verzichten. Und dürften das eingesparte Geld dann nicht für anderweitigen, womöglich ebenfalls klimaschädlichen Konsum ausgeben.[49]

Ich denke, Thilo Bode hat recht. Wir sind nur kleine Rädchen. Und es ist höchste Zeit für eine Klimapolitik, die diesen Namen verdient. Immerhin tut sich in Sachen Forschung gerade etwas: Langfristig könnten Flugzeuge mit Wasserstoff fliegen statt mit Kerosin. Im Dezember 2019 hat in Vancouver das erste vollelektrisch angetriebene Verkehrsflugzeug seinen Jungfernflug absolviert. Was sich ganz schnell ändern ließe sind Flugrouten und -höhen. Im Moment wählen Fluggesellschaften die Strecken, die am kostengünstigsten sind – etwa durch geringen Treibstoffverbrauch oder möglichst kurze Arbeitszeiten für die Crews. Die Frage, ob gerade auf diesen Routen aufgrund von klimatischen Bedingungen besonders große Kondensstreifen entstehen, spielt keine Rolle. Doch genau die tragen zur Bildung von Zirruswolken bei, das sind federartige Eiswolken in großer Höhe, und damit indirekt auch zur Erwärmung. Damit weniger Kondensstreifen

---

49 https://www.faz.net/was-manager-vom-fliegen-halten-16260660/
flugverzicht-bringt-nichts-16260668.html

entstehen, müssten Flugzeuge in mittleren Breiten unterhalb von acht Kilometern, in den Tropen unterhalb von zwölf Kilometern fliegen. Studien des Deutschen Luft- und Raumfahrtzentrums (DLR) haben außerdem gezeigt, dass insbesondere andere Flugrouten über den Nordatlantik die Klimawirkung dieser Nicht-CO_2-Emissionen deutlich abschwächen können. Flüge von London nach New York etwa, die nicht so dicht an Island vorbeiführen wie bislang, sondern südlich davon den Atlantik kreuzen, wären 25 Prozent weniger klimaschädlich, bei 0,5 Prozent höheren Flugkosten. Theoretisch wäre sogar eine Abschwächung von 60 Prozent drin, die Flugkosten würden sich dann aber um 15 Prozent erhöhen.[50]

Besonders fragwürdig sind Inlandsflüge – hier waren wir in Deutschland schon mal weiter: Es gab Zubringerzüge von Köln und Stuttgart zum Frankfurter Flughafen und man konnte sein Gepäck schon am Bahnhof einchecken und dann mit dem Zug zum Flug reisen. 2007 wurde dieses Projekt wieder eingestellt – laut Bahn auf Wunsch der Lufthansa. Warum wohl? Womöglich zum Schutz der eigenen innerdeutschen Flugverbindungen?

Was also tun? Ich habe beschlossen, trotzdem nach Venedig zu fliegen. Und meine Reise zu genießen, ohne Flugscham. Aber ich habe meinen Flug kompensiert, und das mit mehr als den von Atmosfair vorgeschlagenen zehn Euro. Verglichen mit den Flugpreisen von früher sind selbst 50 Euro Aufschlag immer noch ein Schnäppchen!

---

50 https://www.sciencedirect.com/science/article/pii/S13522310 14004063

Reisemüll

Das Lieblingsfluggetränk vieler Reisender ist besonders müllintensiv: Tomatensaft, im Plastikbecher, mit Plastikrührstäbchen, einer Serviette, und dazu noch Salz und Pfeffer im Einwegbeutelchen. 1,43 Kilo Abfall hinterlässt der durchschnittliche Passagier pro Flug, laut einer Erhebung der Branchenvereinigung IATA. Und daran wird sich so schnell auch nichts ändern.

Für Fluggesellschaften ist Gewicht bares Geld: Plastik-Einwegartikel sind viel leichter als Metallbesteck oder Gläser. Bei 300 Passagieren summiert sich das zu einem erheblichen Faktor. Ist der Flieger wieder am Boden, muss es schnell gehen, denn auch die Zeit im Flughafen ist teuer. Also werfen die Putzkolonnen alles in denselben Sack, der dann später in der Müllverbrennung landet.

Mir fallen dagegen drei Maßnahmen ein:

- Möglichst viel selbst mitbringen – haben Sie in der Economy Class schon mal gut gegessen? Eben!
- Gelesene Zeitungen oder Plastikmüll mitnehmen und im Flughafen wegwerfen – dort gibt es zumindest in Deutschland praktisch überall Mülltrennung.
- Nerven Sie die Fluggesellschaften: Fragen Sie, warum nicht mehr Mehrweggeschirr und -besteck eingesetzt wird. Beschweren Sie sich über fehlende Mülltrennung. Die Luftfahrt ist ein umkämpfter Markt, da ist der Kundenwille vielleicht nicht gleich Befehl, aber steter Tropfen höhlt den Stein…

FAZIT:

- Fliegen *ist* die am wenigsten klimafreundliche Art, sich fortzubewegen. Deshalb vor jedem Flug darüber nachdenken, ob die Nachteile in Sachen Ökobilanz die Vorteile aufwiegen.

- Je mehr Menschen im gleichen Flugzeug sitzen, desto besser die Klimabilanz. Deshalb sind Economy-Flüge weniger klimaschädlich als ein Platz in der Business Class.

- Wer auf seinen Flug nicht verzichten möchte, sollte bei einem seriösen Anbieter in Kompensation investieren. Am besten sind Projekte mit dem »Goldstandard CER«.

- Immer mehr Firmen kompensieren die Flüge ihrer Mitarbeiter. Vielleicht eine Anregung auch für Ihren Arbeitgeber?

- Direktflüge sind besser – eben weil sie die direkte Route ohne Umwege fliegen und weil jeder Start und jede Landung Extrakerosin verbrauchen.

- Wenn Sie fliegen: Bitte genießen Sie die Reise! Das Klima schädigen *und* schlechte Laune haben, ist nun wirklich Verschwendung!

Wie reise ich richtig?

Möglicherweise machen wir alle einen Denkfehler, weil wir immer noch glauben, der Geschäftszweck der Deutschen Bahn sei der Transport von Menschen von einem Ort zum anderen. Seit ich – Stichwort Flugscham – häufiger Zug fahre, denke ich darüber nach, ob es sich bei der Bahn nicht in Wahrheit um ein gigantisches Projekt zur Förderung der zwischenmenschlichen Kommunikation handelt. Durch nichts animiere ich mehr Freunde und Bekannte zu anteilnehmenden Posts als durch Facebook-Live-Reportagen aus verspäteten Zügen. Sehr kommunikativ war auch, als wir uns neulich in einer Winternacht zu dritt mit einer Handytaschenlampe durch zwei dunkle, kalte Waggons kämpften, wo Strom und Heizung ausgefallen waren. Oder der reizende Nachmittag mit einer Amerikanerin, die es doch tatsächlich an nur einem Tag mit dem Zug von Berlin nach Salzburg schaffen wollte. Während wir in Erfurt, wo unser erster ICE wegen eines Defektes gestrandet war, auf den zwei Stunden später fahrenden nächsten Zug warteten, erzählte sie spannende Geschichten von ihrer Kindheit auf einer Farm in South Dakota. Mein Lieblingsfoto der vergangenen Wochen im Netz war das Bild vom Bahnvorstand, mit der Textzeile »*Höhepunkt in der Chefetage: Die allmorgendliche Auslosung der Wagenreihung*« – allein die vielen Körperkontakte, wenn Menschen mit ihrem gesamten Gepäck vom einen Ende des Bahnsteigs zum anderen hasten, um ihren neuen Waggonstandort zu erreichen… ein humorvoller Bahnmitarbeiter meinte dazu kürzlich zu mir, das sei der Grund, warum Bahnreisende körperlich so fit seien.

Viel Unbill, und doch bin ich gerne bereit, das in Kauf zu nehmen, wenn es denn den Klimawandel aufhält. Auf der Website des Umweltbundesamtes recherchiere ich, ob sich meine Bahnfahrten unter Klimaaspekten lohnen – und staune. Denn die Bahn ist gar nicht das umweltfreundlichste Reisemittel, sondern der Fernbus![51] Zumindest was Treibhausgase angeht – da liegen Reisebusse knapp vor der Bahn.

Die Bahn gewinnt dafür beim Thema Feinstaub. Private Autos und das Flugzeug sind weit abgeschlagen. Alle diese Zahlen hängen jedoch stark von der jeweiligen Auslastung des Verkehrsmittels ab. Ein voll besetzter Zug würde einen dreiviertelvollen Reisebus auch bei den Treibhausgasen schlagen. Und wenn im PKW nicht die statistisch durchschnittlichen eineinhalb Passagiere sitzen, sondern fünf, fährt das Auto umweltfreundlicher als ein Zug, der nur zu 10 Prozent ausgelastet ist. Die Ökobilanz des Zuges hängt zudem stark davon ab, von welcher Energiequelle er angetrieben wird. Wenn ich beispielsweise von München mit dem Zug nach Lindau am Bodensee fahre, zieht eine Diesellok meinen Zug, und der ganze Ökovorteil der Bahn ist hin – im Moment sind immerhin noch 40 Prozent der Strecken nicht elektrifiziert. Dafür wirbt die Bahn damit, dass ihre ICs und ICEs komplett mit Ökostrom fahren – die Zahlen vom Umweltbundes-

---

51 https://www.umweltbundesamt.de/themen/verkehr-laerm/emissions
     daten#verkehrsmittelvergleich_personenverkehr

Auf der Suche nach dem ökologischsten Verkehrsmittel

Vergleich der durchschnittlichen Emissionen einzelner Verkehrsmittel im Personenverkehr in Deutschland – Bezugsjahr 2018 (g/Pkm)

	Treib-haus-gase[1]	Kohlen-mon-oxid	Flüchtige Kohlen-wasser-stoffe[4]	Stick-oxide	Fein-staub[5]	Aus-lastung
PKW	147	1,00	0,14	0,43	0,004	1,5 Pers./Pkw
Flugzeug, Inland	230[3]	0,48	0,13	1,01	0,011	71 %
Eisenbahn, Fernver-kehr	32[2]	0,02	0,00	0,04	0,000	56 %
Fern-linienbus	29	0,02	0,01	0,06	0,001	55 %
sonstige Reisebusse[6]	31	0,04	0,01	0,11	0,002	64 %
Eisenbahn, Nahverkehr	58	0,04	0,01	0,20	0,002	28 %
Linienbus	80	0,06	0,03	0,32	0,003	19 %
Straßen-, Stadt- und U-Bahn	58	0,04	0,00	0,05	0,000	19 %

Quelle: TREMOD 6.02   Umweltbundesamt, 01/2020

g/Pkm = Gramm pro Personenkilometer, inkl. der Emissionen aus der Bereitstellung und Umwandlung der Energieträger in Strom, Benzin und Kerosin

[1] CO_2, CH_4 und N_2O angegeben in CO_2-Äquivalente

[2] Die in der Tabelle ausgewiesenen Emissionsfaktoren für die Bahn basieren auf Angaben zum durchschnittlichen Strom-Mix in Deutschland. Emissionsfaktoren, die auf unternehmens- oder sektorbezogenen Strombezügen basieren (siehe z.B. den »Umweltmobilcheck« der Deutschen Bahn AG), weichen daher von den in der Tabelle dargestellten Werten ab.

[3] inkl. Nicht-CO_2-Effekte

[4] ohne Methan

[5] ohne Abrieb von Reifen, Straßenbelag, Bremsen, Oberleitungen

[6] Gruppenfahrten, Tagesfahrten (z.B. Busrundreisen, Klassenfahrten, »Kaffeefahrten«)

amt beruhen aber auf dem durchschnittlichen Strommix in Deutschland mit viel geringerem Ökostrom-Anteil.

Bis 2050 will die Deutsche Bahn komplett klimaneutral unterwegs sein, und immerhin 2025 sollen zumindest weitere 10 Prozent der Strecken elektrifiziert sein. Solche Investitionen verhageln allerdings dann wieder die Bilanz, wenn man so rechnet, wie die kalifornischen Umweltforscher Mikhail Chester und Arpad Horvath von der University of California in Berkeley. Sie ziehen nicht nur den Energieverbrauch und CO_2-Ausstoß pro Person und Kilometer heran, sondern kalkulieren auch, welcher Energieaufwand nötig ist, um das jeweilige Verkehrssystem zu bauen und zu unterhalten. Dazu zählen Bahnhöfe, Schienen, Abfertigungsgebäude sowie Start- und Landebahnen. In ihre Berechnung geht auch ein, mit welchem Energieeinsatz Rohstoffe – etwa der Stahl für Karosserien oder Waggons – erzeugt werden. Nach dieser Berechnung verschlechtert sich die CO_2-Bilanz der Bahn drastisch: Die CO_2-Menge steigt damit um mehr als das Doppelte, weil die meisten Emissionen nach dieser Studie nicht beim Betrieb der Züge selbst entstehen, sondern beim Bau und Unterhalt des Systems.[52] Das ist übrigens ein Faktor, der stark von der Nutzung dieser Anlagen abhängt: Wäre die Bahn attraktiver, würden mehr Leute Zug fahren. Bei besserer Streckenauslastung sinken diese Kosten proportional. Da wären wir wieder beim Thema Politik…

---

52 https://www.researchgate.net/publication/228863448_Environmental_assessment_of_passenger_transportation_should_include_infrastructure_and_supply_chains

Nachhaltig Urlaub machen:

Forscher der Universität Sydney haben ermittelt, dass immerhin 8 Prozent der globalen Treibhausgasemissionen auf das Konto von Urlaubsreisen gehen. Wir Deutschen sind da vorne mit dabei: Nur in den viel größeren Ländern USA und China verreisen noch mehr Menschen. Wir sind also wirklich Reiseweltmeister ...

Allerdings ist der Tourismus gerade für viele arme Länder die wichtigste Einnahmequelle. Und Tourismusforscher unterstreichen auch die völkerverständigende Wirkung von Urlaubsreisen.

Als Urlauber steht man hier vor einem gewissen Dilemma: Die Ferien im mittelschlechten All-inclusive-Hotel bringen der lokalen Wirtschaft meist wenig ein. Andererseits plädieren viele Experten mittlerweile dafür, Tourismus dort zu konzentrieren, wo ohnehin schon Infrastruktur ist – weil das die unberührte Natur schont. Der Rucksacktourist im abgelegenen Dschungel hat zwar den niedrigeren CO_2-Abdruck als der Pauschalurlauber mit dem Plastikbändchen ums Handgelenk, zerstört dabei aber möglicherweise schützenswerte Biotope ... Übrigens gilt das auch für den Wintertourismus: Die Internationale Alpenschutzkommission CIPRA plädiert dafür, die Skifahrer in den schon erschlossenen Gebieten zu konzentrieren.

Also wie reisen wir nun mit gutem Gewissen? Paolo Fiamma, Professor für Bauingenieurwesen an der Uni Pisa, hat 2015 mit einer Studie Schlagzeilen gemacht: Urlaub im Wohnmobil sei die umweltverträglichste Methode zu reisen. Eindrucksvolle 69 Prozent weniger CO_2 würde eine sechsköpfige Familie in 15 Tagen und mit 1000 Kilometern Strecke weniger verbrauchen, als wenn sie den gleichen Trip mit PKW und Hotel absolviert hätte, und zwar am besten mit einem Camper, der auf dem Fiat Ducato basiert. Finanziert hatte die Studie übrigens, Sie ahnen es, Fiat, und ganz ehrlich mag ich mir den Urlaub mit sechs Personen in einem kleinen Campingbus lieber nicht vorstellen.

Allerdings kam das Freiburger Öko-Institut 2007 zu ähnlichen Ergebnissen. Viele Insassen, kurze Fahrtstrecke – in dieser Kombination ist das Campingmobil kaum zu schlagen. Je weiter die Reise geht, desto mehr fallen die schlechteren CO_2-Werte des größeren Fahrzeugs ins Gewicht.

Die Forscher haben 2012 noch mal nachgelegt und kamen zu folgenden Treibhausgasemissionen für Übernachtungen im Sommer:

- Wohnmobil 1,5 kg CO_2-Äquivalent pro Person und Tag
- Campingplatz im Zelt 4,5 kg CO_2-Äquivalent pro Person und Tag
- Hotel 17,2 kg CO_2-Äquivalent pro Person und Tag

Generell gilt bei der Wahl des Verkehrsmittels das Gleiche wie sonst: Flüge haben bei der Anreise die schlechteste CO_2-Bilanz, der Reisebus die beste. Kreuzfahrt geht gar nicht. Und möglicherweise taucht in der Fiat-Studie der Zug auch deshalb nicht in der Analyse auf, weil der die Schlagzeile mit dem Camper als Testsieger verhagelt hätte – Zugfahren schlägt alle Individualfahrzeuge um Längen.

Es gibt mittlerweile eine Reihe von Reiseveranstaltern,

die umweltbewusste Pauschalpakete anbieten: »Bookdifferent«, zum Beispiel, oder »Bookitgreen«. Unter https://www.fairunterwegs.org/vor-der-reise/labelfuehrer/ finden Sie eine Analyse von 20 touristischen Nachhaltigkeitslabels.

Die EU wiederum lässt seit 1999 Experten jene Kosten von Verkehrsmitteln erheben, die in der Gesellschaft oder Natur entstehen und nicht von den am Verkehr Teilnehmenden finanziert werden. Diese »externalisierten« Kosten entstehen durch Staus und Unfälle, Luft- und Lärmverschmutzung, Boden- und Wasserverunreinigung, durch Klimawandel und Bodenversiegelung. Kalkuliert wird, was es kosten würde, diese Schäden zu beseitigen oder zu vermeiden. Hier schlägt der Zug den Bus deutlich, vor allem wegen der viel niedrigeren Unfallzahlen. Auto und Flugzeug sind bei dieser Rechnung praktisch gleichauf.[53]

Hier allerdings wird eine Berechnung der Ökobilanz endgültig sehr vage. Wie, zum Beispiel, rechnet man Schäden durch den Klimawandel ein, wo doch weltweit Experten darüber streiten, welcher Anteil an Überschwemmungs- oder Sturmschäden sich der Erderwärmung zurechnen lässt? Was rechne ich bei Unfällen mit? Wie beziffere ich etwa Personenschäden?

Insofern bleibt am Ende keine klare Zahl, aber doch eine aussagekräftige Bilanz: Zug und Bus sind in jedem Fall nachhaltiger als Auto und Flugzeug.

---

53 https://www.cedelft.eu/publicatie/external_costs_of_transport_in_europe/1258

FAZIT:

- ICE und IC sind in Sachen Ökobilanz als Verkehrsmittel kaum zu schlagen. Sie wohnen an einem Bahnhof, wo diese Züge nicht halten? Oder gar an einer nicht elektrifizierten Strecke? Das ist in der Tat blöd für Ihre persönliche Ökobilanz! Dann müssen Sie auf die Zukunft hoffen und bis dahin Fernbus fahren.

- Mit der Zahl der Insassen wird die Ökobilanz eines Autos deutlich besser – also Fahrgemeinschaften bilden, privat oder über Mitfahrzentralen.

- Zum Fliegen habe ich im letzten Kapitel alles gesagt. Es ist umweltschädlich. Ist so. Spart aber trotzdem manchmal Zeit.

- Vermeiden Sie unterwegs abfallintensive Goodies: Die Einwegschlappen für die Sauna – Umweltsünde! Ein Paar Badelatschen passt in *jeden* Koffer. Duschgel in Minifläschchen – viel Plastik für wenig Inhalt! Einwegflaschen in der Minibar – teuer und müllträchtig.

- Haben Sie schon mal Ihre Hotelrechnung als Brief versandt? Nein? Warum brauchen Sie dann dafür einen Briefumschlag? Bei fast 500 Millionen Übernachtungen pro Jahr allein in Deutschland kommt da einiges zusammen.

- Beim Forum »Anders Reisen« finden Sie Reiseanbieter, die sich der Nachhaltigkeit verpflichtet haben. https://forumandersreisen.de/ueber-uns/kriterienkatalog/

Traumschiff oder Albtraum?

Als das Traumschiff im Vorweihnachtsprogramm 1981 zum ersten Mal über deutsche Bildschirme glitt, waren Kreuzfahrten der Inbegriff von Luxus – wahnsinnig teuer, sehr exklusiv und einem verschwindend kleinen Personenkreis vorbehalten. Das Durchschnittsalter auf dem ZDF-Kreuzer lag weit unter dem von echten Kreuzfahrten, und das Phänomen der komfortablen All-inclusive-Schiffreise war kein wirklich relevantes Umweltproblem.

Heute sieht das ganz anders aus. In den vergangenen 20 Jahren hat sich die Zahl deutscher Kreuzfahrer verzehnfacht. Über zwei Millionen Bundesbürger sind 2017 in See gestochen. Ich fahre, wie schon erwähnt, gerne nach Venedig. Der Anblick turmhoher Ozeanriesen, die durch den Giudecca-Kanal pflügen, hat bei mir immer ein gewisses Unbehagen erzeugt. Beim Recherchieren stoße ich auf eine Zahlensammlung des Naturschutzbund Deutschland e.V., kurz NABU. Demnach scheint es kaum eine noch umweltschädlichere Fortbewegungsmethode zu geben als die im Luxusliner. Ein Kreuzfahrtschiff stößt demnach pro Tag so viel Schwefeldioxid aus wie die kaum vorstellbare Zahl von 376 Millionen Autos, bei CO_2 immer noch so viel wie eine Million PKWs. Das klingt schlimm![54]

Diese Zahlen geistern seit 2012 immer wieder durch

---

54 https://www.nabu.de/downloads/TabelleVergleichKreuzfahrschiff_Pkw.pdf

die sozialen Medien, gerne garniert mit markigen Zitaten des NABU-Chefs, gerade jetzt erst wieder, im Zusammenhang mit der Debatte um Diesel-Fahrverbote. Ein bisschen überrascht mich das schon. Denn eigentlich, dachte ich, sind Schiffe von allen Transportmitteln diejenigen, die pro Mensch oder pro Tonne Ware die beste Ökobilanz vorweisen. Das Bundesverkehrsministerium betreibt seit dem Jahr 2000 das Forschungs-Informations-System für Mobilität und Verkehr, betreut von zehn wissenschaftlichen Instituten. Dort werden unter anderem Daten zu Verkehrsmitteln erfasst. Beim Vergleich mit Flugzeug, Auto und Bahn sind Schiffe dort als das Transportmedium mit dem mit großem Abstand geringsten CO_2-Ausstoß pro Transporttonne gelistet.[55] Selbst die Bahn verursacht gemäß diesen Zahlen doppelt so viel CO_2. Also was denn nun?

Das Problem an den NABU-Zahlen ist, dass hier teilweise Äpfel mit Birnen verglichen werden. In der Tat verursacht der Schiffsverkehr erheblich höhere Schwefeloxidemissionen als der Straßenverkehr. Weil etwa in der EU, den USA und Japan seit 2008 nur noch schwefelfreier Autokraftstoff verkauft werden darf. Ein Erfolg der Umweltpolitik. Der Vergleich dieser Emissionen ist also besonders spektakulär, allerdings nicht wirklich zielführend, wenn man beurteilen will, welches Verkehrsmittel grundsätzlich schädlicher ist. Viel relevanter für Umwelt und Gesundheit wären CO_2, Stickoxide und Feinstaub. Doch auch bei der CO_2-Bilanz hinkt der Vergleich etwas, es geht nämlich nicht um Schad-

---

55 https://www.forschungsinformationssystem.de/servlet/is/334495/

stoffe pro Strecke oder pro transportiertem Passagier, sondern um Schadstoffe pro Tag. Rechnet man die Zahlen entsprechend um – ein deutsches Auto fährt im Schnitt mit 1,5 Personen 36 Kilometer, ein Kreuzfahrtschiff mit einigen Tausend Menschen ein paar Hundert Kilometer – schrumpft die Vergleichszahl drastisch.

Trotzdem sind Kreuzfahrten keine sonderlich umweltfreundliche Art, seinen Urlaub zu verbringen. Schiffe fahren auf offenem Meer meist mit Schweröl[56], ein Treibstoff, der so giftig ist, dass er an Land schon lange streng verboten ist. In europäischen und nordamerikanischen Küstengewässern ist der Schwefelanteil im Schiffstreibstoff seit 2015 zwar auf 0,1 Prozent begrenzt, das ist allerdings noch immer 100-mal mehr als im Straßenverkehr. Ab 2020 soll der Grenzwert für den Schwefelgehalt des Schiffstreibstoffs im internationalen Seeverkehr von 3,5 Prozent auf 0,5 Prozent sinken – das ist ein Schritt in die richtige Richtung, aber immer noch nicht gut.[57] Die Deutsche Lungenstiftung rät schon seit Jahren Lungenkranken, auf Kreuzfahrten Abstand zu den Abgasen ihres Urlaubsheims zu halten, wegen der unmittelbaren Gefahr für ihre Gesundheit. Es gäbe durchaus Möglichkeiten, Kreuzfahrtschiffe weniger umweltschädlich auf Tour zu schicken, zum Beispiel mit Flüssiggas. Laut NABU-Kreuzfahrtranking war 2018 die Aida Nova das einzige von 76 un-

---

56 Schweröl ist im Prinzip ein Abfallprodukt aus Raffinerien – der Reststoff, der bei der Umwandlung von Erdöl in Benzin am Boden der Tanks zurückbleibt und bis zu 3,5 Prozent Schwefel enthalten darf.

57 https://www.umweltbundesamt.de/themen/neuer-grenzwert-fuer-schwefel-in

tersuchten Schiffen, das statt mit Schweröl mit Flüssiggas unterwegs war.[58] Die Stiftung Warentest hat 2019 ebenfalls Kreuzfahrtschiffe getestet und in Sachen Abgase nur eines der untersuchten Schiffe mit »befriedigend« gewertet, die Aida Prima. Acht der zwölf Schiffe erhielten die Note »mangelhaft«.

Letztendlich kommt es immer darauf an, wie Sie alternativ urlauben würden. Sieben Städte rund ums Mittelmeer in zehn Tagen, alle mit dem Flugzeug angeflogen, das wäre tatsächlich noch umweltschädlicher. Allerdings auch so anstrengend, dass kaum jemand ernsthaft auf die Idee kommen würde, eine solche Reise zu planen. Für die angefahrenen Orte sind die Kreuzfahrer meist kein sonderlich gutes Geschäft – die Tagestouristen geben kaum Geld an Land aus, Essen, Schlafen, Disco gibt es schließlich alles an Bord und ist dort auch schon bezahlt. Insofern: Ja, Kreuzfahrten *sind* eine Ökosauerei, leider.

---

58 https://www.nabu.de/imperia/md/content/nabude/verkehr/180821-nabu-kreuzfahrtranking_2018.pdf

FAZIT:

- Wenn es unbedingt eine Kreuzfahrt sein soll, weil Sie davon nun mal schon Ihr Leben lang träumen: Informieren Sie sich darüber, wie Ihr Traumschiff angetrieben wird – Flüssiggas ist viel besser als Schweröl.

- Auch der CO_2-Fußabdruck von Kreuzfahrten lässt sich kompensieren, etwa bei Atmosfair. Die Größe des Schiffes spielt bei der Berechnung übrigens nur eine unwesentliche Rolle.

- Deutlich weniger umweltschädlich sind Kreuzfahrten auf Segelschiffen.

- Eine Anreise mit der Bahn oder dem Reisebus statt mit dem Flugzeug rettet die Ökobilanz Ihrer Kreuzfahrt wenigstens ein bisschen.

- Auch eine Alternative: Fahren Sie mit auf Frachtschiffen, die ohnehin verkehren. Manche großen Frachter haben sogar einen Pool.

Unterwegs im Nahverkehr

Vorneweg: Ja, ich weiß – die meisten Deutschen wohnen in Kleinstädten. Und viele auf dem Land. Für all diejenigen ist das nun folgende Kapitel ein Ausflug in eine Welt voller Luxusprobleme, weil Dorfbewohner oft gar nicht die Wahl haben, zwischen dem Auto und öffentlichen Verkehrsmitteln: Entweder es gibt sie gar nicht, oder sie fahren so selten, dass sie keine ernsthafte Alternative zum eigenen PKW darstellen.

Als ich ins Gymnasium kam (als Bewohnerin der Stuttgarter Innenstadt für mich sogar zu Fuß erreichbar), kam ich in Kontakt mit den Widrigkeiten eines Lebens weiter draußen, im Autoland Deutschland. Meine beste Freundin wohnte in Warmbronn. Von dort aus fuhren eine Handvoll Busse am Tag in die Landeshauptstadt, und schon bald gehörten zu meinem Alltag Nachmittage, die ich mit meiner Freundin in der Stadt verbrachte, beim Warten auf den nächsten Bus, der erst in drei Stunden fuhr.

Ich habe gerade nachgeschaut: Auch im Zeitalter der Klimadebatte fahren nur neun Busse täglich von Warmbronn in die Stadt, und auch die nicht mal ins Zentrum, sondern in einen Vorort. Vom Elternhaus meiner Freundin zu meinem benötigt man mit dem Auto laut Google Maps 23 Minuten, mit öffentlichen Verkehrsmittel eine Stunde und neun Minuten – in der Zeit schafft man die Strecke übrigens auch fast mit dem Fahrrad. Sieht man sich solche Zahlen an, verwundert es nicht wirklich, dass so viele Leute so viel Auto fahren, und wir wären schon wieder bei dem Thema aus dem Flugkapitel: Klar ist es gut, wenn wir unser Konsumverhalten ändern, aber es wäre noch viel besser, wenn die Politik uns dabei unterstützen würde, zum Beispiel indem sie umweltfreundlichere Verkehrsmittel zu echten Alternativen macht (und damit meine ich jetzt ausdrücklich nicht, dass es toll ist, wenn ich mit dem Fahrrad schneller bin, als mit Bus und S-Bahn).

Aber gut: Die feinstaubrelevanten Verkehrsprobleme haben wir in großen Städten. Also, was ist mit den Wegen, die wir in der Stadt zurücklegen? Ist das Fahrrad dort das Verkehrsmittel der Wahl? Ist Autofahren als Alternative zum öffentlichen Nahverkehr rechtfertigbar, wenn man wenigstens Carsharing macht? Für mich persönlich ist das Fahrrad klar die Nummer eins, ganz einfach, weil es meiner Laune nutzt. Ich sitze viel lieber auf meinem Drahtesel, selbst wenn es regnet, als mich in eine überfüllte Münchner U-Bahn zu quetschen (die bei Regen gleich noch voller ist). Aber lassen sich die Effekte auch beziffern? Ökobilanzen allein sind schon schwierig genug, aber wie sieht es aus, wenn volkswirtschaftliche Faktoren auch noch eine Rolle spielen?

Rollern gegen den Klimawandel?

Ganz ehrlich: Manchmal verstehe ich den Zeitgeist nicht! Da schwänzen Teenager die Schule, mit wohlwollender Zustimmung ihrer Eltern und Lehrer, weil sie sich – zu Recht – um die Zukunft unseres Planeten sorgen. Die Grünen sind in Umfragen zeitweise stärker als die CDU. Die neue Wortschöpfung »Flugscham« geht ganz selbstverständlich in den deutschen Sprachgebrauch über. Ständig geht es um das Thema, wie wir wo möglichst wenig Energie verbrauchen können. Und dann flutet plötzlich ein Verkehrsmittel unsere Städte, dass mir an Überflüssigkeit kaum überbietbar scheint: der E-Scooter, ein Elektrotretroller, der praktisch über Nacht allgegenwärtig ist. Spontan würde ich gerne den Begriff »Rollerscham« als weitere Wortneuschöpfung einführen – aber vielleicht irre ich mich ja? Ist der Elektroroller womöglich die Lösung für feinstaubgeplagte Städte?

Die Hersteller der handlichen Flitzer jedenfalls werben vollmundig damit, dass ihre E-Scooter *der* Ersatz fürs Auto in der Stadt seien. Weltweit stehen Firmen in den Startlöchern, um die Stadtbevölkerung mit Leihrollern zu beglücken; die sind unkompliziert zu mieten, per App. Seit 1. Juli sind die Roller in Deutschland zugelassen; nur eine Woche später könnte ich bei mir zu Hause in München-Schwabing an fast jeder Ecke auf einen E-Scooter steigen. Auf Facebook berichten meine Freunde von ihren ersten Fahrten. Fast jeder will die handlichen Dinger wenigstens mal testen. Aber welche alternative

Methode, sich durch die Stadt zu bewegen, ersetzen die Roller wirklich?

Das Phänomen E-Scooter ist zu neu, als dass es dazu schon umfassende wissenschaftliche Studien geben könnte. Aber erste Zahlen gibt es. Zum Beispiel von der französischen Firma 6-t, einer Art Unternehmensberatung für urbane Mobilität. Die hat 4382 E-Roller-Fahrer in Paris, Lyon und Marseille befragt.[59] Lumpige 8 Prozent der Befragten fuhren eine Strecke mit dem E-Scooter, für die sie andernfalls ein Auto genutzt hätten – das eigene, ein Carsharing-Fahrzeug oder ein Taxi. Fast die Hälfte der Nutzer, nämlich 47 Prozent, wären sonst schlicht gelaufen. 29 Prozent wären stattdessen mit öffentlichen Verkehrsmitteln gefahren. Nun muss man gar nicht anfangen auszurechnen, wie umweltfreundlich diese Form der Elektromobilität ist – zu Fuß gehen gewinnt hier unstrittig in jeder Hinsicht, ganz abgesehen von der Tatsache, dass wir uns alle schon aus Gesundheitsgründen viel mehr bewegen sollten.

Um das Problem der Akkus bei Elektrofahrzeugen ging es schon im vorangegangenen Kapitel. Beim E-Scooter kommt jedoch noch ein weiterer Aspekt hinzu: Typischerweise geht es hier um Leihroller. Deren Lebensdauer ist nicht besonders hoch: In Portland im US-Bundesstaat Oregon hat die Stadtverwaltung Verleihern bei der Zulassung zur Auflage gemacht, ihre Daten offenzulegen. Dort beträgt die typische Nutzungsdauer gerade mal vier Mo-

---

59 https://6-t.co/trottinettes-freefloating/

nate, danach sind die Roller teurer Schrott, wegen Verschleißes und Vandalismus.

Richtig absurd wird es dann, wenn die Elektroroller wieder startklar gemacht werden. Ein großer Teil des Charmes der Leihkonzepte ist es ja, dass man den Roller einfach irgendwo abstellen kann. Nachts sind die Verleihfirmen dann unterwegs, sammeln die E-Scooter ein, bringen sie zu Ladestationen und verteilen sie dann wieder übers Stadtgebiet. Mit dem Auto, üblicherweise …

Gefördert vom Bundesverkehrsministerium hat die Universität Kassel ein Programm entwickelt,[60] mit dem man einen solchen Verkehrsvergleich anstellen kann. Die Münchner Fahrrad-Initiative Munich Ways hat damit ermittelt, welche Kosten uns als Volkswirtschaft entstehen, je nachdem ob ich in der bayerischen Landeshauptstadt zu Fuß durch die Stadt streife, auf dem Radl oder mit U-Bahn und Auto.[61] Einsame Spitze ist dabei der Fußgänger! Nun gut, das hätte ich mir auch ohne Computerprogramm erschließen können – klar, dass es nichts kostet, *kein* Verkehrsmittel zu benutzen. Die Zu-Fuß-Geherei bringt allerdings volkswirtschaftlich gesehen sogar Geld ein: wenn der sogenannte externe Nutzen

---

60 https://www.uni-kassel.de/fb14bau/institute/ifv/verkehrsplanung-und-verkehrssysteme/forschung-und-dienstleistungen/forschungsprojekte/nrvp-2020-welche-kosten-verursachen-verschiedene-verkehrsmittel-wirklich-weiterentwicklung-der-methode-fuer-den-vergleich-von-er-traegen-und-aufwendungen-verschiedener-verkehrsmittel-anhand-von-kommunalen-haushalten-und-entwicklung-eines-tools.html

61 https://www.munichways.com/was-kostet-der-verkehr-in-muenchen-wirklich/

mit ins Spiel gebracht wird. Denn Bewegung ist gesund und verhindert Krankheiten und deren kostspielige Behandlung. Das gilt im Prinzip auch fürs Fahrradfahren, wird aber dadurch wieder etwas aufgewogen, dass Fahrradfahrer öfter und schwerwiegendere Unfälle haben als Fußgänger. Das zu kurieren kostet wieder Geld, außerdem fallen die kranken Radfahrer als Arbeitskräfte aus. Beim Auto beginnt das Tool etwas zu hinken – in der Rechnung fehlen die Schadstoffe und Ressourcen, die bei der Autoherstellung anfallen beziehungsweise verbraucht werden. Andererseits schafft die Automobilindustrie gerade bei uns in Deutschland eine große Zahl von Arbeitsplätzen, auch das müsste bei der großen volkswirtschaftlichen Analyse eigentlich mit kalkuliert werden.

Am Ende landen die Münchner Radfahr-Aktivisten mit ihren Berechnungen bei 2,5 Cent pro Fußgängertour, 4,4 Cent sind es mit dem Münchner Verkehrsverbund, 10,5 Cent mit dem Fahrrad und 36 Cent mit dem Auto. Gleichzeitig erwirtschafteten Münchner Radfahrer demnach aber 233 Millionen Euro gesellschaftlichen Nutzen, gegenüber 222 Millionen Euro Schaden durch die Autofahrer – hier kommt wieder die Umweltbilanz ins Spiel. Mir schwirrt der Kopf! Wieder mal gibt es auf die Frage, wie ich am sinnvollsten von A nach B komme, keine einfache Antwort. Ich nehme aus der Lektüre der Studie mal mit, dass Radfahren und Zu-Fuß-Gehen gut ist, wenn ich dabei aufpasse, mich nicht zu verletzen. Und in U-Bahn, Bus und Straßenbahn mache ich offenkundig auch vieles richtig.

Wozu es mittlerweile einige Studien gibt, ist das Thema

Carsharing. An sich ist der Gedanke, sich Autos zu teilen, ja ein guter, wenn man bedenkt, wie oft Autos ungenutzt herumstehen. Für die Herstellung jedes einzelnen Autos werden so viele Ressourcen verbraucht – da ist es doch prima, wenn weniger Autos von mehr Menschen gefahren werden. Und weniger Parkplätze bräuchte man dann auch. Doch obwohl es in Deutschland laut Carsharing-Verband mittlerweile 2,46 Millionen Nutzer dieses Angebotes gibt,[62] sinkt die Zahl der Neuzulassungen für private Autos nicht. Sie steigt.

Das Freiburger Ökoinstitut hat mehrere Jahre lang das Prinzip der »freefloatenden« Carsharing-Modelle untersucht – das sind Gemeinschaftsautos, die man innerhalb eines definierten Geschäftsgebietes abholen und abstellen kann, wo immer man mag.[63] In der Gruppe der befragten Nutzer ist zwischen 2013 und 2017 die Zahl der Autos pro Haushalt gestiegen, obwohl sie zusätzlich noch Carsharing Angebote genutzt haben, von 1,03 auf 1,11. Damit würden eher noch mehr Autos auf unseren Straßen stehen, denn die Carsharing-Fahrzeuge kommen ja noch dazu. Carsharing als Einstiegsdroge für Autojunkies?

Es wäre schlecht, wenn Carsharing-Nutzer vor allem Fahrten absolvieren würden, die sie zuvor mit dem öffentlichen Personennahverkehr oder zu Fuß bewältigt hätten – dann

---

62 https://carsharing.de/alles-ueber-carsharing/carsharing-zahlen/aktuelle-zahlen-daten-zum-carsharing-deutschland

63 https://www.oeko.de/fileadmin/oekodoc/share-Wissenschaftliche-Begleitforschung-zu-car2go-mit-batterieelektrischen-und-konventionellen-Fahrzeugen.pdf

wäre die Ökobilanz eindeutig in den Miesen. Die Zahlen der Freiburger Forscher geben das jedoch nicht her – da blieb die Nutzung von U-Bahn, Straßenbahn und Bus in den Testgebieten konstant. Ihrer Studie zufolge wäre das Carsharing vor allem zu Lasten von Fahrten mit dem eigenen Auto und mit dem Taxi gegangen. In meinem eigenen Leben gibt es ein konkretes Beispiel, das das Gegenteil nahelegt: Am Münchner Flughafen gibt es mittlerweile ein ganzes Parkdeck voller Carsharing-Autos. Als im Sommer 2018 meine Kollegen vom SWR dort die Nutzer befragten, wie sie ohne dieses Angebot zum Flughafen gekommen wären, sagten fast alle »mit der S-Bahn«. Mir geht es genauso. Und ich war überglücklich, als die Autoteiler den Flughafen ins Geschäftsgebiet aufnahmen. Weil der Münchner Flughafen bis heute vor allem mit dem Flugzeug gut zu erreichen ist, oder allenfalls noch mit dem Auto, nicht aber mit öffentlichen Verkehrsmitteln (und ja, ich weiß, ich wollte ja eh weniger fliegen, aber trotzdem!).

Vielleicht ist es ganz gut, wenn das Phänomen Carsharing den Verkehrsverbünden etwas Feuer unterm Hintern machte. Beziehungsweise der Politik, die ja letztlich dafür zuständig ist, wie gut der öffentliche Personennahverkehr finanziell ausgestattet ist. Denn letztlich verhalten wir Menschen uns doch immer so, wie es für uns am bequemsten ist. Wenn Strecken mit öffentlichen Verkehrsmitteln zwei- bis dreimal länger dauern, als mit dem Auto, erlahmt bei vielen schnell der Eifer in Sachen Klimarettung. Und wenn ich, selbst mit Flughafenaufschlag, schon zu zweit billiger im Carsharing-Fahrzeug unterwegs zum Flughafen bin als mit der S-Bahn, stimmen eindeutig die Relationen nicht.

Die Berliner Mobilitätsforscherin Uta Bauer vom Deutschen Institut für Urbanistik hat sich in vielen Studien mit der Frage befasst, ob wir öffentliche Ressourcen in der Stadt sinnvoll verteilen.[64] In Berlin etwa gibt es nach ihren Erkenntnissen zehnmal so viele Flächen, auf denen Autos parken können, wie Spielplätze – 19 Prozent der öffentlichen Verkehrsfläche. Der Anwohnerparkausweis kostet 20,40 Euro im Jahr, im teuren München, der Stadt mit Deutschlands höchsten Grundstückspreisen, sind es 30 Euro. Das ist viel weniger, als Herstellung und Unterhalt der Stellplätze am Straßenrand die öffentliche Hand kosten. Anderswo in Europa gibt es keinen öffentlichen Grund zum Schnäppchenpreis: Stockholm nimmt für einen Innenstadtparkplatz 827 Euro, Amsterdam kassiert 535 fürs Anwohnerparken. In London hat die City-Maut den innerstädtischen Verkehr deutlich reduziert. Viele italienische Innenstädte sind schon seit Jahrzehnten nur mit kostenpflichtiger Sondergenehmigung zu befahren.

Mit sozialer Gerechtigkeit hat die Tatsache, dass deutsche Autofahrer Straßen und Parkraum in der Stadt für wenig oder gar kein Geld nutzen dürfen, nichts zu tun: Der Preis fürs Münchner Anwohnerparken hat sich seit 2004, außer in ein paar besonders stark beparkten Stadtvierteln, nicht verändert, während in dieser Zeit die Monatskarten des öffentlichen Nahverkehrs um 60 Prozent teurer wurden. Wien, beispielsweise, hat es genau umgekehrt gemacht. Dort wurde der Preis fürs Anwohnerparken drastisch ver-

---

64 https://difu.de/kontakt/mitarbeiter/uta-bauer.html

teuert, im Gegenzug flossen die Mehreinnahmen von 115 Millionen Euro in den Ausbau des Radwegenetzes und in den Nahverkehr, die Tickets dort wurden deutlich billiger. In Japan ist Parken auf öffentlichen Straßen ganz grundsätzlich verboten. Nur wer einen privaten Parkplatz nachweisen kann, der groß genug ist für das angepeilte Auto, darf dieses Auto überhaupt zulassen.

Wenn es uns ernst ist, mit der Rettung des Planeten Erde, dann ist weniger individueller Autoverkehr sicher eine Lösung. Das wird aber nur funktionieren, wenn die Alternativen attraktiver werden. Vorbilder gibt es genug. Sogar in Ländern, siehe Japan, die so wie wir mit dem Bau von Autos einen wichtigen Teil ihres Bruttosozialprodukts erwirtschaften.

FAZIT:

- 10 000 Schritte am Tag sollen wir im Sinne unserer Gesundheit machen. Je mehr Sie zu Fuß erledigen, desto näher kommen Sie diesem Ziel.

- Fahrradfahren ist gut fürs Klima. Punkt. Dem ist nichts hinzuzufügen.

- Carsharing nutzt der Umwelt nur da, wo es Fahrten mit dem eigenen Fahrzeug oder Taxi ersetzt – und langfristig dazu führt, dass weniger Individualfahrzeuge unterwegs sind.

- Ärgern Sie sich nicht über hohe Parkgebühren – im Zweifel ist Parken bei uns viel zu billig, gemessen an dem, was der Grund dafür die Öffentlichkeit kostet.

- Ja, öffentliche Verkehrsmittel fahren zu selten, sind zu voll und zu teuer. Trotzdem: Aus Umweltsicht sind Busse und Bahnen ganz klar erste Wahl.

Strom
und andere
Energie-
probleme

Wie bei so vielen aus meiner Generation wurde mein Verhältnis zu Strom stark von der Anti-AKW-Bewegung geprägt. Ohne »Atomkraft, nein danke«-Anstecker wäre ich als Teenager niemals aus dem Haus gegangen, Ausflüge zu Demonstrationen gegen die Wiederaufbereitungsanlage in Wackersdorf gehörten in meinen ersten Studienjahren zur klassischen Wochenendgestaltung. Als das Atomkraftwerk in Tschernobyl in die Luft flog, war ich 18, beim Super-GAU in Fukushima 43 – aber eigentlich müsste ich schon mindestens zwei Millionen Jahre alt sein, denn damals in den Achtzigern argumentierten die Befürworter der zivilen Nutzung von Atomenergie immer damit, ein Super-GAU komme nur alle Million Jahre einmal vor.

Nun ist die Ära der Kernkraftwerke in Deutschland fast vorbei: Ende 2022 werden die letzten Anlagen abgeschaltet. Auch die Nutzung von Stein- und Braunkohle zur Energiegewinnung geht ihrem Ende entgegen. Doch was nun wirklich die beste Art der Stromerzeugung ist – am ökologischsten, klimafreundlich, trotzdem bezahlbar –, darüber streiten die Experten immer noch.

Im Juni 2012 habe ich ein Interview mit Hans-Josef Fell geführt. Der damalige energiepolitische Sprecher der Grünen im Deutschen Bundestag war einer der Architekten des Erneuerbare-Energien-Gesetzes der ersten rot-grünen Bundesregierung. Ein Satz in diesem Gespräch hat mich damals sehr beeindruckt:»Strom ist immer schlecht. Es gibt keine Form der Stromerzeugung, die wirklich unproblematisch ist. Windräder verschandeln die Landschaft, Wasserkraftwerke verändern Flussläufe, Solaranlagen verbrauchen landwirtschaftlich nutzbare Fläche – es gibt immer einen Haken. Deshalb muss es vorrangig darum gehen, weniger Energie zu verbrauchen.«

Doch trotz immer sparsamerer Geräte und Technologien verbrauchen wir nicht weniger Energie, sondern mehr. Dieses Phänomen heißt»Jevons-Paradoxon«, nach dem britischen Wissenschaftler William Stanley Jevons, der das schon 1865 erstmals beobachtete: Die effizientere Nutzung eines Rohstoffs führt letztlich dazu, dass dieser nicht weniger,

sondern mehr genutzt wird. Heizungen werden energie-
sparender, dafür leisten wir uns größere Wohnungen. Auch
unsere Fernseher sind viel größer geworden. Autos nutzen
den Sprit besser, dafür haben sie mehr PS. Die Digitalisierung unserer Welt steigert weltweit den Stromverbrauch
jährlich um 9 Prozent.

In diesem Kapitel geht es um die Frage, wie viel Energie
wir in welchen Bereichen unseres täglichen Lebens verbrauchen, wo wir diese Energie einsparen können, wie sinnvoll
es ist, auf bestimmte Dinge zu verzichten oder in sparsamere
Geräte zu investieren – und wo versteckte Kosten lauern.

Energiequellen auf dem Prüfstand

Ich sitze mit einem guten Freund beim Frühstück, wahrscheinlich schon wieder mit zahlreichen Klimasünden auf dem Tisch, aber immerhin mit Kaffee in Mehrwegtassen. Und weil ich mittlerweile meinen gesamten Freundeskreis mit dem Thema nachhaltiger Konsum quäle, kommen wir irgendwann auf das Thema Strom. »Wusstest du, dass Windräder durch ihre Rotorblätter enorme Insektenkiller sind? An einem Sommertag kommen in Deutschland da Milliarden zusammen«, berichtet mein Begleiter, während er in seinem Cappuccino rührt. Echt jetzt? Das Windrad ist schuld am Insektensterben? Natürlich hatte ich mich, als Bewohnerin Bayerns, am Volksbegehren gegen den Bienentod beteiligt. Hatte ich mich womöglich gegen die falschen Feinde engagiert? Und überhaupt, Ökostrom… während wir über das Für und Wider diverser Energiequellen diskutieren, erzählt mir mein Freund eine ärgerliche Geschichte: Sein Stromanbieter setze zwar auf erneuerbare Energien, beispielsweise aus Wasserkraft. Gepumpt werde dieses Wasser, aus dem dann Ökostrom entstehe, aber mit Turbinen, die von französischem Atomstrom angetrieben würden.

Ich beende mein Frühstück mit einer ganzen Reihe neuer Fragen. Welche Art der Energiegewinnung ist denn nun die richtige? Kann ich als Kunde überhaupt so genau wissen, welcher Strom aus meiner Steckdose kommt?

Um das gleich vorneweg zu klären: Nein, kann ich nicht. Auch als Ökostrom-Kunde kann es theoretisch sein, dass der tatsächliche Strom in meinem Haushalt aus der Braun-kohle-Dreckschleuder um die Ecke stammt. Man kann sich die Stromerzeugung und -verteilung im Prinzip wie einen riesigen See vorstellen. Alle Stromlieferanten leiten ihren Strom in diesen See, und alle Kunden werden daraus beliefert. Weil aber ab dem Einspeisen die einzelnen Energieströme nicht mehr trennbar sind, lässt sich nie so genau sagen, wo und wie präzise der Strom erzeugt wurde, der in diesem Moment mein Wohnzimmer erleuchtet. Genauso, wie ein Schwimmer im Rhein bei Köln nicht wissen kann, ob die Wassermoleküle um ihn herum aus der Schweizer Rheinquelle stammen, oder von irgendeinem anderen Zulauf des Bodensees, den der Rhein auf seinem Weg zur Nordsee durchfließt.[65] Trotzdem erhöht natürlich jeder, der seinen Strom bei einem Anbieter kauft, der auf erneuerbare Energien setzt, den Anteil des Ökostroms an der Gesamtmenge. Aber wie groß sind die Unterschiede zwischen den verschiedenen Energiequellen überhaupt?

Es ist relativ kompliziert, eine wirklich seriöse Ökobilanz verschiedener Stromquellen aufzustellen. Deswegen gibt es wenige Studien, die belastbare Zahlen liefern, und immer

---

65 Das gilt übrigens auch für das »100 Prozent Ökostrom«-Versprechen der Deutschen Bahn im Fernverkehr. Richtig ist, dass auch die Bahn ihren Strom aus dem großen »See« bezieht. Und 2016 etwa 42 Prozent Strom aus erneuerbaren Energien kaufte – das entspricht rechnerisch etwa dem Stromverbrauch des Fernverkehrs, ist aber eine ähnlich virtuelle Rechnung wie bei uns Normalverbrauchern. Gleichwohl ist das natürlich ein Schritt in die richtige Richtung. Auch wenn die Österreichische Bahn da weiter ist: Deren Strom stammt zu 92,5 Prozent aus Wasser- und Windkraft.

bleibt irgendwo ein Aspekt unberücksichtigt. Viele der verfügbaren Zahlen sind auch nicht aktuell. Am Ende lässt sich dennoch ein Fazit ziehen. Aber der Reihe nach: Der wissenschaftliche Dienst des Deutschen Bundestages hat 2007 eine CO_2-Bilanz verschiedener Energieträger erstellt. Zu dieser Zeit hatte die rot-grüne Regierung den Atomausstieg beschlossen und die nachfolgende Große Koalition ihn nicht rückgängig gemacht. Das sollte dann drei Jahre später die frisch gewählte schwarz-gelbe Bundesregierung erledigen, bis der Super-GAU von Fukushima 2011 endgültig das Ende des Atomzeitalters in Deutschland einläutete. In dem Papier des Bundestages liegen Braunkohle und Steinkohle als CO_2-Sünder deutlich vorne, Erdöl und Erdgas folgen. Photovoltaik – im Volksmund Solarstrom – schneidet deutlich besser ab. Noch weniger CO_2 fällt bei der Nutzung von Kernkraft an. Mit Abstand am klimaneutralsten sind in dieser Auflistung Wind- und Wasserkraft.[66]

Diese Auflistung vernachlässigt allerdings einige wichtige Aspekte. Ein erheblicher Nachteil aller fossilen Brennstoffe, aber auch der Kernenergie ist, dass sie aus endlichen Grundstoffen gewonnen werden, die irgendwann, in nicht sonderlich ferner Zukunft, erschöpft sein werden. Beim Atomstrom kommt das bis heute ungelöste Problem der Abfallentsorgung hinzu: Ich erinnere mich noch gut an einen tragikomischen Filmbeitrag in der Sendung *quer*,

---

66 https://www.bundestag.de/resource/blob/406432/70f77c4c170d90
    48d88dcc3071b7721c/wd-8-056-07-pdf-data.pdf

Energiequellen auf dem Prüfstand **149**

wo Forscher an Warnschildern für Atomendlager tüftelten, die auch in 5000 Jahren noch verstanden werden könnten, nämlich dann, wenn unsere Nachfahren womöglich ganz andere Sprachen sprechen als wir heute. Eine Schweizer Ratgeberseite für ökologisches Bauen hat versucht, eine umfassende Analyse aller Umweltauswirkungen der diversen Methoden zur Stromerzeugung zu erstellen.[67] Auch da liegen Wind- und Wasserkraft klar vorne, nur noch überboten von der sogenannten Kehrichtverbrennung – also von Müllheizkraftwerken.[68] Strom aus Solarenergie landet auch hier im Mittelfeld, wegen des hohen Verbrauchs an wertvollen Metallen und der schlechten Ökobilanz der Solarpanel-Herstellung. Alle konventionellen Energieträger – Kohle, Gas, Öl, Kernkraft – schneiden sehr schlecht ab.

Forscher der Universität Trondheim haben sich 2014 mit dem Materialeinsatz bei der Erzeugung erneuerbarer Energien befasst. Zwar würden für den Ausbau von Wind- und Solarenergie große Mengen mancher Rohstoffe wie Kupfer oder Eisen gebraucht. Beim Verbrauch von Eisen, Kupfer, Aluminium und Beton in Kilogramm pro Kilowattstunde schneiden Wind-, Sonnen- und Wasserkraftwerke demnach tatsächlich schlechter ab als Kohle- und Erdgaskraftwerke. Doch trotz dieses Materialverbrauchs lägen die

---

67 https://www.univie.ac.at/photovoltaik/umwelt/ws2012/unit11/oekobilanz-elektrischer-strom.pdf

68 Möglicherweise funktioniert die »Kehrichtverbrennung« in der Schweiz anders als unsere Müllverbrennung. Aber unter Experten gilt grundsätzlich, dass unter ökologischen Aspekten Müll immer besser recycelt als verbrannt werden sollte.

erneuerbaren Energien nach Umweltgesichtspunkten deutlich vorn – wenn man auch den Ausstoß von Treibhausgasen und Feinstaub, die Giftigkeit für Ökosysteme, die Nährstoffüberversorgung in Gewässern und den Landverbrauch einbeziehe.[69]

Beim Lesen der vielen Studien und Ökobilanzen muss ich immer wieder an die Worte meines Gesprächspartners denken: Strom ist immer schlecht. Es gibt keine Form der Stromerzeugung, die wirklich unproblematisch ist. Denn in der Tat: Der Landschaftsverbrauch selbst der sauberen Wasser- und Windkraft ist enorm. Wobei sich das Insektentod-Problem der Windräder als Windei entpuppt: Die Geschichte geht zurück auf Berechnungen der Deutschen Luft- und Raumfahrtgesellschaft, die im Juli 2019 mit der Meldung von 1200 Tonnen toten Insekten im Jahr Schlagzeilen machte. Die Zahl stimmt zwar und klingt erst mal hoch. Aber selbst Naturschützer hielten das auf Nachfrage für nicht sonderlich relevant. Dem Bayerischen Rundfunk sagte Lars Lachmann vom Naturschutzbund Deutschland: »Es wäre völlig an den Haaren herbeigezogen, eine nennenswerte Gefährdung von Insektenpopulationen durch Windräder abzuleiten.« Allein in deutschen Wäldern würden jährlich 400 000 Tonnen Insekten von Vögeln gefressen. Da kommt es dann vielleicht auf die eine Tonne mehr wirklich nicht so an ...

Unterm Strich ist das Fazit für mich ziemlich klar: Erneu-

---

69 https://www.researchgate.net/publication/263201595_A_Global_Environmental_Assessment_of_Electricity_Generation_Technologies_with_Low_Greenhouse_Gas_Emissions

erbare Energien sind ganz ohne Zweifel der richtige Weg, Strom zu erzeugen. Aber möglicherweise nicht so, wie wir es seit Jahrzehnten gewohnt sind, unter dem Dach der großen Energieriesen. Vor ein paar Jahren hatte ich es beim Drehen für ein Dorfporträt von Unterammergau mit dem Querdenker und Tüftler Alfred Richter zu tun, der sich mit großem Engagement um alternative Energiequellen bemühte – etwa Schneekanonen für sein kleines Skigebiet, die nur mit Wasserdruck funktionierten, ganz ohne Strom. Er warb damals sehr dafür, viel mehr in kleineren Einheiten zu denken: »Die Zukunft sind lokale Netzwerke – alte Mühlen, kleine Anlagen, hier ein paar Solarpaneele, da ein Windrad – die den Strom dort erzeugen, wo er auch verbraucht wird. Wo Haushaltsgeräte als Speicher dienen können und den Strom dann verbrauchen, wenn zu viel vorhanden ist. Aber das ist natürlich das Ende des Geschäftsmodells der großen vier.« Er meinte damit EON, RWE, EnBW und Vattenfall, die vier Konzerne, die über Jahrzehnte den deutschen Energiemarkt fest im Griff hatten, als Betreiber von Großkraftwerken, mit Kohle, Gas und Atomenergie. Und die sich gegenüber den Parteien als Spender lange Zeit sehr großzügig zeigten, dafür, dass die Politik dieses Geschäftsmodell stützte. Eine Energieversorgung aus vielen kleinen Einheiten vor Ort wäre sicherlich viel landschaftsverträglicher. Alfred Richters kleine Mühle jedenfalls verschönert die Landschaft eher, als dass sie stört.

Es gibt Orte, die bereits in diese Zukunft der kleinen Netze aufbrechen. Die Gemeinde Wildpoldsried im Allgäu, zum Beispiel, die mittlerweile siebenmal mehr Ökoenergie

Die beste Heizung:

Solarthermie

ist laut Umweltbundesamt die ökologisch unschädlichste Variante. Die Energieerzeugung selbst ist CO_2-neutral. Für die Fertigung der Solarthermie-Kollektoren rechnet die Behörde 22 bis 27 Gramm CO_2 pro Kilowattstunde erzeugter Wärme.

Holzpellets

schneiden ähnlich gut ab: mit 23 Gramm pro Kilowattstunde. Das eigentliche Verbrennen der Pellets ist klimaneutral, da nur das CO_2 frei wird, das die Bäume zuvor gebunden haben. Die Emissionen entstehen beim Fällen, Transportieren und Verarbeiten. Pellets aus regionalem Restholz, etwa aus den Sägespänen holzverarbeitender Betriebe sind am umweltfreundlichsten.

Wärmepumpen

verbrauchen Strom für die Temperaturregulation und schlagen beim aktuellen Strommix mit CO_2-Emissionen zwischen 183 und 201 Gramm pro Kilowattstunde zu Buche. Je mehr Ökostrom künftig eingespeist werden wird, desto günstiger wird die Bilanz. Noch besser: wenigstens einen Teil des Stroms mit einer hauseigenen Photovoltaik-Anlage erzeugen.

Gasheizungen

liegen bei 247 Gramm CO_2 pro Kilowattstunde – Ökobilanz also viel schlechter, dafür aber momentan die billigste Heizmethode. Ab 2021 fallen fossile Brennstoffe allerdings unter den CO_2-Emissionshandel und könnten dann schnell viel teurer werden.

Ölheizungen

werden dann gleichfalls teurer und liefern mit 318 Gramm CO_2 pro Kilowattstunde zudem die klimaschädlichste Wärme.

Fernwärme

ist nur einzelfallweise einschätzbar: Kommt die Energie aus einem Kohlekraftwerk, ist sie besonders klimaschädlich, stammt die Wärme hingegen aus einer Geothermie- oder Biomasse-Anlage, ist sie praktisch klimaneutral.

erzeugt, als sie verbraucht. Die dezentrale Stromversorgung hat zudem den großen Vorteil, dass sie ohne riesige »Stromautobahnen« und Überlandnetze auskommt.

Am saubersten ist natürlich immer der Strom, den wir gar nicht erst verbrauchen. Da es aber in unserer modernen Welt nicht ohne Strom geht: Es *ist* sinnvoll, auf erneuerbare Energien zu setzen und einen Ökostrom-Anbieter zu wählen. Denn wie gesagt: Je mehr Ökostrom in den symbolischen großen Energiesee fließt, desto besser wird unser Strommix. Gleichzeitig aber ist hier die Politik gefordert: indem sie intelligente Konzepte fördert, die den Strom so umweltverträglich wie möglich erzeugen und verteilen.

FAZIT:

- Wirklich umweltverträglich ist Strom nie. Deshalb ist das oberste Gebot: Weniger Strom verbrauchen!

- Suchen Sie sich einen Ökostrom-Anbieter. Die Stiftung Warentest hat zuletzt 2012 Ökostrom-Anbieter getestet: https://www.test.de/Oekostromtarife-Guten-Oekostrom-waehlen-4324812-0/
  Neueren Datums ist der Test der Zeitschrift *Ökotest*: https://www.oekotest.de/bauen-wohnen/Oeko-Strom-im-Test-Das-sind-die-besten-Anbieter_111510_1.html
  Das Umweltportal »Utopia« hat 2019 sieben besonders sauber arbeitende Erzeuger empfohlen: https://utopia.de/ratgeber/oekostrom-tarife-vergleich/

- Wenn Sie die Möglichkeit haben, selbst Strom zu erzeugen, etwa durch ein Solarpaneel auf dem Dach, leisten Sie einen wertvollen Beitrag zum Umbau unseres Energiesystems.

Wir Stromverschwender

Ganz überraschend ist in Bayern, wo ich seit vielen Jahren lebe, die Zeitenwende angebrochen: Nach dem Riesenerfolg des Volksbegehrens gegen das Bienensterben überschlägt sich die Staatsregierung neuerdings fast mit Maßnahmen zum Insektenschutz. Während ich dieses Kapitel schreibe, herrscht in Neuburg an der Donau große Aufregung, weil ab 1. August 2019 ab 23 Uhr ein Beleuchtungsverbot für öffentliche Gebäude herrscht. So will der bayerische Umweltminister Insekten, Vögel und Fledermäuse schützen und den Lichtsmog bekämpfen – das ist der Fachbegriff für Umweltbelastung durch ein Zuviel an nächtlicher Beleuchtung. Der örtliche Bürgermeister fürchtet nun um die Attraktivität bei Touristen, wenn er das Renaissance-Schloss abends nicht mehr herzeigen darf.

Meiner Erfahrung nach fliegen um die Zeit überwiegend Insekten, die ich nicht unbedingt auf der Restaurantterrasse brauche – Schnaken und anderes Stechgetier, zum Beispiel. Beim Weiterrecherchieren stoße ich auf die Information, dass andererseits gerade die Fledermäuse, die der Umweltminister vor Lichtsmog bewahren möchte, herkömmliche Straßenbeleuchtung sehr schätzen, als eine Art Buffet, weil sich dort besonders viele aus Fledermaus-Sicht wohlschmeckende Insekten tummeln.

Auch von zu Hause kenne ich das Thema »Licht aus!« Dort allerdings eher aus Stromspargründen. Nun haben wir kaum noch traditionelle Glühbirnen, dank der Europäischen Union. Kaum eine Maßnahme – außer vielleicht der Gurkenkrümmungsverordnung – hat dem Image der EU so geschadet wie das Glühbirnenverbot. In der Folge entstand ein regelrechter Schwarzmarkt für Restbestände. Menschen, die sich zuvor nie ernsthaft Gedanken über Lichtdesign gemacht hatten, beschworen das Ende jeglicher deutscher Wohnkultur, wenn erst der warme Schein der Glühbirne fehle.

Dabei war die Entscheidung unter ökologischen Aspekten sehr sinnvoll, denn das mit dem warmen Schein ist wörtlich zu nehmen: Nur 5 Prozent der eingesetzten Energie fließen bei der guten alten Glühbirne ins Licht, der Rest verpufft ungenutzt als Wärme, was jeder leidvoll erfahren durfte, der je versucht hat, eine Birne zu wechseln, die zuvor in Betrieb war. Halogenlampen sind in ihrer Energiebilanz nur unwesentlich besser, auch sie erzeugen mehr Wärme als Energie, und auch an denen habe ich mir oft die Finger verbrannt. Zudem waren unsere traditionellen Leuchten wenig haltbar, im Gegensatz zu den jetzt immer weiter verbreiteten LED-Leuchten – noch ein Minuspunkt in Sachen Ökobilanz.

Der Bund für Umwelt und Naturschutz hat auf seiner Website ausgerechnet, dass nicht nur die Umwelt, sondern vor allem der Geldbeutel des Nutzers vom Verbot profitiert: »Rechnet man Anschaffungs- und Stromkosten zusammen, bezahlen Verbraucher innerhalb von zehn Jahren über 150 Euro weniger, wenn sie zu LED statt Halogenlampen greifen – und zwar pro Lampensockel.« Das Umweltbundesamt hat konkrete Zahlen dazu, was das Verbot ökologisch gebracht hat: In Deutschland ist der Stromverbrauch bei der Haushaltsbeleuchtung von 2008 bis 2015 absolut um rund ein Viertel von 12,2 Terawattstunden auf 9,3 Terawattstunden zurückgegangen. Damit hat Deutschland seinen Beitrag von umgerechnet etwa 3,5 Terawattstunden zum europäischen Sparziel – insgesamt circa 16 Terawattstunden – schon fast erfüllt. 3,5 Terawattstunden – das ist mehr als die Hälfte der Leistung des Kernkraftwerks Brokdorf. Einfach nur durch andere Leuchtmittel.

Aber die besitze ich ja nun schon. Ist es dann trotzdem sinnvoll, wenn budgetbewusste Familienväter durch die Eigenheime streifen, auf der Suche nach hellerleuchteten Zimmern ohne Insassen? Weil ja mehr Stromverbrauch immer schlechter ist als weniger, auch bei besonders sparsamen Leuchten? Tatsächlich ist diese Frage komplexer als zunächst angenommen: Denn auch moderne Energiesparlampen haben sogenannte Schaltzyklen. Jedes Ein- und Ausschalten verringert die Lebensdauer, und da die Herstellung einer neuen Leuchte ja auch wieder Energie verbraucht, ist es eine gute Idee, die Leuchten schonend zu betreiben – sie also nicht alle paar Minuten ein- oder wieder auszuschalten. Zudem verbrauchen eigentlich alle Leuchten in den ersten Sekunden mehr Strom als danach im Betrieb.

Ich bin daran gescheitert, diese Faktoren in konkrete Folgen umzurechnen. Ignoriert man sie, dann bewegen sich die Licht-Anlasser dennoch auf relativ niedrigem Verschwender-Niveau. Eine helle LED-Leuchte, die einer klassischen 60-Watt-Birne entspricht, kommt auf etwa 6 Watt Energieverbrauch pro Stunde. Wenn ich 365 Tage im Jahr fünf dieser Lampen zehn Stunden lang in leeren Zimmern strahlen lasse, habe ich am Ende des Jahres etwa den Stromverbrauch eines modernen 300-Liter-Kühlschranks vergeudet. Die vergessene Schreibtischlampe ist also keine richtig große Ökosünde.

Der deutlich relevantere Posten ist der Stromverbrauch von Geräten, die gerade nicht in Betrieb sind – die Stand-by-Funktion von Fernsehern und Stereoanlagen, ausgeschalteten Waschmaschinen, Ladegeräten: alles unnötige Stromverbraucher, für ein kleines bisschen Bequemlichkeit. Die bundeseigene Deutsche Energie-Agentur schätzt, dass ein durchschnittlicher Haushalt bei uns etwa 115 Euro im Jahr dafür verbrät. Der deutsche Stromverbrauch für Stand-by-Funktionen entspricht nach Berechnungen des Umweltportals »Utopia« etwa der Strommenge zweier Atomkraftwerke. Am meisten ins Gewicht fallen dabei Computer und Hifi-Anlagen – gerade Letztere verbrauchen in vielen Haushalten unterm Strich mehr Strom, wenn sie gar nicht genutzt werden, als während sie laufen. Moderne Fernseher hingegen verbrauchen im Stand-by-Betrieb nur noch ganz wenig Strom. Dafür sind aber die daran angeschlossenen Receiver auch im Schlummermodus große Stromfresser.

Steckdosen mit Schalter sind eine Lösung, allerdings verbrauchen auch die immer Strom, wenn auch nur wenig. Besser sind sogenannte Master-Slave-Steckdosen, besonders bei PC und Fernseher: Das Hauptgerät steckt in der Mastersteckdose; erst wenn das eingeschaltet wird, bekommen Zusatzgeräte wie Drucker, Computermonitor oder Satellitenreceiver Strom. Bei Wasch- und Spülmaschine wäre es tatsächlich die allerbeste Lösung, komplett den Stecker zu ziehen – bei mir, zum Beispiel, sind die Steckdosen allerdings irgendwo hinter dem Gerät … also doch die abschaltbare Steckerleiste!

Was in jedem Fall immer vom Strom ausgestöpselt gehört, wenn es nicht in Gebrauch ist, ist das Ladegerät für Handy und Co: Vier handelsübliche Ladegeräte eingesteckt verbrauchen gemäß der Schätzung des Umweltbundesamtes übers Jahr 175 Kilowattstunden Strom – das wäre dann schon fast das Doppelte meiner sinnlos hell erleuchteten Wohnung!

Beim Umweltbundesamt gibt es eine Broschüre zum Energiesparen im Haushalt, die Sie herunterladen oder per Post bestellen können, mit Zahlen zum Stromverbrauch und guten Praxistipps.[70] Ein Hinweis auf verdeckten Stromverbrauch ist übrigens die Temperatur: Wenn Netzteile, etwa von einem Dimmer, auch nach dem Ausschalten warm sind, fließt Strom! Wenn Sie genauer wissen wollen, wo bei Ihnen sinnlos Strom verbraucht wird: Bei Verbraucherzentralen und Umweltverbänden kann man Strommessgeräte ausleihen und alle elektrischen Geräte überprüfen. Einfach zwischen Steckdose und den Stecker des Geräts schalten und der Stromverbrauch wird angezeigt.

---

70 https://www.umweltbundesamt.de/publikationen/energiesparen-im-haushalt

160 Strom und andere Energieprobleme

FAZIT:

- Wenn Sie nur kurz den Raum verlassen: Lassen Sie das Licht brennen, das Hin- und Herschalten ist im Zweifel energieintensiver.

- Herkömmliche Glühbirnen dürfen in den Hausmüll, LEDs und Energiesparlampen nicht. Bitte unbedingt auf dem Wertstoffhof oder bei anderen geeigneten Sammelstellen entsorgen.

- Hängen Sie eine Zeitschaltuhr an den WLAN-Router und deaktivieren Sie ihn über Nacht, oder während Sie im Büro sind.

- PC und Fernseher gehören an Master-Slave-Steckdosen oder wenigstens an Steckerleisten mit Schalter.

- Bei Haushaltsgeräten und der Waschmaschine so oft wie möglich Stecker ziehen.

- Ladegeräte gehören nur an die Steckdose, wenn Sie wirklich etwas laden.

- Achten Sie bei neuen Geräten auf den Stromverbrauch im Stand-by.

Weg mit dem alten Kühlschrank?

Kaum etwas hat unseren Alltag in den vergangenen 70 Jahren so sehr revolutioniert wie der Siegeszug der strombetriebenen Haushaltsgeräte. Als mein Großvater, Jahrgang 1913, ein kleiner Junge war, wurde Verderbliches täglich frisch eingekauft, weil niemand einen Kühlschrank besaß. Deshalb gab es auch alle Lebensmittel in einem Umkreis von fünf Minuten zu Fuß. Waschen war harte körperliche Arbeit und eine derart mühsame Angelegenheit, dass es dafür eigens den »Waschtag« gab, und ganz generell wurde Oberbekleidung schon deshalb viel seltener gewaschen und öfter nur ausgelüftet (was ihrer Haltbarkeit übrigens nutzte …). Noch in meiner Kindheit gab es in jedem Hof Wäscheleinen – dass wir zu Hause einen Wäschetrockner hatten, war eher ungewöhnlich. Kaffee war ein Getränk, für das man gekochtes Wasser (Kessel! Herd! Kein Wasserkocher!) von Hand durch einen Kaffeefilter in die Kanne sickern ließ. Alles zeitaufwändig und etwas unbequem, aber eben auch sehr viel weniger klimaschädlich als unser Haushalt heute, wo praktisch alles auf Knopfdruck funktioniert.

In Sachen Energieeffizienz hat sich, dank der so oft geschmähten EU, in den vergangenen Jahren viel getan. Etliche Geräte schaffen heute mehr Leistung mit weniger Strom, und wie es um die Energieeffizienz bestellt ist, muss bei vielen Gerätetypen heute verpflichtend angegeben werden. Ich verzichte hier darauf, das System der Energieeffizienzklassen ausführlich zu erklären, zumal die EU das System gerade mal wieder überarbeitet. Im Grunde sind die entsprechenden Kennzeichnungen auch selbsterklärend. Wer bei null startet und die Welt retten möchte, kauft idealerweise Geräte der höchsten Klasse, ist damit auf der sicheren Seite und nutzt auch seinem Geldbeutel, weil sich so die Strom- oder auch die Wasserrechnung reduziert.

Die Stiftung Warentest hat in ihren Tests immer wieder ausgerechnet, dass sich der Kauf von langlebigen, teureren Geräten in aller Regel lohnt – über den gesamten Lebenszyklus ist teuer kaufen und reparieren ökonomischer, als die Billigmaschine nach kurzer Zeit zu entsorgen und wieder neu zu kaufen. Aus Ökoperspektive ist das noch eindeutiger: Wer im gleichen Zeitraum die Herstellung zweier Geräte auf der Uhr hat, schneidet beim CO_2-Abdruck doppelt so schlecht ab.

Komplizierter ist die Frage, ob wir auch funktionsfähige Geräte alter Bauart durch sparsamere ersetzen sollten. Wir alle haben das warnende Beispiel der Umwelt-Auto-Abwrackprämie im Kopf, wo massenhaft fahrtüchtige Autos verschrottet wurden – und die Fachleute noch immer streiten, ob das nicht eher eine Umweltsauerei war.

Nun ist das wieder eine Fragestellung mit vielen Stellschrauben: Wie alt ist das Altgerät? Wie stromintensiv? Wie oft in Benutzung? Egal, ob Kühlschrank, Waschmaschine oder Geschirrspüler – diese Geräte sind so langlebig und gleichzeitig solche Stromfresser, dass nur 10 bis 15 Prozent ihres CO_2-Abdrucks bei der Herstellung anfallen; der Löwenanteil der Treibhausgasemissionen unserer Haushaltshelfer stammt aus dem laufenden Betrieb. Je häufiger sie im Ein-

satz sind – der Kühlschrank, etwa, immer –, desto eher lohnt
sich der Wechsel zu einer energieeffizienteren Alternative.

Das Freiburger Ökoinstitut hat im Internet eine Seite mit
oft gestellten Fragen dazu erstellt,[71] die ich wärmstens empfehlen kann, weil sie die vielen Faktoren, die hier eine Rolle
spielen, sehr umfassend darstellt und klare Handreichungen
liefert, bei welchem Gerät was bedacht werden muss.
Wie gesagt, der größte Teil des CO_2-Abdrucks geht aufs
Konto des laufenden Betriebs. Da haben wir Nutzer im Zweifel große Spielräume, für einen ökologisch sinnvollen Betrieb zu sorgen. Beim Waschen, zum Beispiel, indem wir mit
niedrigen Temperaturen waschen, energiesparende Wasch-
programme nutzen und die Waschmaschine nur voll beladen
anschalten. Bei Kühlschränken, indem wir Geräte nutzen, bei
denen der Tiefkühlbereich richtig abgetrennt ist, mit eigener
Tür, und nicht als Gefrierfach im Kühlschrank Energie ver-
schwendet. Beim Wäschetrockner, indem wir wirklich nur die
Wäscheteile elektrisch trocknen, bei denen es für uns richtig wichtig ist – etwa, wenn Sie zwei kleine Kinder haben, die
ihre Klamotten dreimal am Tag vollspucken. Oder indem wir
unsere potenzielle Bügelwäsche nicht ganz so stark schleu-
dern, sofort aufhängen, und dadurch vieles gar nicht mehr
bügeln müssen. Das Bundesumweltamt gibt in der Broschüre
»Energiesparen im Haushalt« viele Tipps zum Energiesparen,
übersichtlich sortiert nach Produktgruppen.[72]

---

71 https://www.oeko.de/fileadmin/oekodoc/FAQ-Langlebigkeit-elektro-
    nische-Produkte.pdf
72 https://www.umweltbundesamt.de/sites/default/files/medien/381/
    publikationen/energiesparen-im-haushalt.pdf

Was kosten mich meine Geräte?

Wenn Sie ausrechnen möchten, wie viel Strom Ihre einzelnen Geräte verbrauchen und was Sie das in etwa kostet, geht das mit dieser Formel:

1. Schritt:
Wattzahl des Geräts (steht in der Gebrauchsanweisung) x tägl. Benutzung in Stunden : 1000 x 365 Tage = Stromverbrauch des Gerätes in kWh pro Jahr

2. Schritt:
kWh pro Jahr x ct/kWh (müsste aus Ihrer Stromrechnung hervorgehen) = Kosten in Cent pro Jahr

Nehmen wir mal den Wäschetrockner: Angenommen, der läuft bei Ihnen zweimal pro Woche je eine Stunde, mit einer Leistung von 3000 Watt. Das wären umgerechnet 2 Stunden : 7 Tage = 0,29 Stunden täglich. Im Jahr macht das 318 Kilowattstunden. Bei einem Strompreis von 28 Cent/Kilowattstunde wären das 89,04 Euro für den Einsatz des Trockners – etwa 86 Cent pro Ladung.

Hier ein paar grobe Richtwerte:

Föhn: 2000 Watt	Gefrierschrank: 150 Watt
Spülmaschine: 2300 Watt	Waschmaschine:
Elektroherd: 3000 Watt	2000 Watt
Trockner: 3000 Watt	Staubsauger: 2000 Watt
Wasserkocher: 2200 Watt	Notebook: 80 Watt
Mikrowelle: 800 Watt	PC: 200 Watt
Kühlschrank: 120 Watt	Fernseher: 150 Watt

Geschirrspülen gehört zu den unbeliebtesten Tätigkeiten in deutschen Haushalten. Schon als Studentin lernte ich schnell und leidvoll, dass ein friedliches WG-Leben ohne Spülmaschine kaum bewältigbar ist. Im Jahr 2018 besaßen über 70 Prozent der Haushalte in Deutschland eine Geschirrspülmaschine. Fast 30 Millionen Häuser und Wohnungen, in denen erbittert über die einzig richtige Art gestritten wird, wie ein Geschirrspüler einzuräumen ist. (Unter uns: Im Grunde meines Herzens bin ich mir relativ sicher, dass nur ich *genau* weiß, was die einzig richtige Art ist, und manchmal räume ich heimlich um, wenn andere meine Maschine bestückt haben, hoffe aber immer, nicht erwischt zu werden …)

Vorneweg: Sogar zum Einräumen von Geschirrspülmaschinen gibt es eine wissenschaftliche Studie, von der Universität Birmingham, unterstützt vom Putzmittelriesen Procter & Gamble. Forscher des Centre for Formulation Engineering haben genau analysiert, wie sich Wasser und Putzmittel in handelsüblichen Spülmaschinen verteilen und welche Folgen das für ihren Inhalt hat. Ergebnis: Entscheidend ist die Quelle der Verschmutzung. Geschirr und Töpfe mit kohlehydrathaltigen Speiseresten gehören in die Mitte der Maschine, dort wo sie das Wasser aus den Sprüharmen möglichst direkt erreicht. Eiweißhaltiges hingegen wird an den Rändern besser sauber, weil es dabei weniger um die mechanische Wirkung des Wassers geht, sondern um die Zeit, die die Seifenlauge zum Einwirken auf die Verschmutzungen hat.[73]

---

73 https://www.sciencedirect.com/science/article/pii/S1385894714010 870

Seit fast zwei Jahrzehnten ist Rainer Stamminger, Professor für Haushalts-und Verfahrenstechnik an der Rheinischen Friedrich-Wilhelms-Universität Bonn, gewissermaßen der Papst der Spülmaschinenforschung. An seinem Institut sind zahlreiche Studien entstanden, die sich mit der Frage befassen, ob das Spülen mit der Maschine umweltfreundlicher ist als das Spülen von Hand. Zuletzt hat ein Doktorand in zahlreichen europäischen Ländern Verbraucher befragt, mit Webcams beobachtet und befüllte Geschirrkörbe fotografieren lassen. Seine Bilanz: Spülen mit der Maschine braucht im Durchschnitt 50 Prozent weniger Wasser und 28 Prozent weniger Energie als Handspülen.[74] Die Studie wurde von vier Haushaltsgeräte- und Spülmittelherstellern finanziert, denen man ein gewisses Eigeninteresse unterstellen könnte, wobei andere Forscher in der Vergangenheit zu ähnlichen Ergebnissen kamen.

Allerdings können wir dabei immer noch viel falsch machen: mit zu hohen Temperaturen spülen, zum Beispiel. Die meisten Verschmutzungen brauchen keine 70 Grad. Oder vorspülen – alles, was wir unter fließendem Wasser erledigen, egal, ob als Vorbereitung für die Spülmaschine oder beim Von-Hand-Spülen, ist *der* Killer für eine gute Ökobilanz.

Zum Abschluss noch die klare Antwort auf die Frage, wie man am ökologischsten Wasser kocht: Kommt drauf an … Für kleinere Mengen Wasser sind elektrische Wasserkocher gemäß den Berechnungen des Ökoinstituts die beste Lö-

---

74 https://www.uni-bonn.de/neues/058-2011

sung. Bis 1,5 Liter schlägt der Wasserkocher in Sachen CO_2-Bilanz sogar den Induktionsherd – wobei Sie für den ohnehin noch lauter neue Töpfe anschaffen müssten, was Ihnen selbst beim energieeffizientesten Herd von allen zumindest anfangs die Ökobilanz wieder verhagelt. Die fünf Liter Wasser für Ihre Nudeln jedoch kochen Sie effizienter auf dem Herd. Das Wasser aus dem Heißwasserhahn ist dabei nur dann energieeffizient, wenn die Warmwassererzeugung nicht elektrisch erfolgt. Zudem sollte nicht mehr als ein Liter Wasser aus dem Hahn fließen, ehe es heiß wird. Haben Sie einen Gas- oder Induktionsherd, sollten Sie grundsätzlich mit kaltem Wasser kochen.

FAZIT:

- Bei Neugeräten keine Frage: immer zur besten Effizienzklasse greifen!

- Ob sich der Austausch eines alten Gerätes lohnt, hängt immer vom Einzelfall ab. Je älter, je stromfressender und je mehr in Benutzung, desto eher: Ja!

- Haushaltsgeräte gehören auf den Wertstoffhof. Seit 2015 dürfen Altgeräte nur noch ins Ausland überführt werden, wenn der Exporteur nachweist, dass sie noch funktionsfähig sind. Damit sollen illegale Exporte von Elektronikschrott verhindert werden.

- Ein ressourcensparender Einsatz ist mindestens so wichtig wie das richtige Gerät.

Mobiler Strom: Batterien, Akkus & Co.

Als ich klein war, lange vor der Ära der MP-3-Player oder auch nur der Erfindung des Walkman, war ein tragbarer Kassettenrecorder mein größter Schatz. Auf dem hörte ich auf langen Autofahrten meine erste Pop-Kassette, mit acht aus dem Radio mitgeschnittenen ABBA-Songs, die mir mein Cousin Weihnachten 1975 geschenkt hatte. Ich hab noch immer das quälende Leiern im Ohr, wenn dem Gerät nach relativ kurzer Zeit der Saft ausging und die sinkende Abspielgeschwindigkeit aus den ABBA-Sopranstimmen jaulende Tenöre machte. Sechs dicke Batterien waren nötig, und der Vorrat eigentlich nie groß genug, weil die schon nach einer Fahrt in den Urlaub ausgepowert waren. Später hatten dann die coolen Jungs im Freibad Ghettoblaster dabei, die ebenfalls viele, viele Batterien fraßen. Großes Drama, im Sommer 84, als mein Heimatverein VfB Stuttgart um die Meisterschaft spielte, die Batterien im ziemlich feudalen Radio meines Freundes schwächelten und wir kurzfristig drei Handtücher weiter mitfiebern mussten. Noch heute gehören Batterien bei Besuchen eines großen schwedischen Möbelhauses zu den Artikeln, die ich fast automatisch in diversen Größen und großen Mengen in den Einkaufswagen schaufele. Brauchen wir immer, haben wir nie genug...

Uns stehen heute drei Arten mobilen Stroms zur Verfügung: die klassischen Batterien, wiederaufladbare Akkus und sogenannte Powerbanks, für den kleinen Stromhunger zwischendurch. Letztere sind übrigens ein guter Indikator dafür, wie sehr die digitale Revolution und insbesondere die Smartphones unsere Welt verändert haben. Ein handliches Powerpack gehört mittlerweile zur Standardausstattung meiner Handtasche (und zu den Gegenständen, die meine Kinder am häufigsten bei mir ausleihen und selbstverständlich! immer! leer zurückgeben …). Vor fünf Jahren wusste ich noch nicht mal, was das ist, und meinem Vater, der sich bis heute standhaft einem Smartphone verweigert, ist gänzlich unklar, warum etwa sein Enkel auch noch zusätzliche Stromportionen in irgendeinem Gegenstand mit sich herumschleppt.

So ganz unrecht hat er da nicht. Denn grundsätzlich ist das »Zwischenlagern« von Strom immer teuer und mit Energieverlusten verbunden, am extremsten fällt das bei der klassischen Wegwerfbatterie ins Gewicht. Schon in der Fabrik hat die eine miserable Ökobilanz: Laut der Kalkulation des Umweltbundesamtes benötigt die Herstellung einer Batterie bis zu 500-mal mehr Energie, als sie später in unseren Geräten liefert. Auch finanziell ist sie kein richtig guter Deal: Elektrische Energie aus Batterien ist nach Schätzungen der Behörde ungefähr 300-mal teurer als der Strom aus der Steckdose. Ein Großteil der Energie verpufft ungenutzt in der Herstellung, und dafür geben wir auch noch viel mehr Geld aus – irgendwie blöd! Aber eben auch so praktisch …

Obendrein sind die kleinen Helfer ziemliche Giftbomben. Einige der möglichen Inhaltsstoffe wie Quecksilber, Cadmium und Blei sind hochtoxisch und gefährden bei unsachgemäßer Entsorgung die Umwelt, auch wenn der Giftstoffgehalt in den vergangenen Jahren gesunken ist. Gleichzeitig enthalten sie wertvolle Werkstoffe wie Zink, Eisen, Aluminium, Lithium und Silber. Deshalb verpflichtet die EU Hersteller und Importeure, Altbatterien ordentlich zu entsorgen – und zu recyceln, mit einer vorgeschriebenen Rate von 45 Prozent. Auf den ersten Blick funktioniert das ziemlich gut: Das Umweltbundesamt meldet stolz, dass 2017 aus 233 439 Tonnen Altbatterien 197 241 Tonnen Sekundärrohstoffe wiedergewonnen wurden – Blei, Schwefelsäure, Stahl, Ferromangan, Nickel, Zink, Cadmium sowie Quecksilber –, das entspricht einer Recyclingquote von fast 85 Prozent.[75]

Über 200 000 Sammelstellen gibt es allein in Deutschland, zum Beispiel überall dort, wo Batterien verkauft werden. Klingt zunächst so, als ob wir hier zur Abwechslung mal kein Problem hätten. Stimmt aber leider nicht. Denn trotzdem landen weit mehr als die Hälfte der in Deutschland verkauften Batterien gar nicht erst in den Sammelstellen, sondern im Hausmüll, ob aus Unwissen oder Faulheit. Für die Umwelt ist das ein ziemliches Desaster, und es relativiert die Zahlen deutlich: Damit liegt die Verwertungsquote plötzlich nur noch bei etwa 38 Prozent! Und im Gegenzug enden 62 Prozent der Wertstoffe, aber auch der enthaltenen Umweltgifte, in der Müllverbrennungsanlage.

Die Älteren unter uns kennen alle noch das lustige Häschen aus der Werbung, das mit der richtigen Batterie im

---

75 https://www.umweltbundesamt.de/daten/ressourcen-abfall/verwertung-entsorgung-ausgewaehlter-abfallarten/altbatterien#textpart-1

Plüsch-Po alle anderen Hasen austrommelte. Die Stiftung Warentest hat 2010 herausgefunden, dass hochwertigere Markenbatterien tatsächlich länger halten – wegen des höheren Preises schnitt in dem Test die billigere Konkurrenz beim Preis-Leistungs-Verhältnis genauso gut ab. Kalkuliert man den hohen Energieverbrauch bei der Herstellung mit ein, kann es unter dem Aspekt Ökobilanz dennoch sinnvoller sein, zu langlebigeren Batterien zu greifen.[76]

Kleiner Batteriensprachkurs: Was sich hinter Handelsbezeichnungen verbirgt:

Batterie ist nicht gleich Batterie – äußerlich sehen die kleinen Helfer alle gleich aus. Ihr Innenleben unterscheidet sich jedoch erheblich.

Alkali-Mangan-Zellen

Auch Alkaline- oder Zink-Manganoxid-Zelle, die gängigste Wegwerfbatterie in Europa. Diese Batterien haben nur eine geringe Selbstentladung und bieten noch nach drei Jahren Lagerung 90 Prozent ihrer Power. Sie büßen allerdings bei minus 15 Grad mehr als die Hälfte ihrer Leistungsfähigkeit ein. Dafür sind sie ziemlich auslaufsicher.

---

76 https://www.test.de/Batterien-Energizer-Lithium-haelt-am-laengsten-1833634-2833634/

Lithium-Batterien

Sie sind besonders leistungsstark und werden bei großem Strombedarf, etwa beim Fotoblitzlicht, eingesetzt, kosten allerdings in der Regel auch deutlich mehr. Mehr Leistung, weniger Gewicht: Sie bringen ein Drittel weniger auf die Waage als Alkaline-Zellen und sind noch länger haltbar, wegen noch mal geringerer Selbstentladung. Dafür haben wir wieder den problematischen Grundstoff Lithium (siehe Elektro-Autos). Und: Sie halten große Wärme nicht gut aus. Kälte hingegen verkraften sie besser als die Alkalines.

Zink-Kohle-Batterien

Veraltete Technik, sehr leistungsschwach – von diesen Batterien sollten Sie die Finger lassen, auch weil sie viel öfter auslaufen. Die Stiftung Warentest hat diesen Typ in ihrem letzten Test gar nicht mehr einbezogen.

NiMH-Akkus

Nickel-Metallhydrid-Zellen – sind wiederaufladbar und damit ein guter Ersatz für Wegwerfbatterien. Ältere Modelle entladen sich allerdings deutlich schneller selbst und sind für Betrieb unter 0 Grad Celsius gar nicht geeignet. Die neuere Generation NiMH hat das Entladeproblem nicht mehr.

LiIon-Akku

Lithium-Ionen – ähnlich wie Lithium-Batterien leistungsstärker, haben ebenfalls kaum Probleme mit Selbstentladung, aber eben Lithium an Bord ...

Noch besser in Sachen Ökobilanz sind wiederaufladbare Akkus. Die sehen äußerlich teilweise genauso aus wie klassische Gerätebatterien, ihr Innenleben unterscheidet sich aber deutlich – andere Metalle, andere Technologie. Die Ökobilanz bei der Herstellung kommt etwa aufs Gleiche heraus wie bei der Wegwerfbatterie. Hinzu kommt dann noch die Herstellung des Ladegeräts – erst mal ein Negativposten. Auf der anderen Seite steht die viel längere Lebensdauer. Als Faustregel können Sie davon ausgehen, dass bei Geräten, bei denen Sie mindestens alle drei Monate die Batterien erneuern, aufladbare Akkus die umweltfreundlichere und billigere Lösung sind. Nicht jedes Gerät ist allerdings vom Hersteller für solche Akkus zugelassen, und manche Geräte kommen auch mit der etwas niedrigeren Volt-Zahl der wiederaufladbaren Stromspender nicht klar. Also unbedingt vorher die Gebrauchsanweisung studieren.

Auch für Akkus gibt es einen Test der Stiftung Warentest,[77] inklusive zahlreicher Tipps für den richtigen Umgang mit den aufladbaren Energielieferanten. Bei der Entsorgung sind sie übrigens am Ende ihres Lebens genauso problematisch wie Batterien und dürfen gleichfalls nicht in den Hausmüll! Und selbstverständlich gilt das Gleiche für sämtliche Geräte mit eingebauten Akkus.

Und dann sind da noch die Powerbanks… Beim Recherchieren stoße ich auf ein ziemlich spektakuläres Video. Eine Frau steht vor einem Flughafen in Thailand, mit brennen-

---

77 https://www.test.de/Akku-Top-Akkus-im-Test-ersetzen-mehr-als-150-Batterien-4721461-0/

dem Rucksack auf dem Rücken – ihre mitgeführte Powerbank hatte sich selbst entzündet. Und explodierte später,
als sie eigentlich schon gelöscht war, gleich noch mal, mit
heftigem Funkenflug. Öha! So was möchte ich aber nicht so
gerne in meiner Handtasche!

Die Zeitschrift *Ökotest* hat im Dezember 2017 Powerbanks
getestet und ihnen grundsätzlich ein gutes Urteil ausgestellt, auch bezüglich der Sicherheit.[78] Allerdings stoßen die
kleinen Stromlieferanten bei Kälte und Hitze an ihre Grenzen. Bei minus 10 Grad Celsius gab es bei einigen getesteten Produkten deutliche Kapazitätsverluste. Viel problemati-
scher jedoch ist Hitze – keine der Powerbanks hatte da eine
automatische Abschaltfunktion. Selbst bei 65 Grad Celsius
liefen sie noch weiter. Bei Rissen im Gehäuse kann dann Ex-
plosionsgefahr bestehen, wenn Flüssigkeit eindringt – das
erklärt möglicherweise den brennenden Rucksack. Zudem
ist es in Thailand eher heiß und feucht, was das begünstigt
haben mag.

Die Angaben zur Kapazität von Powerbanks sind Ideal-
werte der Hersteller. In der Praxis liefern sie jedoch weniger
Energie. Das liegt zum Beispiel daran, dass ein Teil des
Stroms bereits beim Umwandeln der Spannung vom Akku
zum USB-Anschluss verbraucht wird. Insofern geht beim
Umweg über die Powerbank immer etwas Strom verloren.
Wer die Alternative hat, sollte deshalb lieber direkt am
Stromnetz andocken, ohne Zwischenstation.

---

78 https://www.oekotest.de/freizeit-technik/Powerbank-im-Test-Das-
sind-die-besten-Akkupack-fuers-Smartphone_110493_1.html

Mittlerweile bietet der Markt auch Powerbanks mit Solarpanel. Die NDR-Sendung *Markt* hat vier Geräte getestet, und richtig toll hat keines abgeschnitten.[79] Zwei hatten selbst nach fünf Stunden Sonne tanken praktisch keinen Strom produziert, das dritte brauchte 70 Minuten, um einen Smartphone-Akku auf gerade mal 23 Prozent zu bringen. Das vierte Gerät schaffte zwar 70 Prozent Ladung, dafür hatte aber das Paneel die Größe eines Din A4-Blatts – etwas unhandlich, unterwegs.

Auf Flugreisen gilt übrigens für Powerbanks eine Obergrenze von 20 000 Milliamperestunden, egal, ob im Handgepäck oder im aufgegebenen Koffer – aber wir wollten ja alle sowieso weniger fliegen …

Ähnlich wie bei den Batterien für Elektro-Autos sind auch hier Forscher fieberhaft auf der Suche nach Möglichkeiten, Energiespeicher aus billigeren und weniger umweltschädlichen Rohstoffen herzustellen. Das Helmholtz-Institut in Ulm forscht beispielsweise an Teer-Pech-Alternativen, etwa aus Apfelresten oder Erdnussschalen. Mit vielversprechenden Ergebnissen. Bis solche Innovationen marktfähig sein werden, wird indessen noch einige Zeit vergehen. Bis dahin sollten wir Batterien, Akkus und Co. mit Augenmaß einsetzen.

Und im Zweifel möglichst direkt den Strom aus der Steckdose verbrauchen. Wobei das leider doch einen Haken hat. Laptop-Akkus etwa nehmen es übel, wenn man sie zu Hause dauerhaft am Strom hängen lässt. Denn selbst bei durch-

---

79 https://www.ndr.de/ratgeber/verbraucher/Solar-Ladegeraete-mit-Powerbank-im-Test,ladegeraet104.html

gehender Verbindung zur Steckdose und vollem Ladestand gibt es im Akku immer kleine Entladungen. Die werden vom Netzteil umgehend wieder ausgeglichen. Der Akku arbeitet also die ganze Zeit. Das bedeutet Wärmeentwicklung, mehr Ladezyklen und schnellerer Verschleiß. Hier haben Laptop-Besitzer die Wahl zwischen Pest und Cholera: Entweder das in Kauf nehmen und die Ökobilanz versauen, weil Sie den Akku früher ersetzen müssen. Oder die schlechtere Energieausbeute im Akku-Betrieb hinnehmen. Fein raus sind hier die Geräte, aus denen sich der Akku entfernen lässt. Der Strom wird dann direkt in den Laptop eingespeist, es wird nur das verbraucht, was auch benötigt wird, und der Akku wird überhaupt nicht belastet.

Wer wirklich nachhaltig konsumieren möchte, müsste vielleicht als Allererstes kritisch prüfen, ob manchmal nicht doch Handarbeit die bessere Lösung ist: Vor 20 Jahren fand ich die elektrische Pfeffermühle mit Beleuchtung echt lustig, mittlerweile mahle ich Pfeffer lieber wieder von Hand. Milchaufschäumer, Bleistiftspitzer, Rasierer ... alles Geräte, die auch rein mit Muskelenergie funktionieren. Das ist im Zweifel immer die ökologischere Lösung.

FAZIT:

- Sie haben keine Ausrede mehr: Batterien und auch defekte Akkus sind Sondermüll – erstens sehr giftig und zweitens voller Stoffe, die sich sinnvoll recyceln lassen. Also unbedingt bei geeigneten Sammelstellen abgeben, im Handel oder beim Wertstoffhof.

- In leistungsstarken Geräten wie Kameras oder MP3-Playern funktionieren Batterien und Akkus schon nicht mehr, wenn sie noch etwa 30 Prozent ihrer Kapazität haben. Fernbedienungen oder Wanduhren laufen damit noch lange weiter. Also umpacken!

- Nur in Geräten mit sehr geringem Energieverbrauch – etwa Wanduhren und Fernbedienungen – sind Wegwerfbatterien günstiger als aufladbare Akkus. Überall sonst ist die Öko- und die Kostenbilanz von Akkus besser.

- Alles, was in räumlicher Nähe einer Steckdose betrieben wird, sollte seinen Strom per Kabel bekommen, nicht aus einer mobilen Quelle. Auch Powerbanks liefern weniger Strom, als sie tanken.

Geht Smartphone auch in Grün?

Neulich bin ich jäh in die digitale Steinzeit gestürzt. Ich war unterwegs zu zwei Vorträgen an Stuttgarter Schulen. Schule, das bedeutet einen strammen Start in den Tag, ich musste den ersten Zug erwischen. Hektik, Stress, der frühe Morgen ist generell nicht meine beste Uhrzeit … langer Rede kurzer Sinn: Erst auf dem Bahnsteig realisierte ich, dass mein Smartphone noch zu Hause auf der Kommode liegt. In diesem Moment wurde mir bewusst, wie weitgehend mein Alltag mittlerweile von einem Gerät bestimmt wird, das vor 15 Jahren noch nicht mal existiert hat. Zugfahrkarte, Sitzplatzreservierung, Name meiner Ansprechpartnerin, Adresse der Schulen – alles steckte in meinem Handy und war meinem Zugriff entzogen. Ich habe an diesem Tag mit viel mehr Menschen gesprochen als sonst: Etwa mit dem netten Herrn, auf dessen Laptop ich kurz mein Bahnticket aufrufen durfte, um durch die Fahrkartenkontrolle zu kommen – im zweiten Anlauf, weil ich die Erinnerungsstütze für mein Bahn-Passwort – natürlich – im Handy habe. Oder mit der freundlichen Dame an der Straßenbahnhaltestelle in Stammheim, die mir den Fußweg zur Schule erklärte – deren Namen hatte ich mir glücklicherweise zufällig gemerkt, sonst wäre ich so richtig ins Schwimmen gekommen. Auch mal schön, das persönliche Gespräch. Aber mit Handy, mit dem alles griffbereit abrufbar ist, wäre das unkomplizierter gewesen.

In nur zehn Jahren hat sich die Zahl deutscher Smartphone-Besitzer verzehnfacht. Heute nutzen fast 70 Prozent der Bevölkerung die kleinen Helfer. Sogar mein digitalisierungsskeptischer Vater erwägt mittlerweile eine Anschaffung, weil es zunehmend komplizierter wird, etwa ohne Smartphone zu reisen. Und weil es ständig noch dünnere, tollere, chicere Modelle gibt, sind hierzulande mehr Smartphones im Umlauf, als es Bundesbürger gibt.

Das Problem beim Smartphone ist zunächst einmal die Ökobilanz der Herstellung. Mit hoher Wahrscheinlichkeit haben die Bauteile Ihres Handys mehr von der Welt gesehen als ein deutscher Durchschnittstourist in seinem ganzen Leben. Zusammengeschraubt in China, mit Lithium aus Chile, Tantal aus Zentralafrika und Wolfram aus dem Kongo. Auch wenn Sie Ihr Handy immer mit Ökostrom laden: Im Herstellungsland China stammt der Großteil des Stroms aus alten Kohlekraftwerken – und die Produktion von Smartphones ist energieintensiv. Die britischen Forscher James Suckling und Jacquetta Lee von der Universität Surrey haben versucht zu berechnen, wie viel Treibhausgase im Lebenszyklus eines durchschnittlichen Handys ausgestoßen werden und kommen auf 48 Kilogramm CO_2-Äquivalent – ohne Telefon- und Internetnutzung, nur für das Gerät an sich. Zum Vergleich: Dafür könnten Sie zwei Jahre lang an jedem Werktag ihren bösen To-go-Kaffeebecher wegwerfen. Anders als bei den Haushaltsgeräten aus dem letzten Kapitel fallen beim Handy zudem 85 Prozent des CO_2-Abdrucks schon bei der Herstellung an und nicht später im Betrieb.

Schwierig ist auch, was im Handy drinsteckt. Techniksoziologe Felix Sühlmann-Faul hat 2018 im Auftrag des WWF Deutschland und der Robert-Bosch-Stiftung eine Studie zu den Nachhaltigkeitsdefiziten der Digitalisierung erstellt und listet in seinen Veröffentlichungen viele Problemfelder auf. So bezeichnet er die wichtigen Bestandteile Tantal, Zinn, Wolfram und Gold nicht zufällig als »Konfliktmineralien«: Oft stammen sie aus bürgerkriegsgeschüttelten Staaten wie der Demokratischen Republik Kongo und finanzieren militärische Konflikte. Auch Kobalt, ein weiteres Konfliktmineral, stammt zu 60 Prozent aus dem Kongo, gerne gefördert unter Zuhilfenahme von Kinderarbeit. Als Alternative erkundet die Deutsche Bundesanstalt für Geowissenschaften und Rohstoffe in Hannover seit 2006 ein Stück Ozeangrund im tropischen Pazifik. Dort lagern sogenannte Manganbrocken, die Kobalt und außerdem Nickel und Kupfer enthalten. Ob nun aber Tiefseebergbau wirklich eine gute Alternative ist? In den Pflugspuren der ersten Erkundungsfahrten in den späten Siebzigerjahren hat sich das Ökosystem am Meeresboden auch nach 40 Jahren noch nicht wieder erholt …

Ein weiterer Problem-Wertstoff: die sogenannten seltenen Erden, die aus Mineralgestein gewonnen werden. Sie heißen deshalb selten, weil ihre Konzentration im Gestein so extrem gering ist. Um sie herauszulösen, wird viel Wasser eingesetzt. Übrig bleibt nach dem Auswaschen giftiger Schlamm. Der weltgrößte Tümpel dieses Schlamms liegt in der Mongolei, mit einer Fläche von zehn Quadratkilometern – das ist größer als der Tegernsee. Der Schlammsee besteht aus unvorstellbaren 160 Millionen Tonnen Abfall, 17,5 Millionen

Kubikmeter hochradioaktivem Abwasser, Schwefelsäure und Fluorwasserstoffsäure.[80]

Angesichts der riesigen Mengen von Smartphones hätten die großen Unternehmen durchaus die Macht, Druck auf den Herstellungsprozess auszuüben und die Ökobilanz zu verbessen, sei es durch den Strommix bei der Herstellung oder transparente Warenströme und faire Gewinnung bei Rohstoffen. Dieser Marktmacht werden sie sehr unterschiedlich gerecht. Bei den Smartphone-Riesen schneidet Apple in Sachen Nachhaltigkeit bei einer »Greenpeace«-Studie[81] noch am besten ab, Samsung hingegen ziemlich schlecht. Allerdings empfiehlt »Greenpeace« dennoch auch Apple nicht – denn auch wenn die Elektronik der Produkte »umweltfreundlicher« sei, falle negativ ins Gewicht, dass sich gerade Apple-Handys besonders schlecht reparieren lassen, was in diesem Ranking aber nicht erfasst wurde. Klar: Wer sein Smartphone reparieren lässt, fällt als Käufer für das neue Modell erst mal flach – eine perfide Strategie, die der Umwelt extrem schadet.[82] Mit dieser Strategie ist Apple nicht allein: Immer öfter sind bei allen Smartphones Bauteile so verklebt, dass sie sich nicht austauschen lassen, ohne das

---

80 Wenn Sie dazu mehr lesen möchten: Auf der Internetpräsenz der Kölner Stiftung Asienhaus gibt es einen ausführlichen Artikel dazu, wie Rohstoffreichtum in einem armen Land wie der Mongolei zum Fluch werden und die Entwicklung behindern kann: https://www.asienhaus.de/public/archiv/bergbau-nr2_china.pdf.
81 https://secured-static.greenpeace.org/austria/Global/austria/fotos/Presse/FS_GuidetoGreenerElectronics_deutsch.pdf
82 Apple begründet das übrigens allen Ernstes mit Fürsorglichkeit seinen Kunden gegenüber: Die könnten sich bei der Reparatur verletzen.

ganze Handy zu schrotten. Und es ist womöglich auch kein Zufall, dass ich kürzlich in ganz München nur bei Samsungs Reparaturpartner direkt ein neues Handydisplay für das Premiummodell finden konnte, das Display aber bei allen unabhängigen Werkstätten als »zur Zeit nicht lieferbar« galt.

Ganz vorne liegt im »Greenpeace«-Ranking ein Amsterdamer Sozialunternehmen, das seit einiger Zeit das »Fairphone« produziert: Dessen Lieferkette für die Bauteile ist klar zurückzuverfolgen, die Firma verspricht, dass von den Lieferanten keine Kriege querfinanziert werden. Das Fairphone ist besonders gut zu reparieren und seine Bestandteile können zu 100 Prozent recycelt werden. Gerade ist das Fairphone 3 auf den Markt gekommen, für 450 Euro. Seine zwei Vorgängermodelle haben sich immerhin 150 000 mal verkauft.[83] Auch ein deutscher Hersteller mischt bei den ethischen Handys inzwischen mit: Die hessische Firma Shiftphone bietet langlebige Geräte an, in denen nur Steckverbindungen verbaut sind, im Sinne besserer Reparierfähigkeit.[84]

Wie schon erwähnt, ist der Stromverbrauch des Handys selbst, abgesehen von allem, was im Netz passiert (dazu mehr im nächsten Kapitel), nur ein kleiner Fisch. Trotzdem, da auch Kleinvieh Mist macht: Wo immer möglich, sollten Sie WLAN statt mobilen Service nutzen – das bedeutet viel weniger Energieverbrauch und schont Ihren Akku. Wenn allerdings kein WLAN verfügbar ist, sollte die Funktion ausgeschaltet sein, sonst sucht das Gerät kontinuierlich nach

---

83 https://shop.fairphone.com/de/
84 https://shop.shiftphones.com/

Netzen und verbrät sinnlos Energie. Und auch Apps sollten Sie möglichst schließen und nicht im Hintergrund weiterlaufen lassen. Viel Strom verbrauchen moderne Displays – etwas weniger hell verbessert gleich die Ökobilanz, ein dunklerer Hintergrund ist ebenfalls ein Beitrag zum Energiesparen. Und auch der Verzicht auf Vibrationsalarm, Tastentöne u. s. w. summiert sich mit der Zeit.

Richtig grün ist das Smartphone leider nie. Aber Sie verbessern Ihre Bilanz extrem, wenn Sie die Lebensdauer verlängern. Wie gesagt, der Löwenanteil des ökologischen Fußabdrucks ist schon entstanden, bevor Sie das Gerät gekauft haben. Das kompensieren Sie am besten durch eine lange Nutzungszeit. Oder indem Sie direkt ein gebrauchtes Handy kaufen. Und Ihr altes Handy, wenn Sie es denn gar nicht mehr mögen, wenigstens weiterverkaufen, anstatt es irgendwo im Schrank zu parken. Außerdem können Sie damit meist noch richtig Geld machen.

Oder Sie werden das gute Stück am Ende Ihres gemeinsamen Weges wenigstens ökologisch korrekt los. Zum Beispiel so: Der Bund Naturschutz NABU betreibt gemeinsam mit dem spanischen Telefonriesen Telefónica das Projekt »Alte Handys für die Havel«. An 440 Sammelstellen bundesweit können Sie Ihr altes Handy abgeben. Entsorgungspartner ist die AfB gemeinnützige GmbH (Arbeit für Menschen mit Behinderung). Sie bereitet die Geräte wieder auf und verkauft sie in ganz Europa. Was sich gar nicht mehr instand setzen lässt, geht zum Recycling an die Umicore AG & Co. KG. Umicore unterhält nach Angaben des NABU die ökologischsten Schmelzanlagen in ganz Europa. Damit sorgen Sie mit Ihrem zurückgegebenem Altgerät gleich mehrfach für mehr Umweltschutz: Die Rohstoffe werden wiederverwertet, die Schadstoffe landen nicht auf dem Müll. Und die Umweltschutzorganisation erhält von ihrem Kooperationspartner für jedes eingegangene Althandy einen Zuschuss. Der fließt in die Renaturierung der Havel.[85] Gute Idee!

FAZIT:

- Klar ist die Kamera des neuen Modells cooler – aber den größten Gefallen tun Sie der Umwelt, wenn Sie Ihr Smartphone möglichst lange nutzen.

- Behandeln Sie das kleine Ding entsprechend pfleglich: Akku schonend laden, Handy bruchsicher umhüllen. Und schon beim Kauf auf Modelle achten, die sich reparieren lassen.

- Ausrangierte Smartphones am besten weiterverkaufen – das ist die ökologischste Lösung. Zweitbeste Variante: Wertstoffhof. Ganz schlecht: Schublade.

---

85 https://www.nabu.de/umwelt-und-ressourcen/aktionen-und-projekte/alte-handys-fuer-die-havel/index.html

Ich google das mal schnell

Der Vergleich von Ökobilanzen verfolgt meine Familie zunehmend in alle Lebensbereiche. Zum Beispiel der Nebenjob meines Sohnes in einem Münchner Kino an der Bar: »Wenn ich mir Notizen mache, was ich an Getränkenachschub aus dem Keller holen muss – mache ich das besser im Handy oder auf einem Zettel, den ich anschließend wegwerfe?«, fragt er mich beim Frühstück. Als Angehörige der vor-digitalen Generation wäre ich ehrlich gesagt gar nicht auf die Idee gekommen, das Handy überhaupt dafür zu nutzen. Aber in der Tat – interessante Frage… Andererseits fotografiere auch ich inzwischen regelmäßig Plakate mit Veranstaltungshinweisen ab, statt die Termine auf einem Zettel zu notieren.

Also: Ein typischer Notizzettel aus Recyclingpapier wiegt etwa ein Gramm und verursacht damit 0,9 Gramm CO_2-Äquivalent. Den Abrieb des Kugelschreibers würde ich an dieser Stelle mal mit einem weiteren Zehntel Gramm bilanzieren (okay, ich gebe es zu, geraten, damit die Zahl rund wird). Also ein Gramm für die analoge Notiz. Bedenkt man, dass ein Kilometer mit dem klimafreundlichen Verkehrsmittel Fahrrad fünf Gramm Treibhausgasausstoß entspricht, scheint mir das verantwortbar. Jetzt die Handynotiz: Meine Recherche nach Zahlen zum CO_2-Abdruck von Handynutzung ohne Internetverwendung scheitert. Ich muss also selbst ran, eine ziemlich komplizierte Rechnung aus Treibhausgasemissionen des deutschen Strommixes, durchschnittlichen Handy-

186 Strom und andere Energieprobleme

kapazitäten und einer geschätzten Nutzung des Smartphones (Schreiben und Abrufen) von 30 Sekunden, und lande bei etwa 0,002 Gramm für die unmittelbare Nutzung. Laut den britischen Forschern aus dem vorherigen Kapitel fallen ja aber 85 Prozent des CO_2-Abdrucks schon bei der Herstellung an. Das mitgerechnet landen wir bei 0,013 Gramm CO_2-Äquivalent – 76-mal besser als der Zettel. Das überrascht mich jetzt doch. Noch ökologischer allerdings wäre eine Notiz auf einem bereits benutzten Stück Papier …

Das eigentliche Energieproblem bei Handys, Computern und Co. entsteht immer dann, wenn wir das Internet entern. Denn hinter jedem harmlosen Klick steckt eine enorme Serverleistung. Das SWR-Wissensmagazin *Odysso* hat im Sommer 2018 ermittelt, was das für uns bedeutet: Die komplette Netzinfrastruktur verbraucht allein in Deutschland im Jahr etwa 55 Terawattstunden Strom – das entspricht der Leistung von zehn mittleren Kraftwerken, nur für unseren Zugang zur digitalen Welt. In Frankfurt, wo sich die Rechenzentren in Deutschland konzentrieren, gehen etwa 20 Prozent der städtischen Energie auf das Konto des Betriebs der Serverfarmen. Das ist mehr, als der gesamte Frankfurter Flughafen an Strom verbraucht.[86] Bei jeder SMS, jedem Telefonat und bei jedem Up- oder Download eines Videos ist im Hintergrund ein Datenzentrum aktiv, das diese Kommunikation ermöglicht und dabei Energie verbraucht.

Zum Beispiel Google. In einer Familie mit leichtem Hang

---

86 https://www.swr.de/odysso/oekobilanz-des-internets/-/id=1046894/
    did=21791748/nid=1046894/1jsu4be/index.html

zum Rechthaben wie der meinen ein unverzichtbarer Begleiter. Keine Ahnung, wie wir früher halbwegs konfliktfrei Stadt-Land-Fluss gespielt haben. Das US-Unternehmen hat 2009 angegeben, dass pro Anfrage etwa 0,2 Gramm CO_2-Emissionen anfallen. Bei fast dreieinhalb Milliarden Suchanfragen täglich summiert sich das ganz schön. Die Künstlerin Joanna Moll hat berechnet, dass wir zum Ausgleich für die Schäden, die dadurch pro Sekunde (kein Schreibfehler!) entstehen, jedes Mal 23 Bäume pflanzen müssten. Das wäre im Jahr die kaum vorstellbare Zahl von 725 328 000 Bäumen – das wären mehr Bäume, als im gesamten Bundesland Rheinland Pfalz stehen. Viel Holz, im wahrsten Sinne des Wortes.

Allerdings mangelt es leider an Alternativen, deren ökologischer Fußabdruck entscheidend besser wäre. Google erklärt, zu 100 Prozent Ökostrom einzusetzen. Die »grüne« Suchmaschine Ecosia verbraucht auch nicht weniger Strom, und mehr als 100 Prozent erneuerbare Energien kann auch die Konkurrenz nicht nutzen. Immerhin fließen die Werbegewinne hier zu 80 Prozent in ein Regenwald-Projekt, ähnlich wie bei Ecosearch. Searchgreen arbeitet mit den Daten von Google, spart aber Energie, weil die Seite schwarz statt weiß ist. Das Umweltportal »Utopia« hat im Frühjahr 2019 alternative Suchmaschinen getestet und bewertet.[87]

Auch die Verlagerung unserer Musikbibliotheken aufs Smartphone verbessert die CO_2-Bilanz nicht, obwohl dafür massenhaft Platten, CDs und Kassetten nicht produziert und

---

87 https://utopia.de/ratgeber/alternative-suchmaschinen-google/

188 Strom und andere Energieprobleme

verschifft werden. Denn die Server und Clouds, auf denen
die Musik digital lagert, verbrauchen viel mehr Energie als
Produktion und Transport analoger Musikquellen. Forscher
der Universitäten Glasgow und Oslo schreiben in ihrer Studie »The Cost of Music« 2019, dass sich die Treibhausgasemissionen in diesem Bereich extrem gesteigert haben:
1977 hätte aufgenommene Musik demnach ein CO_2-Äqui-
valent von 140 Millionen Kilogramm weltweit verursacht,
2016 waren es schon zwischen 200 und über 350 Millionen
Kilogramm, je nach Berechnung. Und das obwohl die Mu-
sikindustrie heute nur noch etwa ein Viertel des damaligen
Kunststoffs verbraucht. Eine Studie der Universität Bristol
hat sich mit YouTube befasst: Das Ausspielen allein von Mu-
sikvideos dort verbraucht nach den Berechnungen der britischen Wissenschaftler im Jahr etwa so viel Strom, wie die
600 000-Einwohner-Stadt Glasgow.

Die schlimmste Energiesünde im Internet entsteht allerdings durch den Siegeszug der Streamingdienste. Nun hätte
das Abrufen eines einzelnen Spielfilms laut einer US-Studie
auf den ersten Blick tatsächlich eine bessere CO_2-Bilanz als
die Fahrt zur Videothek mit dem Auto, um dort eine DVD
auszuleihen.[88] Doch die meisten Nutzer schauen nicht nur
einen Film, sondern eher ganze Serienstaffeln. Außerdem
waren die untersuchten DVD-Player logischerweise ältere
Geräte mit schlechterer Energieeffizienz. HD und 4 K las-

---

88 Shehabi, Arman / Walker, Ben / Massanet, Eric 2014: The energy and
    greenhouse-gas implications of internet video streaming in the United
    States; iopscience.iop.org/article/10.1088/1748-9326/9/5/054007/
    pdf

sen den Öko-Fußabdruck von Streaming ebenfalls schlechter werden.

Laut einer aktuellen Analyse des Netzwerkausrüsters Sandvine war allein die Firma Netflix 2018 für 15 Prozent des kompletten Internet-Datenvolumens in den USA verantwortlich, mit steigender Tendenz. Und je billiger selbst große Datenpakete bei Mobilfunk-Anbietern werden, desto schneller wächst die negative CO_2-Bilanz des unbeschwerten Glotzens, jederzeit und überall.

Mit großer Selbstverständlichkeit verschicken wir Videos und Bilddateien. Und ich möchte das nicht missen – ich freue mich, wenn ich das verpasste Schulkonzert meines Sohnes auf diese Weise aus der Ferne miterleben kann. Auch ich habe schon Essensfotos verschickt, obwohl vermutlich alle meine Freunde wissen, wie Vitello tonnato aussieht. An dieser Stelle muss ich an den eingangs erwähnten Forscher William Stanley Jevons und sein Paradoxon denken: Die Technik wird effizienter und der Energieverbrauch trotzdem immer größer. In der Tat. Und eine richtig gute Lösung fällt mir hier auch nicht ein – ich finde es ja auch extrem praktisch, meine Lieblingsmusik dank Streaming jederzeit greifbar zu haben. Schön, dass ich mich auf langen Zugfahrten mit George Clooney vergnügen darf. Vielleicht ist eine – kleine – Lösung, dass wir zumindest nicht die gleichen Sachen mehrfach streamen sollten, sondern lieber nur einmal herunterladen. Aber, wie man bei mir zu Hause in Stuttgart sagen würde:»Des macht de Kohl nett fett!« Wahrscheinlich nicht.

FAZIT:

- Eine einzelne Suchanfrage scheint harmlos – in der Masse jedoch ist das ein echter Klimakiller. Für Ihre Orientierung: Der Durchschnitt liegt bei 3,4 Anfragen pro Tag.

- Suchbegriffe als Text einzutippen, benötigt viel weniger Rechnerleistung, als eine Anfrage via Alexa, Cortana oder Siri – die allzeit bereiten Sprachassistenten fressen viel Energie.

- Musik auf CD und Schallplatte ist weniger klimaschädlich als in der Cloud.

- Videos streamen braucht viel Energie, je besser die Auflösung desto mehr – also alles, was sie mehr als einmal nutzen wollen, herunterladen und dann offline genießen!

- Nutzen Sie das Internet mit Augenmaß – vielleicht muss ja nicht immer jeder alles sehen. Und Dinge nicht zu wissen, ist manchmal auch okay.

- Es gibt keine wirklich gesicherten Zahlen dazu, wie der CO_2-Abdruck von E-Mails aussieht. Angeblich entspricht jede Mail einer kleinen Plastiktüte. Also nutzen Sie Ihr Mailprogramm nicht zum Chatten, sondern so, wie sie früher Briefe geschrieben hätten.

- Löschen Sie alle Mails, die Sie nicht mehr benötigen – auch die verbrauchen auf den Servern Energie. Und leeren Sie regelmäßig Ihren Papierkorb. Newsletter, die Sie eh nie lesen, besser abbestellen, ebenso wie Benachrichtigungsmails von Social-Media-Netzwerken.

Richtig
essen

Letzten Sommer war ich zu Besuch bei meiner Tochter, als sie gerade in Tunesien ein Praktikum machte. Beim Lebensmitteleinkauf dort fühlte ich mich fast in Sokrates' Zeiten zurückversetzt. In den Obstläden in Karthago, einem Vorort von Tunis, gab es ein Warenangebot, wie es auch der legendäre Karthager Hannibal in der Antike vorgefunden hätte: heimisches Gemüse, das gerade Saison hatte. Drei, vier verschiedene Sorten Obst, alles im Land geerntet. Wenig Auswahl, aber das, was es gab, konnte man guten Gewissens kaufen, alles regional und saisonal. So einfach kann das Leben sein, wenn uns ein kleines Angebot die Qual der Wahl abnimmt.

Unser deutscher Alltag sieht anders aus. Und angesichts der Fülle in den Supermarktregalen ist es für uns kaum möglich, die Konsequenz jeder einzelnen Kaufentscheidung in vollem Umfang abzuschätzen. Eigentlich will ich nur kurz dafür sorgen, dass meine Familie und ich in den nächsten Tagen satt werden. Wie soll ich da beurteilen, ob der ökologische Rucksack der Mandelmilch größer oder kleiner ist als der von Weidemilch aus Oberbayern?

In Großbritannien und Frankreich wird seit einigen Jahren intensiv diskutiert, zumindest bei verarbeiteten Lebensmitteln – und auch bei anderen Produkten, wie etwa Waschmittel oder Kosmetik –, die Klimaverträglichkeit mit Hilfe einer generellen CO_2-Labelung auszuzeichnen. Das Freiburger Ökoinstitut, hierzulande eine Instanz für unabhängige Forschung auf diesem Gebiet, hält davon nicht viel: weil an der Frage der Nachhaltigkeit oft noch viel mehr dranhängt als nur die CO_2-Bilanz der Produktion.

Aber trotzdem möchten wir als Konsumenten doch gerne wissen, ob wir alles richtig machen, wenn wir zu Biozuchtlachs greifen, in der Hoffnung, dann wenigstens schon mal nicht schuld an der Überfischung der Meere zu sein. In diesem Kapitel finden Sie Antworten auf Fragen zum Thema Lebensmitteleinkauf. Dazu, was Sie so alles an Umweltbeeinträchtigungen mit einkaufen und wie Sie die Lebensmittel finden, die Sie guten Gewissens essen können.

Der Apfel aus Übersee

Deutschland ist ein Apfelland. Über 30 Kilo der knackigen Vitaminbomben verspeist ein durchschnittlicher Bundesbürger jedes Jahr. Und da rund 80 Prozent des hierzulande angebauten Obstes Äpfel sind, wäre der Bedarf deutscher Apfelfans leicht zu decken. Früher lief das so: Bei meinen Großeltern lagerten im Keller fast das ganze Jahr Äpfel. Von der Ernte Anfang September hielten die Früchte in einer dunklen, kühlen Ecke bis weit ins Frühjahr durch. Allerdings nicht in dem prallen, knackigen Zustand, den wir heute für den einzig richtigen halten. Die Äpfel meiner Großmutter waren schon um Weihnachten herum klein, weich und etwas schrumpelig. Sie schmeckten trotzdem gut, und man konnte daraus sensationellen Apfelkuchen backen. Aber würde ich meinem 19-jährigen Sohn heute einen solchen Apfel anbieten, würde er mich vermutlich ziemlich fassungslos anstarren und lieber etwas anderes essen.

Die Sache mit dem regionalen Einkaufen stellt Obst- und Gemüsefans vor ein ziemliches Dilemma. Für eine ZDF-Reportage haben mein Sohn und ich kürzlich einen Selbstversuch gemacht: Vier Wochen lang kamen bei uns nur Lebensmittel aus Bayern auf den Tisch. Ziemlich schnell wurde uns klar, dass das Verzicht bedeutet – zum Beispiel trinken wir beide gerne frisch gepressten Orangensaft zum Frühstück. Orangen wachsen allerdings zu keinem Zeitpunkt bei uns, und da unser Testmonat der Juni war, konnten wir uns nicht mal mit EU-Orangen rausreden – zu dieser Jahreszeit gibt es nur Ware von der Südhalbkugel der Erde... Immerhin ist der Juni ein Monat, in dem bei uns schon vieles frisch zu haben ist. Aber mit dem Kauf von bayerischen Zwiebeln, zum Beispiel, sind wir auf dem Wochenmarkt gescheitert. Bayerische Tomaten gab es nur aus dem Gewächshaus – wobei wir da wenigstens eines gefunden haben, das seinen künstlichen Dauersommer mit einem natürlichen Geothermie-Vorkommen erzeugt, mit entsprechend günstiger Ökobilanz. Bei unserer selbst gekochten Erdbeermarmelade – eine fertige bayerische hatten wir im Supermarkt nicht finden können – wartete die nächste Herausforderung: Laut Rezept brauchten wir einen Spritzer Zitronensaft. Das etwas mickrige Zitronenbäumchen auf unserer Terrasse trug tatsächlich eine bayerische Zitrone – eine Dauerlösung wäre das nicht... Frische bayerische Äpfel gab es jedoch, und die waren auch noch erstaunlich knackig, obwohl ihre Ernte ja schon etliche Monate zurückliegen musste.

Dafür gibt es einen Grund: Heutige Äpfel lagern nicht in irgendwelchen Kellern wie bei meinen Großeltern, sondern in penibel überwachten Kühlhäusern, bei ein bis zwei Grad Celsius, in denen zudem der Sauerstoffgehalt der Luft von 20 Prozent auf 1 bis 2 Prozent reduziert und der Kohlendioxidgehalt dafür von 0,03 Prozent auf 3 Prozent erhöht wird. Das kostet natürlich Energie. Und so geistert seit einigen Jahren immer wieder die Meldung durch die Presse, dass spätestens im Frühjahr die Ökobilanz eines Übersee-Apfels, der nur ein bisschen unschuldig Schiff gefahren ist, viel besser sei als die des heimischen Kühlhausbewohners. Stimmt das?

Ein großer Teil der importierten Äpfel, die bei uns auf den Markt kommen, stammt aus Neuseeland. Am anderen Ende der Welt ist im Frühjahr Erntezeit – dann also, wenn die deutschen Äpfel bereits sechs Monate Kühlhaus-Wellness auf ihrer Öko-Uhr haben. Was ebenfalls für die Übersee-Äpfel spricht: Wegen des günstigeren Klimas dort tragen neuseeländische Bäume mehr Äpfel als ihre Geschwisterbäume im Alten Land oder am Bodensee. Für die Herstellung von einem Kilogramm Äpfel schlagen dort 2,1 Megajoule Energie zu Buche, in Deutschland werden für die gleiche Menge 2,8 Megajoule benötigt.

Der führende Experte für solche Berechnungen, Michael Blanke, forscht zu diesem Thema seit über zehn Jahren am Institut für Nutzpflanzenwissenschaften und Ressourcenschutz der Universität Bonn. Der promovierte Agrarwissenschaftler leitet dort die AG Ertragsphysiologie und hat 2005 in einer Fachzeitschrift zum ersten Mal einen wissenschaftlichen Vergleich veröffentlicht, damals zwischen Äpfeln der beliebten Sorten Braeburn und Golden Delicious aus Meckenheim bei Bonn, Neuseeland und Südafrika.[89] Aus dieser Arbeit stammen die oben genannten Zahlen. Im nächsten Schritt verglich Blanke damals den Energieaufwand für die Kühlhauslagerung mit dem Energieaufwand für den Schiffstransport: Fünf Monate im Spezialkühlhaus bedeuteten pro Kilo weitere 0,8 Megajoule für die deutschen Äpfel.

---

89 M. Blanke, B. Burdick: Energiebilanzen für Obstimporte: Äpfel aus Deutschland oder Übersee, In: Erwerbs-Obstbau (2005) 47, S. 143 – 148

Der Schiffstransport, bei dem die Äpfel ebenfalls gekühlt wurden, wenn auch nicht so lange, war da deutlich energieintensiver: Für die 28 Tage Reise aus Neuseeland kamen 2,83 Megajoule pro Kilo dazu, für die 14 Tage aus Südafrika waren es immerhin noch 1,45 Mega-Joule.

Die Studie ist zwar schon elf Jahre alt, aber an den Eckdaten hat sich seither nicht viel geändert: Erst wenn die deutschen Äpfel neun Monate im Lagerhaus gelegen haben, überholt der südafrikanische Apfel in Sachen Energiebilanz die heimische Frucht – das wäre also im Juni oder Juli. Beim neuseeländischen Apfel wäre das gemäß Blankes Zahlen sogar erst nach stolzen 18 Monaten – zu diesem Zeitpunkt liegt jedoch längst die nächste Ernte aus deutschen Landen im Laden.

Doch selbst im Juni wäre auch der südafrikanische Apfel mit Vorsicht zu genießen: Denn möglicherweise ist er nach seiner Ankunft im Hafen von Rotterdam oder Antwerpen genau wie sein deutscher Bruder direkt in ein sauerstoffreduziertes Kühlhaus gewandert und lagert dort ein, zwei Monate, bevor er Richtung deutscher Supermarkt weiterreist. Wer im Supermarkt einkauft, erfährt in aller Regel nur das Ursprungsland seines Apfels und nichts über den Transport.

Die Geschichte vom unbedenklichen Übersee-Apfel ist also ein Märchen. Das Institut für Energie- und Umweltforschung Heidelberg (IFEU) kommt ebenfalls zu dem Schluss, dass Äpfel aus der Region auch nach einem halben Jahr im Kühllager noch eine bessere CO_2-Bilanz haben – selbst wenn dieser Vorteil natürlich mit jeder Woche Kühlung schrumpft. »Aber die Kühlsysteme haben sich in den vergangenen Jahren wesentlich verbessert«, erklärt Dr. Guido Reinhardt vom IFEU.

Sehr viel schwerer durchschaubar wird die Sache bei verarbeiteten Produkten. Ein großer Teil des in Deutschland gehandelten Apfelsafts wird aus chinesischem Apfelsaftkonzentrat hergestellt. Hier fällt das Argument mit der Erntesaison weg: China liegt auf der gleichen Erdhalbkugel wie Deutschland. Äpfel werden dort zur gleichen Zeit geerntet wie bei uns. Safthersteller schätzen die weitgereiste Ware dennoch, weil sie viel billiger im Einkauf ist als deutsche Früchte. Den wahren Preis dafür zahlen andere: In China kommen Pestizide zum Einsatz, die in der EU schon seit Jahren verboten sind. Kinderarbeit ist in der chinesischen Landwirtschaft weit verbreitet, und die Arbeitsbedingungen und Löhne entsprechen nicht mal annähernd unseren Standards. Leider haben Sie als Kunde kaum eine Chance herauszufinden, ob für Ihren Lieblingsapfelsaft chinesische Äpfel verarbeitet wurden. Die EU-Gesetzgebung sieht vor, dass bei verarbeiteten Lebensmitteln nur der letzte Produktionsschritt in Europa stattgefunden haben muss. Es reicht also, dass der Apfelsafthersteller in seinem deutschen Werk chinesisches Konzentrat mit deutschem Wasser verdünnt und in Tetra Paks füllt – und schon ist der weitgereiste Fruchtsaft zu einem heimischen Erzeugnis mutiert. Wer hier als Kunde auf der sicheren Seite sein will, muss sich nach positiven Produktversprechen umsehen: Wenn der Hersteller auf der Packung anpreist, dass sein Saft von heimischen Streuobstwiesen stammt, dann muss das auch wirklich so sein – alles, was explizit ausgelobt ist, muss den Tatsachen entsprechen und für Lebensmittelkontrolleure nachvollziehbar sein, sonst handelt es sich um Betrug.

Zurück zum frischen Apfel. Die Frage, ob der Apfel mit dem Schiff um die halbe Erde oder mit dem LKW 200 Kilometer gefahren ist, kann sich sehr schnell relativieren, wenn man betrachtet, wie der Apfel nach dem Einkauf nach Hause fährt. Auch das hat der Bonner Nachhaltigkeitsforscher Blanke ausgerechnet: 1,5 Kilometer im Auto entsprechen ungefähr der Mehrbelastung, die der neuseeländische Apfel gegenüber dem deutschen Apfel im Gepäck hat. Doch auch hier kommt es wieder drauf an: Wer fährt schon zehn Minuten Auto, um einen einzelnen Apfel einzukaufen? Wenn der Autoeinkauf auf dem Weg zur Arbeit stattfindet, ohne größeren Umweg, sieht die Bilanz schon wieder ganz anders aus.

Das Umweltbundesamt verweist darauf, dass nicht nur die Herkunft eines Apfels für die Ökobilanz eine Rolle spielt, sondern auch die Art des Anbaus:»Ob der Apfelbaum beispielsweise auf einer Streuobstwiese oder im Plantagenanbau wächst. Deutliche Unterschiede gibt es auch bei Bio- und konventionellem Anbau – insbesondere der Pestizideinsatz in der konventionellen Produktion hat Auswirkungen auf die biologische Vielfalt. Neben den ›Schädlingen‹ sind zahlreiche andere Lebewesen direkt, aber auch indirekt durch die toxische Wirkung der Pestizide gefährdet, da sie das Nahrungsangebot einschränken oder völlig zerstören. So sind nicht nur die behandelten Flächen selbst, sondern auch angrenzende Biotope wie zum Beispiel Flüsse und Seen betroffen.«[90]

Die gute Nachricht dabei lautet: Die Zeitschrift *Ökotest* hat im vergangenen August 27 Apfelproben in deutschen Supermärkten genommen und dabei festgestellt, dass unser beliebtestes Obst deutlich weniger pestizidbelastet ist als etwa Erdbeeren oder Birnen. Allerdings waren nur neun der Proben völlig frei von Spritzmitteln.[91] In den übrigen fanden die Tester zumindest in Spuren die Rückstände von mindestens einem, im schlimmsten Falle von fünf Pestiziden. Acht Sorten waren sogar mit besonders bedenklichen Spritzgiften belastet – also mit solchen, die zum Beispiel als krebserregend gelten oder beim Einatmen lebensgefährlich sein können. Wer sich nicht darauf verlassen will, dass die geltenden Grenzwerte wirklich vor gesundheitlichen Folgen schützen, sollte generell zu Äpfeln aus ökologischem Anbau greifen.

Am meisten Gewinn machen Landwirte, wenn sie die Ersten auf dem Markt sind. Dann, wenn sich alle Verbraucher etwa nach Frühlingsboten wie Erdbeeren oder Spargel sehnen. Genau diese Produkte jedoch haben oft eine ganz schwierige Vorgeschichte. In der andalusischen Provinz Almeria, gängiger Ursprungsort für Frühgemüse oder Erdbeeren, wachsen die Pflanzen abgedeckt unter einem gigantischen Plastikmeer, damit äußere Einflüsse weitgehend

---

90 https://www.umweltbundesamt.de/themen/gut-fuers-klima-frisches-obst-aus-der-region

91 https://www.oekotest.de/essen-trinken/27-Aepfel-im-Test_111386_1.html

ausgeschaltet sind und trotzdem mit Freilandware geworben werden kann. Dieses Problem gibt es nicht nur in Spanien. Laut Stiftung Warentest wachsen 95 Prozent des deutschen Spargels heutzutage ebenfalls unter Folie – so wächst er schneller, bleibt schön weiß, und der Spargelbauer kann schon im März heimischen Spargel bieten. Die Turbostangen aus der Plastikwüste nehmen Vögeln und Insekten ihren Lebensraum. Der Abrieb durch Wind und Regen landet als Mikroplastik im Boden. Und selbst wenn die Abdeckungen mehrfach verwendet werden – am Ende bleibt eine Riesenmenge schlecht recycelbarer Plastikmüll. Was wir Verbraucher dagegen tun können? Fragen. Da kaufen, wo man einen Ansprechpartner hat, dem man auf die Nerven gehen kann, mit dem Wunsch nach Produkten, die auf natürlichere Weise erzeugt wurden.

Wer heimische Produkte kauft, unterstützt damit auch den Erhalt unserer Kulturlandschaft und hilft unseren Bauern beim Sichern ihrer Existenz, ganz unabhängig von der Frage der Energiebilanz. Aber was spricht eigentlich dagegen, diese regionalen Äpfel zu jenen Zeiten zu essen, zu denen sie frisch verfügbar sind und zu anderen Zeiten eben andere Früchte? Mein Sohn und ich haben jedenfalls bei unserem Selbstversuch im Juni auch Äpfel gestrichen – für meinen Junior ein echtes Opfer! Und wir haben einen Entsafter angeschafft. Ab jetzt gibt es bei uns zum Frühstück immer den Saft der Saison – während unseres Testmonats, zum Beispiel, aus den ersten fränkischen Freiland-Erdbeeren. Im August dann aus heimischen Äpfeln. Und ab Weihnachten dann wieder unseren geliebten Orangensaft – wenn in Sizilien und Spanien Erntezeit ist und die Zitrusfrüchte wenigstens nicht aus Übersee anreisen müssen. Ganz am Anfang und am Ende des Buchs finden Sie Saisonkalender für Obst und Gemüse, die Ihnen das Einkaufen etwas erleichtern.

FAZIT:

- Heimische Äpfel haben gegenüber Äpfeln aus Übersee immer die bessere Ökobilanz, selbst dann noch, wenn sie längere Zeit im Kühlhaus lagen.

- Dabei fällt auch der Transport innerhalb von Deutschland ins Gewicht: Ein Hamburger ist mit einem Apfel aus dem Alten Land besser bedient, ein Bayer mit dem vom Bodensee.

- Noch besser jedoch ist es, Obst und Gemüse generell regional *und* saisonal einzukaufen – was nach der Ernte ohne längere Transportwege und Lagerzeiten verbraucht wird, hinterlässt den geringsten ökologischen Fußabdruck.

- Je höher der Verarbeitungsgrad eines Lebensmittels ist, desto schlechter ist fast zwangsläufig die CO_2-Bilanz. Kaufen Sie deshalb möglichst oft frische, unverarbeitete Ware. Da haben Sie dann auch die Kontrolle über Inhaltsstoffe!

Sind Veganer die besseren Menschen?

Rein biologisch sind wir Menschen als Allesfresser konzipiert. Das bedeutet, unser Stoffwechsel kommt grundsätzlich mit allem gut zurecht, mit pflanzlicher Nahrung, Milchprodukten oder Fleisch. Und würden wir mit tierischen Erzeugnissen umgehen, wie es vor ein paar Jahrzehnten noch üblich war, wäre unser Fleischkonsum auch kein besonderes Klimaproblem. Ich möchte Sie hier ein weiteres Mal mit meinen Großeltern behelligen: Als mein Großvater ein kleiner Junge war, war Fleisch etwas für Festtage, der vielgerühmte Sonntagsbraten eben. Auch Milchprodukte wurden viel weniger verzehrt – die heutige Produktvielfalt im Supermarkt, von Buttermilch über Kefir bis Skyr, von all den Käsesorten mal ganz zu schweigen, bietet sich für uns Kunden erst, seit jeder zu Hause einen Kühlschrank hat. Butter war ein sparsam eingesetzter Luxus.

Ich bin ganz ehrlich: Ich mag Fleisch, und ein Verzicht auf Käse und Joghurt würde mir extrem schwerfallen. Aber Tatsache ist, dass tierische Erzeugnisse eine sehr viel schlechtere CO_2-Bilanz haben als pflanzlich erzeugte Lebensmittel. Ein Faktor dabei sind die berüchtigten »Kuhpupse« – in der Tat stoßen Kühe beim Verdauen Methan aus, ein Treibhausgas.

Doch das größere Problem ist unser veränderter Umgang mit dem Produkt »Tier«. Früher wurden Schweine auf Höfen weitgehend mit Küchenabfällen gefüttert, und Kühe standen auf Flächen, die für Ackerbau ohnehin nicht sonderlich gut geeignet waren, und grasten dort. Heute fressen Tiere

Kraftfutter, zu großen Teilen aus Soja. Auf den Flächen, auf denen das erzeugt wird, hätte vorher vielleicht Regenwald gestanden und CO_2 gebunden. Oder es würden statt Viehfutter Feldfrüchte angebaut, die ohne den Umweg über die Tiermägen zu unserer Ernährung beitragen könnten. Das Soja, mit dem deutsche Tiere gemästet werden, hat zudem meist ein paar Tausend Schiffskilometer auf der CO_2-Uhr.

Fleischersatz – Eine Lösung für mehr Klimaschutz?

Selten hat ein Produkt so eingeschlagen wie »Beyond Meat«, ein Fleischpflanzerl ohne Fleisch, das dank Einsatz von Rote-Bete-Saft für blutige Optik auf dem Grill sorgt – und das völlig vegan. Die Erbsenprotein-Bratlinge sind irre teuer, ständig ausverkauft und der Aktienkurs der Herstellerfirma geht durch die Decke.

Fleischersatzprodukte boomen. Auch die Firma Rügenwalder, eigentlich berühmt für klassische Wurstwaren, machte 2018 schon 38 Prozent ihres Umsatzes mit vegetarischen Würsten. Die allerdings überwiegend aus Hühnereiweiß bestehen, sodass ich mich frage, ob es nicht aufs Gleiche herausläuft, wenn das Tier statt als Fleischlieferant als Eierproduzentin leidet und Treibhausgase ausstößt ...

»Beyond Meat« wirbt damit, dass bei der Herstellung seiner Patties 90 Prozent weniger Treibhausgase entstehen als bei einem Rindsburger. Das Umweltbundesamt hat für den *Tagesspiegel* dazu eine Modellrechnung angestellt: Bei einem 100-Gramm-Burger aus Rindfleisch liegen die Treibhausgasemissionen bei 1,3 Kilogramm CO_2-Äquivalenten. Bei 100 Gramm frischen Erbsen seien es nur 0,08 Kilogramm, bei Dosenware 0,12 Kilogramm. Für die Ökobilanz müsste man jetzt wissen, woher »Beyond Meat« die Zutaten für die Burger bezieht und wie aufwändig der Herstellungsprozess ist. Geschmälert wird sie in jedem Fall dadurch, dass die Kult-Buletten im Moment ausschließlich in den USA produziert und dann gekühlt nach Europa transportiert werden.

Weniger klimaschädlich als Fleisch sind Fleischersatzprodukte in jedem Fall wegen ihrer pflanzlichen Basis. Noch besser fürs Klima wäre es allerdings, wenn wir die Ausgangsmaterialien einfach direkt als Gemüse oder Getreide essen würden und nicht in der hochprozessierten Schummelfleisch-Version. Damit Soja, Weizeneiweiß oder Erbsenprotein glaubwürdig als Grillwürstchen daherkommen können, benötigen sie einen hohen Verarbeitungsaufwand, und zudem in aller Regel größere Mengen Geschmacksverstärker, für die fleischige Umami-Note. Alternativ könnte man ja aber auch einfach einen Maiskolben grillen, oder?

Sie merken schon: Ich bin kein großer Fan von Tofuwurst und Lupinenbratlingen. Nach dem Dreh in einer Herstellung von solchen Produkten aus Seitan war mir den Rest des Tages leicht übel, weil ich diesen Hefeextrakt-Geschmack nicht loswurde. Der Betreiber einer Berliner vegetarischen Metzgerei (schon der Begriff ist eigentlich schräg ...) sagte mal, seine Produkte seien eine Art Methadon für Neu-Vegetarier. Wer also für den Einstieg in sein fleischfreies

> Leben unbedingt solche Produkte essen möchte, sollte wenigstens Fleischersatz aus heimischen Ausgangsprodukten kaufen. Erbsen und Lupinen wachsen auch hierzulande.

Der WWF hat 2012 sehr umfassend alle damals verfügbaren Studien zur Ökobilanz von Lebensmitteln analysiert.[92] Die Naturschutzorganisation berücksichtigt in ihrer Zusammenstellung sehr umfassend direkte und indirekte Faktoren und listet auf, welche Lebensmittel die schlimmsten Klimasünder sind:

Lebensmittel	Emissionen in CO_2-Äquivalent pro Kilo
Rind- und Kalbfleisch	20,65
Butter	14,77
Schweinefleisch	7,99
Käse	7,84
Reis	6,2
Geflügel	4,22
Fisch	4,12
Zucker	2,81
Pflanzl. Fette	2,48
Eier	2,0
Frischmilcherzeugnisse	1,76
Weizenmehl	1,68
Obst (inkl. Zitrusfrüchte)	0,98
Gemüse	0,9

92 https://www.wwf.de/fileadmin/fm-wwf/Publikationen-PDF/Klimawandel_auf_dem_Teller.pdf

Abgesehen von Reis, dessen Erzeugung demnach klimaschädlicher ist als Hühnerfleisch, Eier oder Milch, landen nur tierische Erzeugnisse auf den vorderen Rängen. Klare Schlussfolgerung des WWF: »Gelänge es, die Verbraucher in Deutschland davon zu überzeugen, weniger fleischbetont zu essen und zudem weniger essbare Nahrungsmittel wegzuwerfen, würden hier und andernorts über 4 Mio. ha an Acker- und Grünland frei für andere Nutzungen. Diese Verhaltensänderungen würden die Umwelt von bis zu 67 Mio. t CO_2-Äquivalenten an Treibhausgasen entlasten. Das entspricht etwa der Schadstoffmenge ganz Österreichs oder der von über 5,5 Mio. Neuwagen mit einer Fahrleistung von 100 000 km.«

Interessant für die Frage, ob wir nun sofort alle Veganer werden müssen, ist aber auch, wie viel wir absolut im Jahr verzehren. Deshalb hier noch mal die gleiche Auflistung, diesmal aber sortiert nach dem gesamten jährlichen Treibhausgasausstoß aller Deutschen:

Lebensmittel	Jährl. Emissionen aller Bundesbürger in CO_2-Äquivalent pro Kilo
Schweinefleisch	434,8
Rind- und Kalbfleisch	260,2
Käse	178,7
Frischmilcherzeugnisse	149,2
Obst (inkl. Zitrusfrüchte)	112,3
Weizenmehl	111,6
Zucker	95,2
Butter	88,6

Lebensmittel	Jährl. Emissionen aller Bundes-bürger in CO_2-Äquivalent pro Kilo
Gemüse	83,4
Geflügel	81,5
Fisch	64,6
Pflanzl. Fette	37,5
Reis	30,4
Eier	26,3

Plötzlich landen auch Obst, Mehl und Zucker ziemlich weit vorne[93], einfach wegen der schieren Menge, die wir davon verzehren.

Mit den Ökobilanzen ist das ja immer so eine Sache ... man tritt dem WWF sicher nicht zu nahe, wenn man unterstellt, dass dieser Organisation Tiere besonders am Herzen liegen. Diverse Agrarverbände kommen zu niedrigeren Zahlen, lassen allerdings dabei oft Faktoren wie Transport oder Kühlung weg. Die Tendenz bleibt jedoch die gleiche: Konventionelle Erzeugung von tierischen Produkten, insbesondere von allem, was irgendwie von Rindern stammt, ist weitaus klimaschädlicher als die gleiche Kalorienzahl in pflanzlichen Lebensmitteln. Bei Biofleisch sind zwar die Futtermittel weniger treibhausgasintensiv, dafür ist aber der Flächenverbrauch noch mal größer und der Fleischansatz in Relation zum Futtereinsatz schlechter. Wer auf Fleisch nicht verzichtet, hätte damit die Wahl zwischen weniger Flächen-

---

93 Es ist übrigens egal, welches Getreide Sie essen: Der CO_2-Ausstoß ist immer etwa der gleiche.

verbrauch und dafür Tiere quälen oder Tierschutz, und dafür ist unser Planet demnächst gar nicht mehr bewohnbar? Beides keine Option. Dann doch lieber vegan?

Die Sache mit der Avocado

Im Grunde ist es mit der Avocado ein bisschen wie mit dem Lithium in unseren Handy-Akkus und E-Auto-Batterien. Erst durch den massenhaften Einsatz wurde der Abbau des Rohstoffs zum Problem.

Noch bis vor ein paar Jahren waren die grünen Früchte ein Nischenprodukt. Doch irgendwie schaffte es die Avocado in die Superfood-Charts und machte Karriere als veganer Butterersatz, Smoothiezutat und Salatbestandteil. 2010 importierten wir knapp 28 000 Tonnen im Jahr, 2018 waren es schon über 90 000 Tonnen.

Unglücklicherweise brauchen Avocados einerseits sehr viel Wasser, wachsen aber andererseits in Ländern besonders gut, in denen Wasser knapp ist. Bei maßvollem Anbau ein lösbares Problem. Doch wenn plötzlich große Gewinne und eindrucksvolle Steigerungsraten winken, geht dieses Augenmaß schnell verloren …

Der agrarpolitische Sprecher der Grünen im Europaparlament, Martin Häusling, dokumentiert auf seiner Website mit eindrucksvollen Fotos, welche Folgen unser Avocadoappetit in Chile hat: Dort sind mittlerweile große Flussläufe trockengelegt, weil ihr Wasser nun Avocados nährt. Und anders als etwa bei Reis, wo der Anbau auch

wasserintensiv ist, das Wasser jedoch danach wieder zu-
rückfließt, wird das Wasser im Avocadoanbau in den
Früchten gespeichert. Länder wie Chile oder Peru exportieren also im Grunde ihr rares Trinkwasser zu uns. Kein
nachhaltiges Geschäftsmodell!

Avocados sind im Moment sicherlich das extremste Beispiel für einen Boom, der negative Folgen für die Bevölkerung in den Erzeugerländern hat, aber keineswegs das
einzige.

Vor einigen Jahren gab es Versorgungsengpässe in Bo-
livien, weil das dortige Grundnahrungsmittel Quinoa
plötzlich zum Exportschlager wurde – und damit für arme
Bolivianer unbezahlbar. In Äthiopien wächst das gluten-
freie Getreide Teff, das als Weizenersatz Furore macht. Die
dortige Regierung arbeitet bereits an Exportbeschrän-
kungen, um eine »Quinoa-Situation« zu verhindern.

Ich will Ihnen wirklich nicht den Spaß an exotischen
Leckereien vermiesen. Ich mag Guacamole auch. Aber
wer nachhaltig leben möchte, sollte weitgereiste Zutaten als Delikatessen begreifen, die man sich gelegentlich
gönnt und nicht als Alltagskost.

Noch vor ein paar Jahren haben sich die Grünen ihr Bun-
destagswahlergebnis mit der Forderung nach einem Veggie-
Day vermasselt. Das würde heute vermutlich anders laufen.
Immer mehr Bundesbürger können sich vorstellen, zumindest weniger Fleisch zu essen. Der Effekt fürs Klima wäre indes nur so halbwegs eindrucksvoll: Würden alle Bundesbürger auf einen Schlag strikt vegan leben, würde das knapp

die Hälfte der Emissionen einsparen, die 2016 durch die Stromproduktion aus Braunkohle in Deutschland in die Atmosphäre geblasen wurden. Immerhin, wird ein überzeugter Veganer nun sagen: Ja, immerhin. Aber für viele ist der Totalverzicht eben doch keine Option.

Doch auch durch kleinere Veränderungen unseres Lebensstils können wir schon etwas bewirken. Interessieren Sie sich dafür, wie Ihr Fleisch und Ihre Milch erzeugt werden! Kühe werden nicht nur deshalb traditionell auf Bergwiesen gehalten, weil das so hübsch aussieht, sondern weil das meist Flächen sind, die anders nicht landwirtschaftlich nutzbar sind. Freilandtiere fressen klimafreundlicher, verursachen eine geringere Nitratbelastung des Grundwassers, und glücklicher sind sie obendrein.

Bei Milchprodukten ist die Ökobilanz umso schlechter, je mehr Milch als Ausgangsprodukt benötigt wird: Bei Butter sind das für ein Kilo 20 Liter, deshalb ist Butter das Milcherzeugnis mit dem größten CO_2-Abdruck, Frischkäse ist daher klimafreundlicher als ein lange reifender Pecorino, der bei diesem Prozess viel Masse verliert.

Ersatzmilch ist nicht unbedingt eine umweltschonendere Alternative. Das kann man am Wasserverbrauch ganz gut berechnen: Für einen Liter Weidemilch werden etwa 100 Liter Wasser benötigt. Das haben Forscher der TU Berlin errechnet.[94] Hält der Milchbauer seine Kühe im Stall und füttert sie mit Soja, steigt der Wasserverbrauch auf 400 Liter pro

---

94 https://www.pressestelle.tu-berlin.de/medieninformationen/2012/mai_2012/medieninformation_nr_1112012/

Liter, weil der Stall nicht nur geputzt werden muss, sondern auch das Futtermittel beregnet. Eine handelsübliche Mandelmilch[95] aus dem Supermarkt enthält in einem Liter 20 Mandeln. Für deren Anbau setzt der Bauer 1000 Liter Wasser ein – das Zehnfache des Wasserverbrauchs der Weidemilch. Auch der Sojaanbau ist ziemlich bewässerungsintensiv – für einen Liter Sojamilch errechneten Forscher des Twente Water Centre 297 Liter Wasserverbrauch[96] – das geht in Richtung Stallkuhmilch.

Vor allem aber stammt bei der Milch das Wasser aus unseren relativ wasserreichen Breiten. 98 Prozent der Mandeln auf dem Weltmarkt wachsen im dürregeplagten Kalifornien. Das Wasserzentrum der Universität Twente hat ein Modell entwickelt, wie man Wasserverbrauch ökologisch einordnen kann, den Wasser-Fußabdruck. Die Forscher unterscheiden dabei zwischen »grünem«, »blauem« und »grauem« Wasser. Grün ist das natürlich aus Niederschlägen stammende Bodenwasser. Das meiste Wasser verdunstet über die Spaltöffnungen der Blätter und kehrt in den natürlichen Wasserkreislauf zurück – der Verbrauch dieser Art Wasser ist eher unproblematisch. Blau bezeichnet das Wasser, das zur zusätzlichen Bewässerung aus Flüssen, Seen oder dem Grundwasser entnommen wird – das ist schon kritischer.

---

95 Laut EU-Recht dürfen pflanzliche Milch-Ersatzgetränke seit einiger Zeit nicht mehr »Milch« heißen. Weil das aber noch immer dem allgemeinen Sprachgebrauch entspricht, verwende ich diese Begriffe hier, im Sinne der besseren Verständlichkeit.
96 https://waterfootprint.org/media/downloads/Report49-WaterFootprintSoy.pdf

Ganz schlecht ist graues Wasser – damit ist der Anteil gemeint, der beim Erzeugungsprozess verschmutzt wird, etwa durch Pestizide oder Dünger.[97] Deshalb ist bei der Beurteilung aller Produkte das Herkunftsland wichtig. Unglücklicherweise haben wir Kunden aber kaum eine Chance, etwa bei Soja- oder Mandelgetränken herauszufinden, woher der namensgebende Grundstoff stammt. Eine Kennzeichnungspflicht dafür gibt es in der EU nicht.

Ich denke, wir sollten uns darauf besinnen, dass Fleisch auf unserem Speisezettel wieder etwas Besonderes sein sollte. Die Heinrich-Böll-Stiftung hat in ihrem Fleischatlas 2018 berechnet, dass durch die Verringerung des deutschen Nutztierbestands um ein Fünftel ebenso viele Klimagase eingespart würden wie durch eine Stilllegung des Braunkohle-Kraftwerks Weisweiler – immerhin Deutschlands viertgrößter CO_2-Emittent.[98] Das klingt für mich leicht machbar. Da geht sogar noch mehr, ohne dass Sie gleich für immer auf Ihr geliebtes Salamibrot verzichten müssen.

Insofern: Veganer haben einen niedrigeren CO_2-Ausstoß als Fleischfreunde. Aber auch durch Reduktion auf ein vernünftiges Maß können Sie schon einiges bewegen. Und dann ist bio auch finanziell kein Problem.

---

97 https://waterfootprint.org/en/water-footprint/
98 https://www.boell.de/sites/default/files/fleischatlas_2018_iii_web.pdf

FAZIT:

- Rindfleischerzeugung verursacht die meisten Treibhausgase, gefolgt von Schaf- und Ziegenfleisch. Schweinefleisch ist weniger klimaschädlich. Die geringsten Emissionen fallen bei Geflügel an.

- Das größte Problem ist die Futtermittelerzeugung: Weidetiere leben klimafreundlicher.

- Kaufen Sie Fleisch möglichst frisch und verbrauchen Sie es schnell. Der Grillgutvorrat in der Tiefkühltruhe verschlechtert Ihre Klimabilanz noch weiter.

- 300 Gramm Fleisch pro Woche empfiehlt die Deutsche Gesellschaft für Ernährung – im Schnitt essen wir dreimal so viel. Weniger ist nicht nur gut fürs Klima, sondern auch für Ihre Gesundheit.

- Greifen Sie nicht immer nur zu Schnitzel und Filet – wenn wir schon Tiere nutzen, sollten wir das möglichst komplett tun. Das schont zudem Ihren Geldbeutel – Schmorfleisch ist viel billiger!

Wildfang oder Zuchtfisch?

Fisch hat bei der Ökobilanz-Analyse des WWF für ein tierisches Erzeugnis relativ gut abgeschnitten. Überhaupt scheint Fisch ja irgendwie das bessere Fleisch zu sein. Ich kenne eine ganze Reihe von Vegetariern, die bei Fisch eine Ausnahme machen. Vielleicht, weil wir beim Fisch auf dem Teller an klare Bergbäche denken oder an Fischschwärme im Meer, und nicht an gequälte Kreaturen. Vielleicht aber auch, weil so ein Fisch einfach bei Weitem nicht so niedlich ist wie ein Kälbchen.

Ernährungsexperten erzählen uns schon lange, dass Fisch – und gerade Seefisch – ungeheuer gesund sei und deshalb viel öfter auf den Tisch gehöre. Gemäß den Regeln der Deutschen Gesellschaft für Ernährung mindestens ein- bis zweimal pro Woche. Umweltschützer sehen das ganz anders: Viktoriabarsch, Heilbutt, Lachs oder Kabeljau sollten demnach möglichst gar nicht gegessen werden, weil deren Bestand bedroht ist. Laut den Empfehlungen von »Greenpeace« dürften eigentlich nur noch Makrelen, Forellen, Karpfen, Heringe und Zander auf unseren Tellern landen. Alle anderen Fischarten sind von mindestens einem Kriterium betroffen, das »Greenpeace« für negativ hält, etwa einer hohen Beifangquote. Zusätzlich kommt es noch auf die Fangzonen an: Makrelen aus der südlichen oder mittleren Nordsee sind gleichfalls tabu.

Ganz einig sind sich die Umweltschutzorganisationen indes nicht. Der WWF findet beispielsweise frische Schollen aus der Nordsee in Ordnung, dafür Makrelen aus dem Mittelmer nicht. Die Stiftung Warentest hat sich 2018 die verschiedenen Fischratgeber von Umweltorganisationen und die diversen Siegel angeschaut – eine gute Orientierung.[99] »Greenpeace« und WWF haben zudem beide Apps fürs Handy entwickelt, für den schnellen Überfischungs-Check im Supermarkt.

Zuchtfische sind nicht unbedingt eine umweltverträgliche Alternative. Das Freiburger Ökoinstitut hat 2018 den deutschen Betreibern von Teichen und Aquakulturen in sogenannten Durchflussanlagen ein recht gutes Zeugnis ausgestellt.[100] Allerdings schreiben die Forscher auch, dass die nur etwa 2 Prozent der Fische auf deutschen Tellern liefern. 80 bis 90 Prozent des Fischs, den wir verzehren, stammt aus Aquakulturen aus der ganzen Welt, meist aus Ländern wie Thailand, China oder Vietnam. Die Bedingungen dort, für die Fische wie für die Umwelt, sind oft beklagenswürdig. Außerdem tragen auch Aquakulturen zur Überfischung bei. Für ein Kilogramm Zuchtthunfisch müssen etwa 20 Kilogramm tierische Eiweiße in Form von Fischmehl verfüttert werden, beim Kilogramm Zuchtlachs sind es etwa vier Kilogramm. Dieses Futter wiederum stammt in aller Regel aus Wildfang.[101]

---

99 https://www.test.de/Ratgeber-Fischkauf-Arten-schuetzen-Qualitaet-erkennen-1746195-4155667/

100 https://www.oeko.de/fileadmin/oekodoc/Politik-fuer-Nachhaltige-Aquakultur-2050.pdf

101 Die Firma Evonik forscht gerade daran, mit Hilfe von Maiszucker ein Algenöl herzustellen, das das Fischmehl als Proteinquelle ersetzen könnte – damit würden Lachse zu Vegetariern und ihre Ökobilanz deutlich besser.

Tiefgekühlter Fisch hat oft eine bessere Ökobilanz als Frischfisch. Zu diesem Schluss kommt die unabhängige norwegische Forschungsorganisation SINTEF, unter der Voraussetzung, dass die Kühlanlagen auf den Schiffen neuesten Standards entsprechen. Sie hat umfangreiche Ökobilanzen zur Fischproduktion erstellt. Während Tiefkühlfische gleich auf dem Schiff verarbeitet werden, wird Frischfisch – meist mit Eis gekühlt – im Flugzeug transportiert. Aber selbst, wenn der frische Fisch mit den gleichen Verkehrsmitteln unterwegs ist wie der gefrostete, schneidet der Tiefkühlfisch in dieser Studie immer noch etwas besser ab.[102]

Die schlechte Nachricht für Fischfans: Unter dem Aspekt der Überfischung geht eigentlich nur Karpfen aus zertifizierter Zucht. Muss man mögen. Ich ja nicht so. Karpfen liegt andererseits bei Stickoxid- und Phosphoremissionen laut einer Untersuchung der Fischereiforschungsstelle Langenargen deutlich über dem Durchschnitt der gesamten Fischzucht (wenn auch immer noch besser als Schwein oder Rind)[103]. Letztendlich gilt für Fisch das Gleiche wie für Fleisch: Wir sollten ihn, wenn überhaupt, gelegentlich als Delikatesse essen, aber nicht als Alltagsgericht.

---

102 https://www.sintef.no/globalassets/upload/fiskeri_og_havbruk/internasjonalt_radgivning/2009_carbon-footprint-of-seafood-products.pdf
103 www.lazbw.de/pb/site/pbs.../FF-Aquakultur_Schumann_Ökobilanz.pdf?.

FAZIT:

- Die Ökobilanz von Fisch ist besser als die von Fleisch. Aber wegen der erheblichen Überfischung ist Fisch trotzdem mit Vorsicht zu genießen.

- Wer auf Fisch nicht verzichten möchte, sollte laut WWF wenigstens zu nachhaltig gefangener, zertifizierter Ware oder zu Produkten aus Biozucht greifen; empfohlen werden die Label von Bioland oder Naturland.

- Der WWF und »Greenpeace« haben Einkaufsratgeber als App fürs Handy entwickelt. So können Sie im Supermarkt direkt sehen, welcher Fisch aus welchen Fischgründen besonders bedroht ist.

- Auch Raubfische aus Aquakultur tragen zur Überfischung bei – weil sie mit kleineren Fischen aus Wildfang gefüttert werden.

- Der einzige richtig unbedenkliche Fisch ist Karpfen aus zertifizierter Zucht.

Wie unser Caesar's Salad Flüchtlingsboote füllt

Wenn ich als Kind Geburtstag hatte, habe ich mir als Gericht immer gebratenes Hähnchen mit Pommes frites gewünscht, weil ich das so gerne mochte, aber auch, weil man dieses Essen selbst bei meiner Großmutter komplett mit den Fingern essen durfte. Damals war es normal, dass man ein Huhn im Ganzen kaufte und zubereitete. Das hat sich radikal geändert: Heute gehen in Deutschland 85 Prozent des verkauften Hühnerfleischs zerlegt in den Handel.

Die Brust macht bei einem Huhn etwa 23 Prozent des Gesamtgewichts aus, die Keulen 33 Prozent. Die Flügel, die deutlich schwerer zu vermarkten sind, entsprechen 12 Prozent. Und schließlich das Gerippe, die sogenannte Karkasse: 32 Prozent des Huhns – fast ein Drittel des Schlachtgewichts! 2018 wurden in Deutschland 601 Millionen Masthühner geschlachtet, mit einem Gewicht von 1,58 Millionen Tonnen. Es bleiben also Karkassen mit einem Gewicht von unglaublichen 500 000 Tonnen übrig. Daraus könnte man für jeden einzelnen deutschen Bundesbürger jeden Tag über sechs Liter Hühnerbrühe kochen.

Weil niemand so viel Hühnerbrühe braucht, beschert unser Konsumverhalten ein immenses Entsorgungsproblem. Die Gerippe dürfen nicht einfach in die Tonne – sie gelten als Sondermüll. Und schaffen damit einen höchst unwillkommenen Kostenfaktor bei der Hühnerbrusterzeugung. Dieses Problem lösen die Hersteller durch ein Geschäftsmodell, das Entsorgungskosten vermeidet, leider aber schlimme Folgen hat: Karkassen, Hähnchenrücken, Flügel – all das geht tiefgekühlt an Zwischenhändler, die die Hähnchenreste nach Westafrika verschiffen. Der Transport kostet kaum etwas: Aus Westafrika transportieren Kühlschiffe Fisch und tropische Früchte zu uns nach Europa. Statt leer zurückzufahren, nehmen sie einfach die Geflügelteile mit, die wir nicht haben wollen. Weil es hier gar nicht ums Geldverdienen geht, sondern ums Kostenvermeiden, ist es ziemlich egal, was die Hähnchenreste dabei einbringen. Auf den Märkten westafrikanischer Großstädte entlang der Küste werden die deutschen Hähnchenstücke folgerichtig zu Dumpingpreisen verramscht. 2012 waren das allein aus Deutschland über 42 Millionen Kilo Geflügel.

Ich habe vor einigen Jahren fürs ZDF in Liberia beobachten können, welche Folgen diese Handelsströme nicht nur dort, sondern in vielen Ländern Westafrikas haben: Der heimische Frischgeflügelmarkt ist komplett zusammengebrochen. Bei den dort herrschenden Temperaturen gibt es im Grunde nur eine hygienisch einwandfreie Methode, Fleisch zu konsumieren: ein lebendes Huhn kaufen, schlachten und direkt zubereiten. Stattdessen habe ich auf dem Markt in Monrovia junge Männer gefilmt, die Kartons mit gefrorenen Hähnchenresten aus Europa in dicke Wolldecken wickelten und mit Paketband verschnürten – die isolierende »Transportverpackung« für eine Reise ins heimische Dorf, zwei Tagesreisen im Bus entfernt, wo sie dieses Fleisch dann auf dem Markt verkaufen wollten. Wir haben damals Proben von verschiedenen Märkten nach unserer Rückreise in Deutschland auf ihren Keimstatus untersuchen lassen: Nicht eine einzige der 14 Tiefkühlfleischproben wäre zum Zeitpunkt ihres Verkaufs nach deutschem Lebensmittelrecht verkehrsfähig gewesen.

Unabhängig von der gesundheitlichen Bedrohung, die von unseren reisenden Hähnchenresten ausgeht: Mit dieser Art Handel schädigen wir die Wirtschaft in den Ländern südlich der Sahara massiv. Länder, aus denen viele der Flüchtlinge stammen, die die Flüchtlingsboote im Mittelmeer füllen. Geflügelzucht war früher für Kleinbauern ein recht gutes Geschäft. Inzwischen lohnt sich das nicht mehr. Schweinemast ist ebenfalls immer weniger lukrativ – auch da exportieren wir unsere nicht verwertbaren Reste nach Afrika, etwa Rücken- oder Brustknochen mit Fleischresten.

Ich habe bei diesen Recherchen in Afrika Fleischprodukte von vielen deutschen Firmen gefunden. Keiner der Hersteller wollte damals mit mir über dieses Thema reden. Bis Juli 2013 hat die Europäische Union die Exporte von Hühnerresten nach Afrika sogar noch subventioniert – zumindest das wurde danach eingestellt. Aber mit ihren Subventionen an deutsche Bauern trägt die EU dazu bei, dass immer weiter massenhaft Ware produziert wird, für die es bei uns keinen Markt gibt. Und das gilt nicht nur für Fleisch.

Im Bereich der konventionellen Milcherzeugung haben Teile der Politik und der Bauernverband lange dafür geworben, dass die Bauern ihre Betriebe vergrößern und sich den Weltmarkt erschließen. Bei Allgäuer Käse mag das ja noch eine sinnvolle Strategie sein. Aber immer öfter geht es vor allem darum, Überschüsse zu Milchpulver zu verarbeiten.

Das lässt sich gut lagern und exportieren. Und wird ebenfalls immer öfter nach Afrika verschifft, ebenso wie Milch-Produkte aus H-Milch.

Bei einem Dreh fürs ZDF stoße ich in Kamerun auf Joghurts von Zott, H-Milch von Meggle und Milchpulver von Arla. Zu Preisen, die niedriger sind, als die einheimischer Milchprodukte, trotz der weitaus niedrigeren Löhne in Afrika ... In Kamerun besichtige ich gleichzeitig Molkereien, die – mit Entwicklungsgeldern der EU gebaut – den dortigen Bauern eine Existenzgrundlage ermöglichen sollen. Die Molkereien finden jedoch keine Bauern, die ihre Produktion aufstocken und dorthin liefern wollen. Die Kameruner Milchbauern haben nämlich schnell begriffen, dass sie gegen die europäische Konkurrenz keine Chance haben werden. Ähnliche Probleme erlebe ich im Senegal: Dort finanziert die EU Hirsebauern die Entwicklung von Saatgut, das dem Klimawandel angepasst ist. Und Mühlen, mit denen sie ihr Getreide zu Mehl verarbeiten können. Diese Erzeugnisse verbrauchen die Bauern dann selbst oder verfüttern sie an ihr Vieh. Denn auf dem Markt im Dorf ist importiertes Weizenmehl aus der EU viel billiger.

Immer wieder führe ich bei meinen Drehreisen Gespräche mit afrikanischen Bauern, die unsere Politik nicht verstehen. Die von mir erklärt bekommen möchten, warum wir ihre Arbeit mit Entwicklungshilfe fördern und ihnen gleichzeitig mit unserer Handelspolitik die Möglichkeit nehmen, mit ihren Erzeugnissen Geld zu verdienen. Ich fühle mich bei diesen Gesprächen immer sehr hilflos. Denn mir fällt auch keine gute Antwort darauf ein. Diese Politik ist entweder sehr dumm oder sehr zynisch. Beides kann mir als Steuerzahlerin nicht gefallen.

Entwicklungshelfer verzweifeln an dieser Situation. Francisco Marí, Referent für Welternährung und Agrarhandel bei der Hilfsorganisation »Brot für die Welt«, muss immer wieder erleben wie die Agrarexporte der EU Entwicklungsprojekte torpedieren: »Das ist so ein bisschen ein Hase-und-Igel-Spiel. Wir bauen Projekte auf, damit die afrikanischen Bauern sich eine Existenzgrundlage schaffen können, und wir sehen, dass dann plötzlich Produkte aus Europa da sind, die billiger verkauft werden. Ich will nicht so weit gehen zu behaupten, dass wir so Fluchtursachen schaffen, aber zumindest schaffen wir auch keine Gründe, damit die Menschen bleiben.«

Was das mit nachhaltigem Konsum zu tun hat? Sehr einfach: Globalisierung ist nicht immer schlecht. Arbeitsteilung kann sinnvoll sein. Manche Produkte benötigen ein bestimmtes Klima, andere viel Handarbeit, die bei unserem Lohnniveau nicht finanzierbar wäre. Aber in diesem Fall kommen einfach zu viele Faktoren zusammen, die diese Form von globalem Handel schädlich machen, für alle Beteiligten. Für die Bauern in Afrika, für unsere Bauern, die gerade im konventionellen Bereich ja auch nur so gerade über die Runden kommen, und für uns Verbraucher – denn wir finanzieren über unsere Steuern diesen Wahnsinn mit.

Lebensmittel sollten in der Regel regionale Erzeugnisse sein. So haben Sie die Möglichkeit, Einblick in Produktionsweisen zu bekommen. Gleichzeitig reduziert das Verkehrsströme. Das heißt nicht, dass man sich gelegentlich nicht auch mal etwas Besonderes gönnen darf. Aber wenn das Exotische die Regel ist und wir gleichzeitig unsere Erzeugnisse exportieren – mit den geschilderten Folgen –, dann stimmt etwas am System nicht.

An dieser Stelle möchte ich gerne eine Lanze für neuartige Handelskonzepte brechen. Immer mehr Landwirte nutzen das Internet, um den Zwischenhandel auszuschalten und ihre Erzeugnisse direkt an die Endkunden zu bringen. Neulich, zum Beispiel, bin ich auf einen niederbayerischen Bauern gestoßen, der seine Schweine und Kälber direkt und komplett verkauft, während sie noch leben. Er nennt das Leasing, aber im Grunde ist es eine Art Lohnmast. Die Tiere leben unter paradiesischen Bedingungen, die Aufzucht erfolgt extrem transparent, das komplette Tier wird verwertet, und am Ende kostet das Kilo des so erzeugten Schweinefleischs etwa elf bis zwölf Euro. Ich finde, das ist ein Schritt in die richtige Richtung.

Wir Kunden können nicht direkt beeinflussen, wie große Industrieunternehmen ihre Ware über die Welt verteilen. Aber wir können entscheiden, wem wir etwas abkaufen. Wir können Firmen belohnen, die transparent und nachhaltig wirtschaften. Wir können möglichst viel direkt bei Landwirten kaufen, die ihre Produktionsbedingungen offenlegen und gut arbeiten. Wir können uns mehr für die Vorgeschichte unseres Essens interessieren. So nutzen wir unsere Macht als Verbraucher, im Sinne einer Welt, die für alle funktioniert.

FAZIT:

- Kaufen Sie nur noch ganze Hühner. Bitte! Macht etwas mehr Arbeit, ist aber viel nachhaltiger, wenn Sie das ganze Huhn verwerten.

- Kaufen Sie Milchprodukte von Molkereien, die ihre Überschüsse nicht zu Milchpulver verarbeiten. Das ist leider etwas mühsam – da müssen Sie persönlich bei der Kundenhotline nachfragen. Aber es wäre ohnehin gut, wenn wir Kunden den Herstellern viel mehr auf die Finger schauen würden.

- Ganz generell: Kaufen Sie dort ein, wo auf der anderen Seite der Theke jemand steht, der Ihnen etwas über die Produktionsumstände Ihres Abendessens erzählen kann.

- Greifen Sie zu Erzeugnissen aus ökologischer Landwirtschaft. Da es in Deutschland immer noch mehr Nachfrage nach Bioprodukten gibt, als tatsächlich angebaut wird, findet diese problematische Seite der Globalisierung dort nicht statt.

Das Palmöl-Problem

Dass Palmöl irgendwie böse ist, hat mittlerweile fast jeder verinnerlicht, der gelegentlich fernsieht oder eine Zeitung aufschlägt. Palmölplantagen vernichten Regenwälder, beseitigen Biodiversität, nehmen Kleinbauern ihr Land und bedrohten Tierarten wie Orang-Utans den Lebensraum weg – alles schon mal gehört. Trotzdem ist es kaum möglich, Palmöl zu vermeiden, weil es ein so extrem vielseitiger Grundstoff ist. Deutschland verbraucht derzeit 1,8 Millionen Tonnen Palmöl pro Jahr, 41 Prozent davon in Form von Biodiesel, 33 Prozent in Nahrungsmitteln. Der Rest geht etwa in die pharmazeutische Industrie oder dient als Futtermittel.

Der WWF schätzt, dass jedes zweite Supermarktprodukt Palmöl enthält. Gerade bei industriell erzeugten Süßwaren ist Palmöl schwer zu ersetzen, weil es für einen besonderen, lang haltbaren Schmelz sorgt. Zudem ist die Pflanze extrem ergiebig und auch noch billig. Gleichzeitig arbeiten aber auch renommierte Biohersteller wie Rapunzel oder Alnatura mit Palmöl und verweisen darauf, dass ihr Palmöl nicht böse sei, sondern zertifiziert und fair. Kann das stimmen?

Wieder mal ist dies eine recht komplexe Frage. Zunächst einmal hängt die Beurteilung der Zutat stark davon ab, wie sie erzeugt wurde. Wurde für die Plantage frisch Regenwald gerodet, oder steht sie auf einer Fläche, die schon seit Langem landwirtschaftlich genutzt wird? Handelt es sich um eine industriell arbeitende Großplantage oder ein kleinbäuerliches Fair-Trade-Projekt? In vielen Ländern ist die Ölpalme eine gute Möglichkeit für die Landbevölkerung, um sich ein Einkommen zu erwirtschaften. In Sachen CO_2-Bilanz ist die Rodung der schwerwiegendste Faktor: Forscher der Eidgenössischen Forschungsanstalt für Wald, Schnee und Landschaft haben ermittelt, dass die Menge an freigesetztem Kohlenstoff bei der Umwandlung von nur einem Hektar Wald in eine Palmölplantage etwa den Emissionen von 530 Personen entspricht, die in der Economy Class von Genf nach New York fliegen.[104] Nun ist es aber für mich als Kundin reichlich schwierig herauszufinden, ob das Palmöl in meinem Shampoo umweltzerstörendes Großplantagenöl aus Indonesien ist – oder doch existenzsicherndes Kleinbauernöl aus Ghana. Das sollen die Zertifikate leisten.

Der vorrangig von der Industrie getragene »Runde Tisch für nachhaltiges Palmöl« RSPO bewertet anhand bestimmter Kriterien gewonnenes »nachhaltiges« Palmöl und will zum Beispiel Rodungen eindämmen.[105] Rund ein Fünftel des weltweit produzierten Palmöls ist mittlerweile RSPO-zertifiziert. Der Standard hat jedoch einige Schwächen: Zum Beispiel verbietet er nur die Rodung »besonders schützenswerter« Wälder, der Anbau auf Torfböden ist aber zulässig und der Einsatz hochgefährlicher Pestizide ist erlaubt. Zudem haben Kollegen von mir immer wieder dokumentiert, dass einige Unternehmen gezielt gegen die Spielregeln verstoßen, ohne dadurch ihre Zertifizierung einzubüßen – etwa

---

104 https://www.wsl.ch/de/newsseiten/2018/06/palmoel-die-CO2-kosten-der-abholzung.html

105 https://www.forumpalmoel.org/fileadmin/user_uploads/Factsheets/RSPO_factsheet.pdf

mit illegalen Regenwaldrodungen. Trotzdem ist der RSPO im Moment die einzige ernstzunehmende Organisation, die im großen Stil daran arbeitet, den Palmölanbau wenigstens *etwas* nachhaltiger zu gestalten.

Die Palm Oil Innovation Group POIG hat strengere Standards. Ihre Mitglieder gehen zusätzlich zu den RSPO-Vorgaben freiwillige Verpflichtungen ein, für eine umwelt- und klimafreundlichere und sozialere Produktion. Dazu gehören das Verbot von Anbau auf Torfböden, der Schutz von Waldgebieten mit hohem Schutzwert, die Reduzierung von synthetischen Pestiziden und Düngern, der verantwortungsvolle Umgang mit Wasser, der Schutz der Artenvielfalt und die Einhaltung von Menschen- und Arbeiterrechten.[106]

Bei Biopalmöl dürfen gar keine synthetischen Dünger und Pestizide eingesetzt werden. Gedüngt wird stattdessen mit Kompost und natürlichen Mineralien. Palmöl, das in Europa als »bio« verkauft wird, muss zudem die Anforderungen der EU-Bio-Verordnung erfüllen. In der Regel sind Biopalmöl-Plantagen kleiner und stehen auf Land, das bereits vorher landwirtschaftlich genutzt wurde. Das Umweltportal »Utopia« kommt in einer Analyse zu dem Schluss, dass die derzeit wichtigen Biopalmöl-Produzenten für ihre Bioplantagen offenbar tatsächlich keine Wälder gerodet hätten. Die Umweltschutzorganisation »Rettet den Regenwald« weist allerdings darauf hin, dass es hierfür keine ausreichenden Belege gebe und dass einige der Bioproduzenten neben-

---

106 http://poig.org/wp-content/uploads/2016/03/POIG-Indicators_FINAL.pdf

bei konventionell wirtschaften würden; Rodungen könnten dabei nicht ausgeschlossen werden.[107] In Deutschland hat Biopalmöl ohnehin nur einen Marktanteil von unter 1 Prozent. Die Umweltorganisation WWF hat einen Palmölführer veröffentlicht, der die Einkaufspolitik deutscher Hersteller und Handelsketten bezüglich Palmöls einordnet.[108]

Wenn nun die Zertifikate nur so halb gut funktionieren – gäbe es denn eine sinnvolle Alternative? Das ist unter Fachleuten umstritten. Die Umweltschützer von »Rettet den Regenwald« warnen beispielsweise dringend davor, statt Palmöl auf Kokosöl umzusteigen. Dadurch würden im Zweifel ebenso schlimme Verwüstungen angerichtet, bei gleichzeitig niedrigerem Ertrag.[109] Das wäre dann in der Tat eine Milchmädchenrechnung. Auch der WWF warnt vor einem totalen Palmölverzicht: In ihrer Studie »Auf der Ölspur« von 2016[110] behaupten die Naturschützer sogar, der Umstieg auf alternative Ölsorten, etwa aus den bei uns heimischen Sonnenblumen oder Raps, würde deutlich negativere Umweltfolgen mit sich bringen – weil diese Pflanzen so viel weniger Ertrag liefern und wir dann für unsere Ölgewinnung viel größere Flächen bräuchten.

Die WWF-Analyse basiert auf Modellrechnungen von

---

107 https://utopia.de/ratgeber/bio-palmoel/

108 http://www.wwf.de/fileadmin/fm-wwf/Publikationen-PDF/WWF-Palm-Oil-Scorecard-2017.pdf

109 https://www.regenwald.org/themen/palmoel/kokosoel-keine-alternative-zu-palmoel

110 https://www.wwf.de/fileadmin/fm-wwf/Publikationen-PDF/WWF-Studie_Auf_der_OElspur.pdf

Agrarökonomen des Dienstleisters Agripol. Die Firma berät NGOs, Agrarunternehmen und Politiker, führt in deren Auftrag Studien durch und stellt Daten bereit. Allerdings stimmen diese Rechnungen an einigen Stellen nicht ganz. Meine Kollegen des SWR-Wissensmagazins *Odysso* haben nachgerechnet: Demnach berücksichtigt die Studie beim Palmöl nur industrielle Großplantagen und lässt damit etwa 40 Prozent der weltweiten Anbaufläche schlicht weg. Zählt man die mit, ist Palmöl gleich deutlich weniger ertragreich. Raps und Sonnenblumen hingegen werden in der WWF-Studie schlechtgerechnet. Das Statistische Amt der Europäischen Union listet deutlich höhere Erträge auf, als in der WWF-Studie dargestellt. Korrigiert man diese Fehler und berücksichtigt außerdem, dass eine Ölpalme einige Jahre braucht, bis sie Früchte liefert, und nach etwa 20 Jahren neu gepflanzt werden muss, weil die Erträge dann einbrechen, während unsere heimischen Öllieferanten einfach jedes Jahr gleichermaßen Erträge bieten, relativiert sich die Mär von der so effektiven Ölpalme – dann kann zumindest Raps fast mithalten.[111] Und für beide heimischen Quellen spricht, dass für sie ganz sicher keine Regenwälder verschwinden.

In seiner Studie mit den schwierigen Zahlen kommt der WWF gleichwohl zu einem richtigen Schluss: »Würden wir auf Palmöl als Biokraftstoff verzichten und einen bewussten Verbrauch von Konsumgütern wie Schokolade, Süß- und Knabberwaren, Fertiggerichten und Fleisch etablieren,

---

111 https://www.swr.de/odysso/umweltzerstoerung-durch-palmoel/-/
     id=1046894/did=22264572/nid=1046894/1p9s1bv/index.html

könnten wir rund 50 Prozent des Palmölverbrauchs einsparen.« Wer das beherzige, würde sich gleichzeitig gesünder ernähren. Frisch kochen – mit der Forderung rennt man bei mir immer offene Türen ein! Und richtig feine Schokolade geht auch ohne Palmöl…

FAZIT:

- Die Zertifikate RSPO und POIG sind ein Schritt in die richtige Richtung, aber kein Freibrief.
- Besser ist Biopalmöl aus kleinbäuerlicher Erzeugung.
- Besonders häufig wird Palmöl in Fertiggerichten und anderen verarbeiteten Produkten eingesetzt, weil es eine sehr billige Zutat ist.

Kann Wasser Sünde sein?

Im heißen Sommer 2019 wird ein besonders absurdes Produkt zum Kassenschlager: Wasser in Sprühdosen. Stinknormales Wasser, versetzt mit etwas Stickstoff. Zwei sehr preisgünstige Ausgangsstoffe, die in einer chicen Aludose plötzlich irre Beträge kosten: beim Hersteller Avène, zum Beispiel, um die 6,18 Euro für 150 Milliliter. Das ist ein Literpreis von etwa 41,20 Euro. Für Wasser. Selbst das Billigprodukt aus dem Drogeriemarkt liegt – im Winter, wahrlich keine Saison! – bei stolzen zwölf Euro pro Liter und ist trotzdem ständig ausverkauft.

Das Teure an diesem Produkt – übrigens auch deshalb so toll, wie manche Hersteller allen Ernstes werben, weil es glutenfrei und vegan ist – ist natürlich nicht der Inhalt, sondern die Verpackung. Ähnlich wie bei Kaffeekapseln. Aufmerksame Leserinnen von Frauenzeitschriften wissen schon seit Jahren, dass die jetsettende Modeexpertin niemals in den Flieger steigt ohne ihr Thermal-Sprüh-Wasser für den kleinen Frischestoß zwischendurch. Hier kommt aus meiner Sicht zur Flug- noch die Wasserscham. Noch idiotischer kann man Ressourcen kaum vergeuden!

Allerdings ist unser Umgang mit der Ressource Wasser durchaus öfters etwas irrational. Ich, zum Beispiel, mag eigentlich lieber Wasser mit Sprudel. Als ich frisch entbunden hatte, riet mir die Hebamme jedoch zu stillem Wasser und empfahl ein ganz bestimmtes französisches Produkt. Wochenlang schleppte der Kindsvater kistenweise das still-

232 Richig essen

fördernde Wasser in unsere Wohnung. Bis er eines Abends stutzte:»Warum trinkst du eigentlich stilles Wasser aus der Flasche, aber sonst sprudeln wir unser Münchner Leitungswasser mit dem Sprudler auf?« Guter Punkt! Warum eigentlich? Warum geben wir sonst so preisbewussten Deutschen bereitwillig Geld für ein Lebensmittel aus, das konkurrenzlos billig direkt aus unserer Leitung in die Wohnung geliefert wird, ohne Geschleppe? Ohne Lastwagen, die Kästen durch die Gegend fahren? Ohne Verpackung?

Kaum ein Lebensmittel in Deutschland wird sorgfältiger kontrolliert als das Wasser aus der Leitung. Die Richtlinien der deutschen Trinkwasserverordnung sind sehr viel strenger als die für Mineralwasser. So darf beispielsweise Leitungswasser nur zehn Milligramm Arsen pro Liter enthalten, bei Mineralwasser dürfen es bis zu 50 Milligramm pro Liter sein. In aller Regel enthält unser Leitungswasser zudem deutlich mehr Mineralien, als das, was wir unter dem Namen»Mineralwasser« kaufen. Auch qualitativ spricht also einiges für das Wasser aus dem Hahn.

Die Seite »Nachhaltig-sein.info« hat eine Ökobilanz zu Wasser aus verschiedenen Quellen erstellt.[112] Mit eindrucksvollen Zahlen: ein Berliner Mineralwassertrinker verursacht 210 Gramm CO_2-Äquivalente pro Liter Flaschenwasser. Für den Liter Leitungswasser entstehen nur 0,35 Gramm Emissionen. Würden sich alle Berliner dafür entscheiden, ab sofort nur noch Leitungswasser zu trinken, könnten fast 100 000

---

112 https://nachhaltig-sein.info/lebensweise/leitungswasser-mineralwasser-vergleich-nachhaltigkeit-gesundheit

Tonnen CO_2 pro Jahr eingespart werden – das entspricht der Menge, die Bundespolitiker 2007 für alle ihre Dienstreisen verbraucht haben, inklusive Flugbereitschaft.

Ein paar Jahre später habe ich den Wassersprudler dann übrigens wieder abgeschafft: Zu der Zeit machte eine Studie Schlagzeilen, dass sich in den Flaschen und am Sprudler Keime sammeln würden. Aber mit konsequenter Hygiene und Flaschen, die in die Spülmaschine dürfen, ist das ein lösbares Problem. Und bei den 143,5 Litern Flaschenwasser, die wir im Jahr trinken, hat sich auch die Umweltbelastung bei der Herstellung des Sprudlers schnell ausgeglichen.

Wir in Deutschland sind in der privilegierten Situation, dass uns die Natur Wasser in großen Mengen zur Verfügung stellt. Dieses Privileg sollten wir nutzen. Und zugleich viel sorgsamer damit umgehen: Schon einmal hat die EU Deutschland verklagt, weil unser Grundwasser zu stark nitratbelastet ist – eine Folge des exzessiven Gülle-Einsatzes auf deutschen Feldern. Gerade in den Landstrichen, wo die Riesenställe der konventionellen Schweine- und Hühnermäster stehen, muss das Wasser aufwändig aufbereitet werden, damit es die strengen Trinkwasservorgaben schafft. Ein Prozess, der uns Wasserkunden teuer zu stehen kommt. Wir tun unserem Wasser etwas Gutes, wenn wir zu landwirtschaftlichen Erzeugnissen greifen, die aus weniger intensiver Bewirtschaftung stammen, insbesondere bei Fleisch, Milch und Eiern.

Der richtige Strohhalm

Zu den Einwegprodukten, die die EU per Verbot abschafft, gehören Plastikstrohhalme. Sicherlich eine sinnvolle Maßnahme: Gemäß einer Studie der internationalen Umweltschutzorganisation »Seas at Risk« landen allein in der EU jedes Jahr 36,4 Milliarden Einwegstrohhalme im Müll oder, schlimmer, irgendwo in der Umwelt.[113] Gerade bei Trinkhalmen ist die Versuchung, gar nicht erst nach einem Abfalleimer zu suchen, offensichtlich groß.

Wirklich nötig sind Trinkhalme im Grunde nur in der Altenpflege oder im Krankenhaus. Folgerichtig servierten immer mehr Bars ihre Drinks auch vor dem Verbot schon ohne Halm. Denn auch die Alternativen zu Plastik sind nur bedingt zu empfehlen. Bei Papier, zum Beispiel, gilt das Gleiche wie bei Tüten: Wenn der Halm direkt entsorgt wird, ist die Ökobilanz des Papierproduktes noch schlechter als die des Plastikhalms – auf der Habenseite bleibt nur die Tatsache, dass Papiermüll am Strand sich viel schneller zersetzt als der Plastikhalm.

Das Umweltbundesamt geht bei Halmen aus Edelstahl oder Glas davon aus, dass sie mindestens 20-mal im Einsatz sein müssen, bis ihre Bilanz stimmt. Wobei ich ehrlich zugeben muss, dass ich nur so halb darauf vertraue, dass die engen Röhrchen in der Spülmaschine wirklich sauber werden. Makkaroni werden im Netz als Ökoalternative propagiert –

---

113 https://seas-at-risk.org/images/pdf/publications/SeasAtRiskSumma-rysingleUseplasticandthemarineenvironment.compressed.pdf, S. 4

aber mag ich wirklich ein Lebensmittel zum Wegwerfartikel degradieren, mal ganz abgesehen davon, dass Nudeln im Cocktail nicht sooo chic aussehen und im Zweifel schnell durchweichen? Also lieber ohne!

FAZIT:

- Leitungswasser ist nicht nur billiger als Wasser aus der Flasche, es hat auch die viel bessere Ökobilanz – und mineralstoffreicher ist es obendrein.

- Allerdings nur, wenn Sie es ungefiltert trinken. Ein Wasserfilter ist gut für Ihre Kaffeemaschine, weil er die vor Kalk schützt. Aber was ist Kalk? Ein Mineral…

- Wenn Sie Wassersprudler nutzen: Achten Sie drauf, dass sich die Flaschen in der Spülmaschine waschen lassen.

- Wer Biofleisch kauft, betreibt aktiven Trinkwasserschutz.

Ist bio wirklich besser?

Im Verlauf meines Berufslebens habe ich eine ganze Menge Höfe besichtigt. Und bin dabei auch konventionell arbeitenden Landwirten begegnet, die ganz wunderbare Produkte erzeugen. Natürlich gibt es, beispielsweise, Schweinemäster, die ihre Tiere auch ohne Biolabel tiergerecht halten. Der Vorteil von Bioware für Sie als Kunde greift in dem Moment, wo Sie nicht persönlich auf dem Hof vorbeischauen können und sich alles zeigen lassen. Stattdessen schauen die Bioverbände für Sie nach!

Nun haben wir ja schon an vielen Beispielen gesehen, wie komplex das Thema Ökobilanz ist. Denken Sie nur an Äpfel… Aus dem Bauch heraus würde ich, zum Beispiel, stets zu Freilandware neigen. Nun habe ich aber im letzten Sommer bei einem Chiemgauer Tomatenanbauer gedreht. Der nutzt ein natürliches Fernwärmevorkommen für riesige Tomatengewächshäuser. Seine Ökobilanz ist grandios: Selbst im Winter schlagen seine Tomaten spanische Freilandware um Längen. Bio sind diese Tomaten nicht. Und trotzdem komplett pestizidfrei, weil er im geschlossenen System Gewächshaus sehr gezielt Schädlinge durch Nützlinge ausschalten kann.

Der WWF sieht in seinem CO_2-Rechner trotzdem Bioerzeugnisse klar vorne: »Ökologischer Anbau ist die nachhaltigste Form der Landbewirtschaftung mit einer besseren Energie- und CO_2-Bilanz als der konventionelle Landbau. Während der Unterschied zwischen den Anbauarten in der CO_2-Bilanz allerdings gering ausfällt, spielt er in der Gesamtökobilanz eine große Rolle. So tragen im Fall konventioneller Landwirtschaft im Unterschied zum Ökolandbau künstliche Düngemittel zur Versauerung der Böden bei.«[114] Der Agrarökonom Wolfgang Bokelmann von der Humboldt-Universität Berlin behauptet in einem Interview mit der Wochenzeitung *Die Zeit* das glatte Gegenteil:»Der Bioanbau braucht aufgrund seines niedrigeren Ertragsniveaus deutlich mehr Fläche; er kann darüber hinaus in wasserarmen Regionen wie in Andalusien großen Schaden anrichten, und der Transport von Biogemüse über weite Strecken ist auch nicht eben umweltfreundlich.«[115] Nun richtet auch der Anbau von konventionellem Gemüse in Andalusien erhebliche Schäden an, das allein kann also nicht der Punkt sein. Aber in der Tat benötigt die ökologische Landwirtschaft deutlich größere Flächen, um den gleichen Ertrag zu erzielen wie ein konventioneller Bauer.

Forscher der Uni Princeton haben sich 2018 mit dem Problem befasst.[116] In Sachen Klimaschutz sei Biolandbau

---

114 https://www.wwf.de/fileadmin/fm-wwf/Publikationen-PDF/WWF_Hintergrund_CO2-Rechner.pdf
115 https://www.zeit.de/wirtschaft/2018-05/ernaehrung-fleisch-gemuese-bio-umweltschutz/komplettansicht
116 https://www.nature.com/articles/s41586-018-0757-z.epdf?referrer_access_token=UFylYOK9awPIv3thW6VFYdRgN0jAjWel9jnR3ZoTv0PXM0q98wVc5Cye9177r-q8FAyLkK6Mr3gqJ7UGMknxwnuEP7PkSAI_25kDgs8ElqdsN5EX4g4t3_-gI8FcXBVB5HgFG-FvEjZKXqaUbrdj8OFpRzNRQ--Md_GYK9C8mzg2vSEEN_Pp1ZO_rqYd-J5HudynLM1ZevyEYEtBLI8w-hF1eWxm-kcv9zEClqUoEH312VJQ4ogEtDoNVHmGiHpM&tracking_referrer=www.spektrum.de

verglichen mit konventioneller Landwirtschaft kontraproduktiv, so die Forscher. Der höhere Flächenverbrauch sorge dafür, dass mehr kohlenstoffspeichernde Naturflächen in Nutzland umgewandelt würden. Diese Ausweitung geschehe oft auf Kosten von Wäldern, die dann als CO_2-Speicher ausfallen, während durch ihre Abholzung gleichzeitig weiteres Kohlendioxid freigesetzt werde. Eine Ernährung der Weltbevölkerung durch Biolebensmittel würde demnach dem Klimaschutz schaden, so der Tenor der Studie. An dieser Studie ist auch ein schwedischer Forscher beteiligt. Der räumte ein, dass die schwedischen Beispiele aus der Studie auf mitteleuropäische oder amerikanische Böden mit generell besseren Erträgen nur begrenzt übertragbar seien. Zudem sollten die Menschen prinzipiell bedenken, was sie essen, warnen die Forscher, bevor sie jetzt einhellig aus Klimaschutzgründen auf Biolebensmittel verzichteten: Organisch gezüchtete Erbsen oder Biohühner schnitten unter Klimaaspekten weiterhin deutlich besser ab als beispielsweise Rindfleisch konventionell gehaltener Kühe. Was sie gar nicht einbezogen hatten: Biologisch bewirtschaftete Äcker weisen eine viel höhere Artenvielfalt auf als konventionelle Äcker und Wiesen – auch ein Faktor. Da haben wir wieder mal ein Beispiel für die Schwierigkeit, allumfassende Ökobilanzen zu erstellen ...

Ein oft gebrauchtes Argument gegen Biolebensmittel ist die wachsende Zahl von Menschen auf unserem Planeten: Mit ökologischer Landwirtschaft, so ihre Kritiker, lasse sich niemals die komplette Menschheit ernähren. Diese These wird von einer aktuellen britischen Studie gestützt. Deren

Autoren behaupten, dass die Emissionen in England und Wales bei einer Umstellung auf 100 Prozent ökologischen Landbau sogar um den Faktor 1,7 steigen würden – weil zwar in Großbritannien die Emissionen drastisch sinken würden, gleichzeitig aber zur Sicherstellung der Nahrungsmittelversorgung Importe nötig werden, und damit wäre der Vorteil wieder für die Katz.[117]

Adrian Müller vom Institut für Umweltentscheidungen an der ETH Zürich relativiert das. Der Nutzen der Ökolandwirtschaft beschränke sich nicht auf Einsparungen bei Treibhausgasen. Es gehe beispielsweise auch um Bodenerosion oder Überdüngung.

Gemeinsam mit seinen Kollegen von der ETH kam er 2017 zu ganz anderen Ergebnissen.[118] Es sei durchaus möglich, die Welt mit ökologischem Landbau satt zu bekommen und gleichzeitig die Umwelt nachhaltiger zu bewirtschaften. Allerdings nur, wenn wir unseren Lebensstil etwas verändern: beispielsweise, indem wir weniger Fleisch essen. Und weniger Lebensmittel verschwenden (dazu mehr im nächsten Kapitel). Aber auch beim Tierfutter gebe es Einsparpotenzial. Denn Menschen und Tiere konkurrierten zum Teil um die gleiche Nahrung. Wenn Tiere nur Gras oder Nebenprodukte der Lebensmittelindustrie als Nahrung bekämen, würde dem Menschen mehr bleiben. Bei einer hundertprozentigen Umstellung der Tierfütterung und einer Verringerung der Lebensmittelverschwendung um die Hälfte würden

---

117 https://www.nature.com/articles/s41467-019-12622-7
118 https://www.nature.com/articles/s41467-017-01410-w

die heutigen Anbauflächen ausreichen, um bis 2050 weltweit komplett auf bio umzustellen – und trotzdem genug Nahrung für alle zu haben.

Angesichts der Probleme, die wir heute schon mit der Grundwasserbelastung durch Gülle haben, erscheint mir das ohnehin eine gute Idee. Letztlich müssen wir uns, denke ich, hier ganz grundsätzlich entscheiden, in was für einer Welt wir leben möchten. Das Volksbegehren in Bayern für mehr Bienenschutz beinhaltete unter anderem einen Ausbau der Biolandwirtschaft schrittweise auf 30 Prozent. Das ist im einst so schwarzen Bayern nun Gesetz. Gut so!

FAZIT:

- Konventionelle Landwirtschaft erzeugt auf kleineren Flächen mehr Ertrag. Das ist erst mal gut fürs Klima.

- Andererseits belastet konventionelle Tierhaltung das Grundwasser, Pestizide schaden der Artenvielfalt.

- Bio sollte immer nur ein Aspekt bei der Kaufentscheidung sein. Je weiter die Ware gereist ist, desto schlechter der ökologische Fußabdruck. Auch bei Biolebensmitteln ist regional und saisonal Trumpf!

- Fragen Sie mal eine Muttersau in einem Abferkel-Kastenstand, ob sie das mag. Oder eine Kuh in Anbindehaltung. In Sachen Tierwohl ist bio immer die bessere Wahl.

Wer ist der schlimmste Lebensmittelverschwender?

Ich will Sie zum Abschluss des Essenskapitels nicht mit naseweisen Ratschlägen langweilen. Klar wissen Sie, dass Lebensmittel in den Magen gehören und nicht in den Müll. Und ich vertraue jetzt mal darauf, dass Ihr schlechtes Gewissen angesichts der Meldungen (»Jeder Deutsche wirft pro Jahr 81 Kilo Lebensmittel weg!«) längst angesprungen ist und Sie sich seitdem total bemühen, besser zu planen und immer alles aufzuessen, was Sie eingekauft haben. Wenn es Sie trotzdem interessiert: Das Bundesministerium für Ernährung und Landwirtschaft hat eine Studie durchführen lassen, mit Details, wie genau die elf Millionen Tonnen weggeworfener Lebensmittel sich auf Privathaushalte, Handel und Industrie verteilen.[119]

Allerdings fehlt darin ein ganz zentraler Bereich: Ich erinnere mich noch gut, wie ich vor ein paar Jahren bei einem Oberpfälzer Kartoffelbauern in der Scheune vor einem Riesenhaufen Kartoffeln stand. »Ach, die Ernte …«, sagte ich. Im Prinzip, ja. Allerdings der Teil der Ernte, der nie in den Handel oder auf einen Teller kommen würde. Weil die Kartoffeln zu groß oder zu klein oder nicht rund genug waren … Die Ausschusskartoffeln lieferte der Bauer schweren Herzens an eine Biogasanlage. Ihm behagte diese massenhafte Ver-

---

119 https://www.bmel.de/SharedDocs/Downloads/Ernaehrung/WvL/ Studien_Lebensmittelabfaelle_Vergleich.pdf?__blob=publicationFile

schwendung von Nahrungsmitteln gar nicht. Aber er hatte keine Wahl: Der Handel hätte ihm die Kartoffeln niemals abgenommen. Noch schlimmer ist die Situation bei Gemüse, das wegen seines hohen Wassergehalts nicht als Brennstoff taugt, Zucchini oder Gurken, etwa. Da werden die zu großen, kleinen und krummen Feldfrüchte direkt wieder untergepflügt. Der Kartoffelbauer bezifferte seinen Ausschuss damals mit 20 bis 25 Prozent – das finde ich in Zeiten, in denen wir dauernd über Ökobilanzen reden und darüber, wie jede Art von Konsum irgendwie das Klima schädigt, eine irrsinnig große Menge!

Wir leisten uns den Luxus, einen erheblichen Teil der landwirtschaftlichen Produktion gar nicht erst zu nutzen. Im Auftrag der Welternährungsorganisation FAO haben Forscher genauer untersucht, wer in Europa was an welcher Stelle der Verwertungskette wegwirft. Wir Verbraucher sind da plötzlich nur noch ein recht kleines Licht: Bei Wurzelgemüse und Kartoffelpflanzen liegt der Anteil der Entsorgung, bevor die Feldfrüchte auch nur ihre erste Verarbeitungsstation erreichen, bei fast 30 Prozent.[120]

Es gibt mittlerweile etliche Unternehmen, die gezielt Obst und Gemüse vertreiben, das beim Beauty-Contest auf dem Feld durchgefallen ist – qualitativ vollkommen einwandfreie Ware, die einfach nur ein bisschen anders aussieht.[121] Wenn Sie dort einkaufen, leisten Sie einen aktiven Beitrag für

---

120 http://www.fao.org/3/a-i2697e.pdf
121 https://yes-we-can.farm/startups-gegen-lebensmittelverschwendung/

unser Klima. Denn Lebensmittel erzeugen und dann nicht essen hat definitiv immer die mieseste Ökobilanz.

Ähnlich mies ist übrigens die Lage an Fleischtheken. Auf offizielle Anfragen bei deutschen Handelsketten, wie viel Fleisch bei ihnen im Müll endet, habe ich noch nie eine klare Antwort bekommen. Aber dafür von einem Metzger, bei einem Dreh mit Fernsehkoch Tim Mälzer in einem Pinneberger Supermarkt. Ein Viertel des zubereiteten Fleischs lande abends in der Tonne, erzählte uns der Herr über die Wurst- und Fleischabteilung – mariniertes Grillfleisch, Mett, aufgeschnittene Wurst … Ware, die schon aus Hygienegründen am nächsten Tag nicht mehr angeboten werden darf. Die Lösung dieses Problems wäre recht einfach: nichts auf Vorrat aufschneiden. Das Schnitzel erst vom großen Stück runterschneiden, wenn es dafür einen Käufer gibt. Hack immer frisch durchdrehen. Als ich klein war, war das in Metzgereien und Supermärkten der Normalfall. Heute erlebe ich das nur noch bei Biometzgern, wahrscheinlich weil die Verluste da wegen des höheren Preises viel größer wären. Vielleicht auch, weil bei Biofleisch ganz generell eine höhere Wertschätzung fürs Produkt herrscht. Ich bin mir sicher, dass es beim Kauf von 100 Gramm Schinken nicht auf die 90 Sekunden ankommt, die es dauert, diese abzuschneiden. Ich habe mich ja bereits als Fleischesserin geoutet. Ich finde es ethisch verantwortbar, Tiere zu essen. Aber 25 Prozent Ausschuss, weil wir Kunden angeblich zu ungeduldig sind, um auf unser Gehacktes zu warten – das finde ich nun wirklich besonders unethisch!

Weniger wegwerfen – aber wie?

Obst und Gemüse

Druckstellen können Sie einfach wegschneiden. Faulende
Stellen, selbst wenn sie klar abgegrenzt sind, bedeuten jedoch »ab in die Tonne«! Wegen des hohen Wassergehalts
können sich Mikroorganismen nämlich schnell in der ganzen
Frucht verteilen.

Brot

Schimmelpilze bilden Fäden, die den ganzen Laib durchzie-
hen können. Deshalb auch bei kleinem Befall: weg damit!
Um Schimmel zu verhindern lagert Brot am besten in einem
luftdurchlässigen Gefäß. Brot keinesfalls in den Kühlschrank
packen. Da altert es schneller.

Haltbarkeitsdaten

Das Mindesthaltbarkeitsdatum sagt nichts über die Ver-
zehrfähigkeit aus. Gerade Joghurt, Tiefkühlkost und Konserven halten oft viel länger. Arbeiten Sie mit Ihren ureige-
nen Analysegeräten: Augen, Nase, Mund. Was gut aussieht,
normal riecht und schmeckt, können Sie getrost verwenden.
Anders liegt die Sache beim »Verbrauchsdatum«, etwa bei
Hackfleisch – das sollte keinesfalls ignoriert werden.

Käse

Weißen Schimmel oder trockene Ränder können Sie einfach
abschneiden. Bei grünem oder gelbem Schimmel gehört der

Käse in den Müll. Ebenfalls problematisch: verpackter Mozzarella. Der hält sich nach Ablauf des Mindesthaltbarkeitsdatums nur noch kurz.

Eier

Wenn Sie unsicher sind: Machen Sie den Wassercheck! Ein frisches Ei sinkt in einer Schüssel mit Wasser zu Boden. Mit längerer Lagerzeit vergrößert sich die Luftblase im Ei, es richtet sich auf und nähert sich der Wasseroberfläche, ist aber immer noch genießbar. Hände weg von Eiern, die oben schwimmen – die sind nicht mehr gut.

Schokolade

Schokolade ist sehr fetthaltig. Dieses Fett kann bei längerer Lagerung austreten und bildet dann weiße Flecken. Gesundheitlich ist das unbedenklich, schmeckt aber nicht mehr so fein.

Salat

Ja, es ist ungemein praktisch … aber vorgeschnittene Salate sollten Sie meiden. Die Schnittstellen sind Tummelplätze für Keime. In Kopfform hält Salat sich viel besser.

FAZIT:

- Werfen Sie keine Lebensmittel weg. Eh klar, oder?

- Kaufen Sie gezielt auch Obst und Gemüse, das nicht aussieht wie mit Photoshop designt. Vielleicht können wir alle gemeinsam den Handel dadurch langfristig erziehen.

- Großpackungen verursachen proportional weniger Verpackungsmüll – dafür steigt das Risiko, das Ihnen etwas verdirbt. Lösung: möglichst viel lose kaufen.

- Die Apps »Too Good To Go« und »ResQ« bieten Gastronomen und Lebensmittelhändlern die Gelegenheit, Speisen kurz vor Ladenschluss zu reduzierten Preisen abzugeben – und Ihnen die Chance, Essen zu retten und gleichzeitig Geld zu sparen.

- Mit der App »UXA« können Sie Ihre überschüssigen Lebensmittel Nutzern in Ihrem Umkreis anbieten. Funktioniert bisher allerdings nur in einigen Großstädten.

- Kaufen Sie Wurst und Fleisch nur dort, wo frisch auf- und abgeschnitten wird. Alles, was schon geschnitten auf Sie wartet, ist ein potenzieller Müllkandidat.

- Das hatten wir schon, stimmt aber immer noch:
  Ein Schwein besteht aus mehr als Kotelett und Filet!
  Kaufen Sie auch mal abwegigere Teile vom Tier.
  Und ganze Hühner. Immer!

Politisch korrekter Konsum

Ich brauche eine neue Gießkanne. Die Gießkanne aus Zink, die ersetzt werden muss, war schon alt, als sie Mitte der Siebzigerjahre gemeinsam mit einem noch viel älteren Haus in den Besitz meiner Familie kam. Es handelt sich also offenbar um einen Gebrauchsgegenstand mit bemerkenswert langer Lebensdauer. Bevor ich mit der Arbeit an diesem Buch begonnen habe, hätte ich instinktiv wieder eine Zinkkanne gekauft – dass Plastik immer irgendwie schlechter ist, hatte ich extrem verinnerlicht. Jetzt bin ich unsicher.

Bei meinen Recherchen zu Kühlschränken und Waschmaschinen habe ich gelernt: Je länger die Lebensdauer eines

Gerätes ist, desto weniger fällt der Energie- und Rohstoff-
aufwand bei der Produktion ins Gewicht im Vergleich zum
Energieverbrauch beim Betrieb. Nun verbraucht meine
Gießkanne ja im Betrieb allenfalls meine Energie, wenn ich
zehn Liter Wasser durch den Garten schleppe. Also ist die
Herstellung hier vielleicht doch der relevante Punkt? Oder
die Müllfrage? Konsum mit gutem Gewissen ist manchmal
ganz schön anstrengend!

Das Problem hat sich dann ganz einfach gelöst: Es gab im
Baumarkt nur Plastikkannen. Mit leichtem Unbehagen habe
ich also meinem Haushalt ein weiteres Stück Plastik hinzu-
gefügt und hoffe jetzt einfach mal, dass sich die Emissionen
bei der Herstellung amortisieren, weil ich die Kanne jahrzehntelang benutzen werde. Ich hätte natürlich noch drei
weitere Baumärkte anfahren können, aber da hätte ich wieder Benzin verbraucht und CO_2 ausgestoßen. Oder ich hätte
eine Zinkkanne im Internet bestellen können – die wäre
auch herumgefahren, und außerdem hätte sie noch größere Mengen Verpackungsmüll im Gepäck gehabt –, meine
Plastikkanne habe ich einfach so mitgenommen, sie hat ja
schließlich einen Henkel…

In diesem Kapitel geht es um alltägliche Konsumgüter. Oft
haben wir Verbraucher nur die Wahl zwischen zwei Übeln.
Manchmal aber können wir sehr wohl Entscheidungen treffen, die in Sachen Nachhaltigkeit einen Effekt haben. Um
solche Konsumentscheidungen geht es hier. Was kaufe ich
wo wie ein? Welche Alternativen habe ich?

Einkaufen im Internet

An dieser Stelle möchte ich bitte einmal kurz ein »Früher war alles besser«-Gejammere anstimmen dürfen. Früher habe ich mich immer sehr auf England-Reisen gefreut, denn nur dort gab es Salt-&-Vinegar-Chips, nach denen ich seit meinem Schüleraustausch in der neunten Klasse geradezu süchtig bin. (Jajaja, die erste Tüte habe ich später dann meist am Flughafen Heathrow gekauft und sofort gegessen, nachdem ich auf meinem Flug schrecklich viel CO_2 ... ich weiß schon, nicht gut ...) Es gab eine Menge Sachen, die man nur an ganz bestimmten Orten bekam. Guten Espresso, zum Beispiel. GAP-Jeans. Eine spezielle spanische Seife, die meine Großeltern immer von der Costa Brava mitbrachten. Die Tatsache, dass diese Waren nur ganz selten und an spezifischen Orten zu haben waren, machte sie besonders. Und auch wenn ich es natürlich grundsätzlich super finde, dass ich guten Espresso heute jederzeit auch in München trinken kann, vermisse ich doch das Gefühl, gleich hinterm Brenner in der etwas runtergerockten Raststätte einzufallen, für den ersten italienischen Kaffee.

Heute ist nichts mehr sonderlich exklusiv. Das, was es nicht sowieso überall zu kaufen gibt, lässt sich online bestellen. Wir Deutschen liegen mit 24 Bestellpaketen pro Person und Jahr weltweit auf Platz sechs der Internetkundschaft. Ich langweile Sie jetzt nicht mit einem weiteren Jammer-Exkurs über die Verödung der Innenstädte und das Sterben der kleinen Geschäfte. Ich will das Thema Onlinehandel

250 Politisch korrekter Konsum

hier vorrangig unter dem Aspekt der Ökobilanz beleuchten. Und die hat es in sich, allerdings aus ganz anderen Gründen, als ich zunächst vermutet hätte.

2017 hat das Forschungsinstitut »ibi research« an der Universität Regensburg erfasst, was wir Deutschen im Internet einkaufen, und über 1000 Kunden befragt. Mit 30 Prozent Onlineanteil an den gesamten Ausgaben lag die Produktkategorie Kleidung und Schuhe in dieser Studie klar auf dem ersten Rang. Darauf folgen die Kategorien Bücher, Musik, Filme und Videospiele (29 Prozent), Unterhaltungselektronik (21 Prozent), Haushaltsgeräte (15 Prozent) sowie Gesundheit und Kosmetik (14 Prozent).[122] Der Deutsche Handelsverband kommt in seinem Onlinemonitor zu ähnlichen Zahlen, auch wenn da die Unterhaltungselektronik knapp vor der Mode liegt.[123] Insgesamt lief 2018 ein Zehntel des gesamten Einzelhandels übers Internet. Mich hat dabei ganz besonders der Siegeszug der virtuellen Modeboutiquen überrascht. Denn gerade bei Kleidern und Schuhen hätte ich gedacht, dass man die Sachen doch probieren muss, um zu entscheiden, ob sie passen – und gut aussehen.

Genau hier liegt das erste, ganz große Problem beim Einkaufen im Internet: Wenn ich eine Umkleidekabine betrete, habe ich fast immer das gleiche Teil in mehreren Größen dabei – jeder Hersteller schneidert anders. In meinem Schuhschrank stehen Schuhe von Größe 39 bis 41. Weil

---

122 https://www.ecommerce-leitfaden.de/studien/item/einkaufsverhalten-im-digitalen-zeitalter-2017
123 https://einzelhandel.de/index.php?option=com_attachments&task=download&id=10168

das nicht nur mir so geht, bestellen viele auch im Internet sicherheitshalber immer gleich mehrere Größen und schicken das, was nicht passt, zurück. Das funktioniert deshalb, weil sich in Deutschland eingebürgert hat, dass der Versand uns Kunden nichts kostet und auch die Rücksendungen zu Lasten des Händlers erfolgen – das hat dem Onlinehandel seinen Siegeszug gegen die stationären Geschäfte überhaupt erst ermöglicht. Die Kleider stecken in der Regel in Plastikhüllen, die Schuhe in Kartons. Das würden sie im Einzelhandel auch tun, die Umverpackungen von Textilien sind in aller Regel die, in denen die Kleider so schon vom Hersteller ausgeliefert werden. Wenn ich nun aber drei Blusen auspacke und zwei zurückschicke, sind zwei zusätzliche Umverpackungen kaputt und müssen ersetzt werden. Außerdem macht das Aus- und Umpacken der zurückgesandten Artikel Arbeit. Arbeit kostet Geld. Immer öfter ist es deshalb für den Onlinehändler ökonomischer, die Retouren einfach wegzuwerfen.

Das Kölner Handelsforschungsinstitut EHI hat im Mai 2019 untersucht, welche Produktgruppen wie oft im Müll landen.[124] Bei Bekleidung ist einerseits die Rücksendequote mit 40 Prozent demnach besonders hoch. Die Autoren der Studie geben dann jedoch Entwarnung: 82 Prozent der Kleidungsstücke könnten später als A-Ware weiterverkauft werden – da hätten wir dann also nur die zu ersetzenden Verpackungen auf der Negativseite. Aber 82 Prozent... das

---

124 https://www.ehi.org/de/studien/versand-und-retourenmanagement-im-e-commerce-2019/

bedeutet immer noch: 18 Prozent sind B-Ware und wandern in Outlets oder eben schlimmstenfalls in den Müll. Das ist fast ein Fünftel. Wenig finde ich das nicht in Zeiten, wo wir über jedes Beutelchen im Supermarkt nachdenken. In der Boutique würde ich die nicht passenden Klamotten einfach wieder auf die Stange hängen, und die nächste Kundin schlägt zu.

Nimmt man sämtliche Warengruppen zusammen, können gemäß der Studie 70 Prozent aller Retouren problemlos weiterverwendet werden. 30 Prozent also nicht. Stellen Sie sich das bitte mal bildlich in einem Laden vor: Von zehn Packungen Keksen, die Sie im Laden kurz in der Hand halten und dann doch nicht mitnehmen, kämen drei danach in die Tonne – fällt Ihnen etwas auf? Völlig daneben, oder? Gerade zurückgesandte Kosmetikartikel, Medizin-, Gesundheits- und Wellnessprodukte und Lebensmittel landen mit hoher Wahrscheinlichkeit auf dem Müll, ebenso wie Saisonartikel: Bevor man die Osterdeko bis zum nächsten Ostergeschäft einlagert und neben der Arbeitszeit auch die Lagerfläche bezahlt, verbrennt man sie lieber – das spart Kosten, verschlechtert aber die Ökobilanz massiv. Waren, die hergestellt werden, und dann nicht mal benutzt, bevor sie direkt wieder zu Abfall werden – so hässlich kann Konsumgesellschaft sein!

Die Forschungsgruppe Retourenmanagement der Universität Bamberg erhebt mittlerweile regelmäßig den »Retourentacho«. Demnach ist die vermeintlich kostenlose Rücksendung für uns Kunden relativ teuer: »Ein retournierter Artikel verursacht im Durchschnitt Kosten in Höhe von rund elf Euro, inklusive Porto und Bearbeitungsgebühr. Dieses Geld ist bereits im Verkaufspreis mit einkalkuliert«, so Björn Asdecker, Leiter der Forschungsgruppe. »Der Käufer bezahlt somit die Retouren der anderen.« Die vielen Rücksendungen wirken sich außerdem auf die Umwelt aus. Rund 238 000 Tonnen CO_2-Äquivalente (CO_2e) berechnet Asdecker für das Jahr 2018: »Dies entspricht in etwa der Umweltwirkung von täglich 2200 Autofahrten von Hamburg nach Moskau.«[125] Die Forscher empfehlen deshalb die verpflichtende Einführung einer Rücksendegebühr, um die Kunden auf diese Weise zu disziplinieren.

Das Missverhältnis von Verpackung zu Ware ist ein weiterer Faktor, der die Ökobilanz des Onlineshoppings problematisch macht. Was verschickt werden muss, braucht deutlich stabilere Verpackungen, als wenn Ware einfach nur über den Tresen gereicht wird, und von da an ist der Kunde selber schuld, wenn etwas kaputtgeht. Der jüngste Computer meines Sohnes kam per Kurier: Mit dem Verpackungsmaterial haben wir allein die Papiertonne für ein Neun-Parteien-Haus in unserem Hof gefüllt, von den Plastikhüllen und schützenden Styroporpolstern gar nicht zu reden. Besonders krass wird es beim Bestellen von Lebensmitteln – irgendwie absurd, dass müllfreies Einkaufen im Supermarkt gerade *der* Trend ist, und gleichzeitig gilt unter Fachleuten der Lebensmittelbereich als der nächste Wachstumsmarkt im Onlinehandel, wo besonders große Zuwächse winken.

---

125 http://www.retourenforschung.de/info-retourentacho2019-ausgewertet.html

Ich habe einmal probeweise bei einem Lebensmitteldienst bestellt – und war angesichts der Verpackungsflut schlicht fassungslos … Vor allem bei verderblicher Ware ist der Verpackungsaufwand extrem: Kühlboxen aus Styropor, Kühlakkus oder Plastiktüten mit Eis … und bei diesen Touren ist auch der Transport weniger ökologisch, weil die Lebensmittel möglichst schnell zur Kundschaft gebracht werden müssen und die Lieferanten ihre Touren deshalb nicht so effizient planen können.

Die Verkehrsbelastung durch den Lieferverkehr ist bei weniger verderblicher Ware jedoch kein besonders großer Faktor. Das hat mich überrascht. Zwar muss auch der Einzelhandel mit Ware beliefert werden. Allerdings landet dort immer eine größere Menge auf einmal. Die vielen einzelnen kleinen Pakete, die von einem immer größeren Heer von unterbezahlten Zustellern durch die Stadt gefahren werden, waren in meiner Wahrnehmung ein wesentlicher Faktor bei der Verkehrsbelastung unserer Städte, auch wenn die Post-Tochter DHL mittlerweile ihre Lieferwagen auf Elektrobetrieb umrüstet. Gefühlt steht in meiner Straße zu Hause die Hälfte des Tages mindestens ein Lieferwagen irgendeines Kurierdienstes in zweiter Reihe und liefert Ware aus. Doch angenommen, dieser Lieferwagen ersetzt private Autofahrten zum Einkaufen – dann wäre die Bilanz eines Elektrolieferwagens im Stadtviertel im Vergleich zu ein paar Hundert Autofahrten zum Laden besser. Wären die Kunden indes alle mit dem Rad shoppen gegangen oder hätten ihre Einkaufstour auf dem Rückweg von der Arbeit gemacht, kippt die Bilanz schon wieder. Sie sehen, das seriös zu beziffern, ist praktisch unmöglich. Aber unterm Strich verursacht jeglicher Konsum Verkehr, unabhängig davon, ob wir online shoppen oder analog einkaufen.

Fast die Hälfte der Onlinekäufe läuft laut Onlinemonitor des Deutschen Handelsverbandes über die Plattform von Amazon. 19 Prozent des Umsatzes gehen dabei direkt an den US-Riesen, der Rest wird von Händlern generiert, die Amazon als Zwischenhändler nutzen und dafür Provision zahlen. Mir sind Monopole nie sonderlich sympathisch. In den Anfangszeiten von Amazon wären mehrere Bestellungen am gleichen Tag oder beim gleichen Einkauf wenigstens noch im gleichen Paket gelandet. Mittlerweile gibt es oft ein Paket pro Kauf – noch mehr Verpackung. Wahrscheinlich wäre eine andere Lösung logistisch viel zu komplex; im Zweifel lagert die Ware wahrscheinlich nicht mal in der gleichen Stadt. Dabei gefällt mir der Gedanke viel besser, dass am anderen Ende meiner Bestellung jemand *ein* Paket *für mich* packt. Aber wenn man sich erst mal entschieden hat, im Internet zu shoppen, muss man schon ganz gezielt *nicht* Amazon ansteuern. Was immer man sucht – die Seite ist stets unter den ersten und günstigsten Treffern. Langfristig kann das nicht gut sein für uns Kunden – Wettbewerb hält die Preise niedrig und hilft den Kleinen, sich mit besonderen Angeboten am Markt zu behaupten.

Es gibt aber doch einen Bereich, wo online einkaufen sehr nachhaltig ist: Überall da, wo das Internet Menschen zusammenbringt, die gut erhaltene Gebrauchtwaren austauschen. Ich muss ehrlich gestehen, dass ich den Aufwand, mich einen Samstag lang auf einen Kindergartenbasar zu stellen, immer gescheut habe, ganz zu schweigen vom vorherigen Auszeichnen der ausrangierten Kleider und Spielsachen. Und beim Nahkampf vor dem einen Stand, wo es die tollen Jungsklamotten gab, habe ich gegen entschlossenere Mütter immer den Kürzeren gezogen. Dank eBay jedoch konnte ich oft gut erhaltene Kindersachen gebraucht kaufen und nach ein paar Monaten wieder verkaufen – damit haben sich diese Kleidungsstücke schon mindestens drei Kinder geteilt. Auch Bücher kaufe ich inzwischen fast nur noch gebraucht – schön, wenn gelesene Bücher nicht im Altpapier enden, sondern ein neues Zuhause finden. Der Handel mit gebrauchten Waren wurde durchs Internet geradezu revolutioniert. Also zumindest in diesem Punkt ist es jetzt eindeutig besser als früher!

FAZIT:

- *Support your local dealer!* Kaufen Sie öfters einfach beim netten Händler um die Ecke – der freut sich, und Sie tun der Umwelt etwas Gutes.

- Natürlich gibt es auch tolle Onlinehändler, die nachhaltig erzeugte Ware vertreiben, und das nur deshalb bezahlbar können, weil sie keine Zwischenhändler und teure Ladenmieten finanzieren müssen. Ausnahmen bestätigen die Regel.

- Das Problem beim Onlineshopping ist weniger der Lieferverkehr als die Verpackung und die Verwertung zurückgesandter Waren.

- Fragen Sie Händler, wie sie mit Retouren umgehen – wenn die Retoure Geld kostet, könnte das ein Zeichen dafür sein, dass sich der Anbieter tatsächlich die Mühe macht, rückgesandte Ware wieder in den Verkauf zu bringen.

- Bestellen Sie nicht mehrere Teile auf Verdacht, sondern versuchen Sie im Vorfeld, Passform und Größe zu checken – viele Händler bieten dafür Maßtabellen.

Das abfallfreie Bad

Kürzlich ist es mir wieder mal passiert: Beim Rumstehen im Duty-free-Shop (ja, ich bin schon wieder geflogen, dienstlich, nach Großbritannien, und nein, Zugfahren hätte von München aus für zwei Drehtage wirklich zu lange gedauert) fällt mir ein Parfum in einer sehr abgefahrenen Flasche ins Auge. Der Duft gefällt mir. Ich schlage zu – und ärgere mich zu Hause fürchterlich, weil die hübsche Flasche in gleich drei Umverpackungen steckt, aus Plastik, Papier und wieder Plastik.

Unser Bad ist ein Zwischenlager für künftigen Plastikmüll. Bei hochwertiger Kosmetik stecken die Fläschchen und Tiegel fast immer in zahlreichen, voluminösen Verpackungsschichten, und bei billigeren Produkten ist zumindest die Flasche aus Plastik. Der Zahnarzt rät, die Zahnbürste regelmäßig zu wechseln, die Hautärztin besteht auf gründlichem Abschminken, und ich möchte gut riechen, auch wenn Parfum natürlich im Prinzip verzichtbar ist. Auch in Zeiten des Hipster-Barts wollen die meisten Männer sich gerne rasieren, Frauen während ihrer fruchtbaren Jahre haben Menstruation. Und so ist am Ende der Woche unser Mülleimer im Badezimmer immer randvoll.

In diesem Kapitel geht es um die Produkte, die wir im Bad nutzen. Nicht um Energie- oder Wasserverbrauch. Überwiegend zumindest. Denn wenn wir beim Thema Rasieren mal anfangen: Ich habe keine wissenschaftliche Studie dazu gefunden, ob die Ökobilanz beim Nassrasieren besser ist oder bei der Elektrorasur. Aber dafür ausführliche Diskussionen darüber in Internetforen, die es heutzutage ja wirklich zu *jedem* Thema gibt. »Oberwelle« hat dort ermittelt, dass sein Akku-Rasierer 8 Watt für zehn Rasuren benötigt, »Ohoyer« wiederum kalkuliert bei der Nassrasur mit 50 Watt, für Warmwasser. Beim Elektrorasierer schlägt die Herstellung von Gerät und eventuell noch vom Akku (Achtung, Lithiumalarm ...) zu Buche, im Gegenzug rasieren sich viele Männer mit Wegwerfrasierern. Am Ende einigen sich die Jungs im Forum auf das klassische Rasiermesser, das ich aus dem Türkei-Urlaub kenne, und aus dem Musical *Sweeny Todd* über den teuflischen Barbier aus der Fleet Street, der das ökologisch korrekte Messer für blutige Morde nutzt. Spooky ... Aber gut. Auf jeden Fall gibt es für überzeugte Nassrasur-Fans die Option, einen sogenannten Hobel zu nutzen, wenn einem das Messer zu heikel ist – da muss man wenigstens nur die Klingen wegwerfen und nicht den ganzen Kopf oder gar Rasierer, und den Griff gibt es aus Holz.

Der Kondom- und Hygieneartikelhersteller »Einhorn« wiederum hat ein rein weibliches Problem untersucht: die beste Lösung für Damenhygiene. Das Team macht sich für »Fairstainability« stark und geht auf die Suche nach nachhaltigen Produkten. In Sachen Monatsblutung haben sie einen Test aufgesetzt, unter dem etwas unappetitlichen Namen »Ökologischer Blutabdruck«, der zwar nach eigenen Angaben nicht den EU-Normen für solche Untersuchungen entspricht, aber einer vernünftigen Ökobilanz schon mal ziemlich nahe kommt. Da gewinnen wiederverwertbare Produkte (ja, die gibt's) wie die Menstruationstasse gegenüber Wegwerfartikeln; und bei Binden und Tampons sind die Varianten aus Biobaumwolle umweltverträglicher.[126] Gibt's im Netz mittlerweile komplett chemiefrei, sogar im Abo.

Ich arbeite mich durch eine Flut von Ökoportalen und Internetforen. Das Thema »Zero Waste« hat sichtlich Konjunktur, und die Autoren überbieten sich an konstruktiven Vorschlägen. Grundsätzlich gilt auch hier natürlich immer, dass jedes eingesparte Stück Abfall der Umwelt hilft. Manchmal muss ich allerdings auch herzlich lachen: zum Beispiel bei der Anleitung, wie man aus alten Handtüchern waschbare Abschminkpads nähen kann. Alternativ könnte man vielleicht auch einfach einen Waschlappen benutzen? Andererseits: schön, wenn sich Menschen Gedanken machen. Wobei die Ökobilanz von Wattepads, zumal aus Biobaumwolle, eher harmlos ist. Die Hersteller verwenden den Ausschuss der Textilindustrie, und *Ökotest* hat schon 2012 in keinem einzigen getesteten Produkt schädliche Chemikalien gefunden.[127] Vor Wattestäbchen warnen HNO-Ärzte ohnehin seit Jahren, die Plastikvariante ist ab 2021 in der EU verboten, und auch hier kann der gute, alte Frotteewaschlappen helfen. Auch zum Thema Zähneputzen bietet das Netz mittlerweile seitenlang Tipps – zum Beispiel Zahnbürsten mit Stil aus Buchenholz. Zahnärzte raten zu elektrischen Zahnbürsten, Ihr Umweltberater zum stromlosen Schrubben – da müssen Sie sich nun entscheiden.

---

126 https://einhorn.my/oekologischer-blutabdruck/
127 https://www.oekotest.de/kosmetik-wellness/12-Wattepads-im-Test_101219_1.html

Für Behälter gilt im Bad im Grunde das Gleiche wie im Verpackungskapitel schon ausführlich beschrieben: Je weniger Müll wir fabrizieren, desto besser. Nachfüllbar ist gut, helles Plastik ist besser recyclebar als dunkles. Der Deoroller aus Glas ist nicht unbedingt ökologischer als der aus Plastik – er wiegt mehr, was beim Transport in der Summe schon ins Gewicht fällt, im wahrsten Sinne des Wortes, und bei der Herstellung eines Wegwerfartikels ist Plastik ressourcenschonender als Glas. In dem Moment, wo der nachfüllbare Deoroller den Markt erobert, sähe die Sache dann wieder anders aus, da ist der Glasroller schon beim zweiten oder dritten Durchgang besser. Und wenn Sie heute schon alles richtig machen wollen, gehört der leere Roller wenigstens ins Altglas und der Deckel in den Gelben Sack.

Im Umfeld meiner Tochter gibt es viele junge Frauen, die sich ein plastikfreies Bad auf die Fahnen geschrieben haben, ohne dabei das Klischee der Ökofanatikerin zu erfüllen. Im Biosupermarkt bei mir um die Ecke, gibt es neben klassischer Seife auch Deo, Shampoo oder Zahnpasta am Stück, ohne Verpackung zu kaufen. Für mich sind besonders die Zahnputztabletten gewöhnungsbedürftig. Aber warum sollen wir unsere Gewohnheiten nicht ändern können? Ich hab mich ja irgendwann auch mal vom Stück Seife am Waschbeckenrand zum Duschgel umgewöhnt.[128]

Was allerdings ist mit dem Plastik *in* den Produkten?

---

128 Wer es besonders gut machen will: Im Netz gibt es zahlreiche Rezepte für selbst gemachte Zahnpasta, zum Beispiel hier: https://naturkosmetik-selber-machen.com/zahnpasta-selber-machen/.

Mikroplastik ist ein heiß diskutiertes Thema – Kleinstteilchen, die im Wasser landen, von dort aus in die Nahrungskette gelangen und so schließlich auch in unseren Körper. Etwa eine Menge im Jahr, die ungefähr die Größe und das Gewicht einer Kreditkarte hat. Klingt jetzt nicht so viel, auf 365 Tage gerechnet, aber trotzdem gefällt mir der Gedanke an Plastik in meinem Organismus nicht so gut, zumal Forscher gerade untersuchen, ob sich an diesen Kleinstteilchen nicht schädliche Bakterien ansiedeln. Einiges deutet darauf hin, dass über Mikroplastik auch vermehrt Schadstoffe verbreitet werden – DDT zum Beispiel, oder Dioxin.[129] Das wäre schlecht für die Meeresfauna und schlecht für uns.

Im Sommer 2018 hat das Fraunhofer-Institut für Umwelt-, Sicherheits- und Energietechnik UMSICHT untersucht, aus welchen Quellen das in Deutschland anfallende Mikroplastik überwiegend stammt: Es war mal wieder der Straßenverkehr, der uns so viele Umweltprobleme beschert. Ebenfalls relativ weit vorne landeten Verwehungen von Sport- und Spielplätzen. Die Freisetzung von Mikroplastik aus Kosmetik kam da erst auf Platz 17.[130] Das ist allerdings kein Grund zur Entwarnung, wie die Forscher des Instituts in einer weiteren Studie, im Auftrag des Naturschutzbundes NABU, bekräftigten.[131]

---

129 https://www.helmholtz.de/erde_und_umwelt/warum-ist-mikroplastik-schaedlich/

130 https://www.umsicht.fraunhofer.de/de/presse-medien/pressemitteilungen/2018/konsortialstudie-mikroplastik.html

131 https://www.umsicht.fraunhofer.de/content/dam/umsicht/de/dokumente/publikationen/2018/umsicht-studie-mikroplastik-in-kosmetik.pdf

Denn auch wenn es nur um 0,3 Prozent des anfallenden Mikroplastiks in Deutschland geht, ist das Thema Kosmetik doch besonders problematisch. Weil diese Produkte in der Regel direkt ins Abwasser gehen: Duschgel, Zahnpasta und Co. ganz unmittelbar, und selbst Cremes oder Make-up spätestens beim nächsten Duschen. Trotz einer freiwilligen Selbstverpflichtung der Industrie, den Gehalt zu senken, ist Mikroplastik immer noch in manchen Zahnpflegeprodukten enthalten, in Peelings und ähnlichen Körperpflegeprodukten, aber auch in Flüssigseife, Shampoo oder Make-up – mit der Freiwilligkeit ist es ja immer etwas schwierig … Die freiwillige Selbstverpflichtung der Industrie, den Gehalt an Mikroplastik in Kosmetik zu reduzieren, geht zudem aus Sicht der Wissenschaftler nicht mal annähernd weit genug. Zumal Mikroplastik, das keine Peelingfunktion hat, und gelöste, gelartige oder wachsartige sogenannte Polymere bisher von dieser Verpflichtung ausgenommen sind. NABU-Bundesgeschäftsführer Leif Miller forderte als Folge dieser Erkenntnisse strengere Gesetze, am liebsten ein generelles EU-Verbot von Mikroplastik in Kosmetik und Reinigungsmitteln.

Solange es dieses Verbot nicht gibt, müssen wieder mal wir Verbraucher ran. Leicht wird uns das allerdings nicht gemacht: Ohne Chemiestudium ist die Liste der Inhaltsstoffe auf einer Cremetube oder Shampooflasche kaum zu entschlüsseln, und in der Regel ist sie auch noch kleiner gedruckt als Zutatenlisten von Fertiggerichten. Der BUND hat eine Auflistung im Internet veröffentlicht, wo sich nachschlagen lässt, in welchen Produkten sich Mikroplastik be-

Was taugen Mikroplastiksiegel?

Einige Handelsketten werben mittlerweile mit Siegeln, die ihren Produkten bescheinigen, frei von Mikroplastik zu sein. Klingt gut, stimmt aber leider nur so halb. Hauptproblem sind dabei die sogenannten Biopolymere: Kunststoffe, die nicht aus Erdöl hergestellt sind, sondern etwa aus Mais. Die sich in der Natur aber auch nur sehr langsam abbauen und laut Deutscher Umweltbilanz eine ähnlich schlechte Ökobilanz haben wie synthetische Kunststoffe.

1	»Mikroplastikfrei« von Edeka/Netto	Das Siegel orientiert sich an den Kriterien des BUND, kennzeichnet allerdings keine Mikroplastikbestandteile aus Bio-Kunststoffen. Zudem zertifiziert sich der Handelsriese selbst, unabhängige Kontrollen gibt es nicht
2	»Rezeptur ohne Mikroplastik« von Rossmann	Rossmann war hier Vorreiter, definiert allerdings selbst, was zu Mikroplastik zählt und was nicht – auch hier sind Bio-Kunststoffe beispielsweise nicht erfasst. Und auch Rossmann prüft sich selbst ohne unabhängige Kontrollen
3	»Flustix plastikfrei«	Ein europaweites Siegel, geprüft durch unabhängige Institute, mit regelmäßigen Nachprüfungen – im Moment das einzige Siegel, das wirklich alle Arten Kunststoffe ausschließt.

findet.[132], »Greenpeace« wiederum hat eine Liste erstellt, hinter welchen Begriffen auf der Inhaltsstoffliste sich unerwünschte Mikroplastikbestandteile verstecken können.[133] Ein Aufwand, der sich aus meiner Sicht lohnt: Schon weil ich definitiv keine Kreditkarte im Bauch haben möchte…

FAZIT:

- Je weniger Verpackung, desto besser – Produkte mit zusätzlichen Umverpackungen meiden. Konzentrate sind schon mal besser als normale Flüssigkeiten, etwa bei Seife oder Shampoo, feste Produkte sind noch besser.

- Plastikflaschen in hellen Farben lassen sich besser recyceln als dunkle.

- Mikroplastik ist nicht nur für die Umwelt schlecht, sondern wahrscheinlich auch für unseren Körper. Im Netz gibt es Listen, welche Inhaltstoffe man lieber nicht im Bad haben möchte.

- Einwegartikel haben immer eine schlechtere Ökobilanz, als Dinge, die sich wiederverwerten lassen. Das gilt auch für Rasierer und Co.

---

132 https://www.bund.net/fileadmin/user_upload_bund/publikationen/meere/meere_mikroplastik_einkaufsfuehrer.pdf
133 https://www.greenpeace.de/sites/www.greenpeace.de/files/publications/20170502-greenpeace-kurzinfo-plastik-kosmetik.pdf

Ist putzen böse?

Es ist schon seltsam: In kaum einem Bereich agieren wir so irrational wie beim Thema Hygiene. 2018 haben wir Deutschen fast 4,8 Milliarden Euro für Wasch- und Putzmittel ausgegeben, das sind knapp 60 Euro pro Kopf und Jahr und etwa eine Milliarde mehr als noch zehn Jahre zuvor. Zu den Werbeikonen meiner Kindheit gehörte eine Hausfrau, die sich beim Putzen zu schmissiger Marschmusik in eine Generalin verwandelte – weil die Bekämpfung von Schmutz offenbar kriegerische Mittel erforderte. Besonders erfolgreich sind die Superhelden unter den Saubermachern: antibakterielle Putzmittel, die in unserer Wahrnehmung dafür sorgen, dass wir jederzeit kleinere Herz-OPs im heimischen Badezimmer durchführen könnten, weil alles nicht nur sauber ist, sondern rein.

Deutsche Klobrillen sind folgerichtig praktisch keimfrei, was nebenbei erwähnt gar nicht so wichtig wäre, weil wir uns da ja mit intakter Haut draufsetzen, die eine sehr gute natürliche Barriere gegen Krankheitserreger bildet. Gleichzeitig jedoch gibt es Gegenstände in unseren Haushalten, die echte Keimschleudern sind, an Stellen, wo es tatsächlich brisant werden kann. So entdeckten Forscher der Universität Arizona die mit Abstand meisten Krankheitserreger im Kühlschrank: im Schnitt 11,4 Millionen Keime pro Quadratzentimeter. Im Vergleich dazu waren es auf dem Küchenfußboden 10 000, auf der Arbeitsplatte 1000 und auf der Toilette gerade einmal 100. Mitautor der Studie ist der US-Mikrobiologe Charles Gerba, der sein ganzes Berufsleben lang schon nach den schmutzigsten Orten in unserer Umgebung sucht.[134] Der Forscher hat zwei weitere Keimschleudern im Haushalt identifiziert, die sehr unmittelbar mit Dingen zu tun haben, die wir in den Mund stecken: Das Schneidebrett und der Spülschwamm landen in Sachen Keimbelastung in ähnlichen Sphären wie der Kühlschrank. Wissenschaftler der Hochschule Furtwangen, der Justus-Liebig-Universität Gießen und des Helmholtz Zentrum München haben 14 gebrauchte Küchenschwämme aus dem Großraum Villingen-Schwenningen genauer ins Visier genommen. Entdeckt wurden darin 362 verschiedene Arten von Bakterien, darunter auch für den Menschen gefährliche.[135] Selbst heiß auswaschen oder in die Mikrowelle packen half dagegen nicht. Ihre Empfehlung: einmal wöchentlich entsorgen.

Also noch mehr desinfizieren? Nach dem Motto:»Liebe Umwelt, da musst du jetzt einfach durch, schließlich sollen meine Lieben ja nicht krank werden!«? Nein, natürlich nicht! Im Gegenteil. Das Robert-Koch-Institut und das Umweltbundesamt haben schon im Jahr 2000 vor dem Einsatz von antibakteriellen Reinigern aller Art gewarnt. Der Einsatz von Desinfektionsmitteln im Haushalt sei grundsätzlich über-

---

134 In diesem Fall zitiere ich nicht eine Studie, sondern sehr viele: Wen es interessiert, der kann das Gesamtwerk unter dieser Adresse finden: https://arizona.pure.elsevier.com/en/persons/charles-p-gerba/publications/?page=3 – unter anderem hat Gerba herausgefunden, dass auch unser Handy mindestens siebenmal stärker keimbelastet ist, als unser Klo.
135 https://www.nature.com/articles/s41598-017-06055-9

flüssig. Einfache Hygienemaßnahmen wie das Abbürsten und Abreiben von Oberflächen mit herkömmlichen Seifenmitteln sowie Händewaschen reichten meist aus. Außerdem könnten die Mittel nicht nur den natürlichen Schutzmantel der Haut zerstören und so Allergien auslösen. In einigen Putzmitteln seien zudem Wirkstoffe, die Meeresorganismen belasten. Andere, wie Phenole und Halogene, könnten die nützlichen Mikroorganismen in Kläranlagen schädigen. Das Umweltbundesamt bezeichnete den Einsatz dieser Stoffe im Haushalt daher als grundsätzlich unerwünscht.[136]

Zumal antibakterielle Reiniger gar nicht unbedingt besser putzen, als herkömmliche Haushaltsreiniger, die die Umwelt weniger belasten. Meine Kollegen des NDR-Verbrauchermagazins *Markt* haben 2017 Vergleichstests durchgeführt – da waren die vermeintlichen Keimkiller allenfalls unmittelbar nach dem Putzen wirksamer, aber nach kurzer Zeit war das Ergebnis etwa gleich.[137]

Doch auch in »normalen« Haushaltsreinigern steckt viel Chemie: Laut Nachhaltigkeitsbericht der Wasch- und Reinigungsmittelbranche hat sich zwischen 1994 und 2007 die Phosphatmenge im deutschen Abwasser versechsfacht. Zwar sind die hierzulande angebotenen Waschmittel für private Haushalte seit vielen Jahren phosphatfrei – nicht aber die »Tabs« für Geschirrspüler. Putzmittel enthalten eine unüberschaubare Vielfalt von Chemikalien und Zusatzstoffen,

---

136 https://www.spiegel.de/wissenschaft/mensch/warnung-antibakterielle-putzmittel-schaden-der-gesundheit-a-90047.html
137 https://www.ndr.de/ratgeber/verbraucher/Antibakterielle-Reiniger-im-Test,reinigungsmittel152.html

die nicht nur bei ihrer Herstellung Energie verbrauchen. Sie landen überdies im Abwasser, das in unseren Klärwerken energieintensiv gereinigt werden muss. Gelangen sie ins Grundwasser, können sie dort Mikroorganismen schädigen. Von den enthaltenen Duftstoffen und Konservierungsmitteln gar nicht zu reden.

Ich muss jetzt wieder mal mit unseren Großeltern kommen: Vor hundert Jahren war es in deutschen Haushalten auch sauber, mit Natron, Soda, Essigessenz, Zitronensäure und Kernseife. Hausmittel, die die Umwelt viel weniger belasten, viel weniger aufwändig verpackt sind und zudem noch spottbillig. Auf der Seite des Nachhaltigkeitsportals »Utopia« finde ich ein sehr einfaches Rezept für einen Allzweckreiniger: ein halber Liter warmes Wasser, zwei Teelöffel fein geraspelte Kernseife, zwei Teelöffel Natronpulver und etwas Zitronensaft – fertig ist der umwelt- und gesundheitsfreundlicher Haushaltsreiniger.[138] Soda hilft gegen Fett, Natron ersetzt Backofenreiniger und bekommt sogar verstopfte Abflüsse frei, ohne dass aggressive Mittel Kunststoffrohre schrotten. Wobei bei Kernseife heutzutage die Palmöl-Falle lauert: Daraus wird Kernseife mittlerweile nämlich oft hergestellt. Es gibt aber auch Kernseife aus anderen pflanzlichen Ölen, etwa aus Olivenöl. Und wem das alles zu kompliziert ist: Zwei Leipziger Putzfeen haben den »Sauberkasten« erfunden, den man online bestellen kann, mit allen Zutaten, Aufbewahrungsbehältern und Gebrauchsanleitungen.[139]

---

138 https://utopia.de/ratgeber/oekologisch-putzen-mit-hausmitteln/
139 https://sauberkasten.com/shop/

Bleiben die Schwämme und Putzlappen – auf die ich nach den Studien zur Keimbelastung ohnehin keine rechte Lust mehr habe… Und einmal die Woche wegwerfen – das bedeutet dann schon wieder Müll, und gerade die bei uns so beliebten Schwämme mit Kratzschicht sind besonders kompliziert in der Entsorgung, weil Verbundmaterialien aus verschiedenen Schichten praktisch immer verbrannt werden müssen. Und außerdem ist weniger Müll ja ganz generell die bessere Idee.

Alles, was sich bei mindestens 60 Grad waschen lässt, ist schon mal gut. Ich bin beim Recherchieren, zum Beispiel, auf den Onlineshop »Der karierte Hund« gestoßen, wo es Spüllappen aus Zellulose und Baumwolle gibt, die mehrmals in der Spül- oder Waschmaschine gewaschen werden können und am Ende ihres Lebens auch noch kompostierbar sind.[140] Eine gute Putzschwamm-Alternative sind Schwämme aus Luffa, einer Pflanze, deren Frucht so ähnlich aussieht wie ein Zucchino. Getrocknet ergibt sie einen prima Putzschwamm, der ebenfalls einen Waschmaschinenausflug bei 60 Grad machen kann. Bei hartnäckigen Verschmutzungen helfen Kupfertücher, die gleichfalls gut waschbar und sehr langlebig sind.

Womit wir beim Thema Waschmittel wären, denn wenn ich nun die ganzen Helfer in der Maschine waschen soll, möchte ich auch das natürlich möglichst tun, ohne weitere Ökosünden zu begehen. Die schlechte Nachricht: Wirklich umwelt-

---

140 https://derkariertehund.de/collections/all/lappen

schonende Waschmittel gibt es nicht. Waschmittel belasten mit den enthaltenen Chemikalien immer das Grundwasser und können zudem Hautreizungen oder Allergien auslösen. Sie sollten darum stets sparsam dosiert werden. Mehr Waschmittel führt nicht zu mehr Sauberkeit sondern nur zu mehr Ökosauerei und kostet Sie außerdem unnötig Geld. Labels wie der »Blaue Engel«, das »Europäische Umweltzeichen« oder die »Charter nachhaltiges Waschen und Reinigen« helfen bei der Wahl umweltfreundlicherer Waschmittel. Im Allgemeinen ist die Ökobilanz von Waschpulver besser als die von Flüssigwaschmitteln, die die Kläranlagen mehr belasten. Außerdem ist die Verpackung von Pulver meist weniger voluminös. Bei Plastikverpackungen sind Nachfüllbeutel die bessere Variante. Noch besser sind Baukastensysteme, wo Sie die einzelnen Bestandteile je nach Wasserhärte und Verschmutzungsgrad gezielt dosieren können. Die Gemeinde Ottobrunn hat ein sehr gutes Faltblatt herausgegeben, mit Informationen zum Waschmittelkauf, das man im Internet findet.[141]

Worauf Sie unter Ökoaspekten komplett verzichten sollten: Weichspüler. Ich gehöre auch zu der Generation, die heute noch Werbesongs nachsingen kann – »Lavendel … Oleander … Jasmin …« – aber Weichspüler sind nicht nur eine unnötige Umweltbelastung, das aprilfrische Gefühl bezahlt man auch noch mit einer verringerten Wasseraufnahmefähigkeit der Handtücher.

---

141 https://www.ottobrunn.de/fileadmin/Dateien/Weitere/Trinkwasser_umweltbewusst_Waschen.pdf

Ganz generell scheint es mir eine gute Idee, im Haushalt etwas abzurüsten. Was bei uns zu Hause so an Keimen herumschwirrt, ist für uns in aller Regel auch nicht schädlich. Alles, womit wir putzen, landet irgendwann im Wasser – Produkte, auf denen ein Gefahrstoffzeichen vor Gesundheitsrisiken warnt, sollten deshalb tabu sein. Und dann gibt es noch ein kleines Sammelsurium von komplett überflüssigen Produkten: Backofensprays, WC-Duftsteine und synthetische Lufterfrischer aller Art braucht kein Mensch!

Ist Backpapier eine Ökosünde?

Wir sitzen in der Küche, das Sonntagsfrühstück ist abgeräumt, und ich backe. Während ich die Form mit Backpapier auskleide, greift mein Sohn zum Handy:»Wäre Einfetten nicht ökologischer?«, fragt er.

Wir wiegen und rechnen nach. Ein Teelöffel Butter wiegt fünf Gramm und bringt 50 Gramm CO_2-Äquivalent in die Bilanz ein. Das Backpapier für die Form wiegt auch fünf Gramm. Trotz intensiver Suche finden wir keine CO_2-Bilanz für Backpapier, aber normales Frischfaserpapier liegt bei nur 5,5 Gramm. Die Beschichtung kommt da natürlich noch dazu, trotzdem schneidet das Papier damit sehr viel besser ab als Butter. Nimmt man statt Butter Margarine, gewinnt immer noch das Backpapier: Margarine schlägt mit 20 Gramm CO_2-Äquivalent zu Buche. Mit Pflanzenöl wird's eng, da kommt der Teelöffel nur auf zehn Gramm, dafür schmeckt der Kuchen aber hinterher vielleicht nicht so fein.

Allerdings bleibt beim Einfetten immer etwas in der Form hängen, das Reinigen der Backform ist ohne Backpapier also auch noch mal energieintensiver. Wir beschließen, beim Backpapier zu bleiben. Immerhin ist das laut Packungsaufschrift nicht gebleicht. Und ich nehme mir vor, Backpapier künftig nach Möglichkeit mehrfach zu verwenden. Die Beschichtung sorgt dafür, dass das Papier erstaunlich viele Durchgänge überlebt.

FAZIT:

- Greifen Sie beim Putzen zu Hausmitteln: Natron, Soda, Kernseife, Essig und Zitronensaft – mehr brauchen Sie nicht.

- Wenn Sie unbedingt einen industriell hergestellten Reiniger haben wollen: Achten Sie auf die Inhaltsstoffe und kaufen Sie Produkte mit Tensiden aus nachwachsenden Rohstoffen.

- Auch Putzmittel aller Art gibt es mittlerweile zum Selbst-Abfüllen in Pfandgefäßen. Wenn Ihnen das zu umständlich ist: Kaufen Sie Putzmittel von Herstellern, die ihre Plastikflaschen aus recyceltem Kunststoff herstellen.

- Waschpulver ist ergiebiger (und im großen Pappkarton umweltfreundlicher verpackt) als Flüssigwaschmittel oder Tabs.

- Richtige Dosierung wählen – gerade hier ist weniger viel besser für die Umwelt.

- Lappen und Schwämme sollten bei 60 Grad waschbar und idealerweise kompostierbar sein.

- Ganz einfacher Trick gegen Bakterien: Flächen abtrocknen. Die kleinen, fiesen Dinger mögen es nämlich lieber feucht. Und zugleich bekämpfen Sie damit Kalkflecken, ganz ohne Putzmittel.

Wie man sich glücklich repariert

Meinem Job als Reporterin bei der Sendung *quer* im Bayerischen Fernsehen verdanke ich einen ganz wunderbaren Begriff:»geplante Obsoleszenz«. Es hat mich eine ganze Dienstwoche gekostet, bis ich das unfallfrei aufsagen konnte. Gemeint ist damit das Phänomen, dass Hersteller das Ende ihres Produktes gewissermaßen vorausplanen.

In der Praxis ist mir das zum ersten Mal begegnet, als ich mir nach dem Studium von einem meiner ersten Honorare eine Geschirrspülmaschine anschaffte. Die Freude über abspülfreie Tage währte nur zwei Jahre, dann war das Ding kaputt. Der Monteur erklärte mir mitfühlend, dass sich die Reparatur kaum lohnen würde. Ein Neugerät koste nur 150 Mark mehr, und wenn ich mich jetzt sofort für ein neues Gerät der gleichen Marke entscheiden würde, hätte er sogar einen Gutschein über 30 Mark für mich. Ich glaube, mein Wutgeheul damals war noch zwei Stadtviertel weiter zu hören. Ich bin ein Kind der Konsumgesellschaft, aber dass das jetzt gerade eklatante Ressourcenvergeudung sein würde, das war mir auch schon 1991 bewusst.

Seitdem ist dieses Problem noch viel gravierender geworden. Viele Hersteller halten schon nach kurzer Zeit keine Ersatzteile mehr vor. Bei Apple, zum Beispiel, gibt es für die sauteuren High-End-Erzeugnisse schon nach fünf Jahren keine Chance mehr, Ersatz selbst für einfache Bauteile zu erhalten – Frist vorbei. Andere Hersteller arbeiten ähnlich. So entstehen jedes Jahr in Deutschland zwei Millionen Tonnen Elektroschrott. Gerade bei Computern und Handys ist das besonders bitter: Die Rohstoffe, die in ihnen verbaut sind, sind begrenzt, ihre Förderung in Ländern mit zuweilen zweifelhaften Umweltstandards problematisch, und richtig gut zu recyceln sind sie auch nicht – zu viele Kleinteile aus verschiedensten Materialien.

Gleichzeitig verbauen Hersteller immer öfter an entscheidenden Stellen minderwertige Bauteile, die schnell verschleißen. Oder sorgen anders für kurze Produktzyklen: Bei meinen Recherchen für oben erwähnten *quer*-Beitrag begegnete mir etwa ein Drucker, der sich nach einer bestimmten Zahl von Druckvorgängen automatisch auf »kaputt« stellte. Wer das wusste und den internen Zähler auf null zurücksetzte, konnte plötzlich wieder problemlos drucken.

Warum die Firmen es uns so schwer machen, ist klar: altes Teil kaputt, also muss der Kunde etwas Neues kaufen. Ganz besonders absurd war dieser Mechanismus zu Zeiten der sogenannten »Umweltprämie«, im Volksmund Abwrackprämie, bei der 2009 fast zwei Millionen fahrfähige Autos verschrottet wurden, weil ihre Besitzer beim Kauf eines Neuwagens eine staatliche Prämie von 2500 Euro erhielten. Trotz ihres beschönigenden Namens war die Prämie ökologisch ziemlicher Unfug. Etwas wegwerfen, was noch funktioniert, ist nie umweltfreundlich, selbst wenn die Neuwagen etwas weniger Benzin verbrauchten.

Glücklicherweise gibt es immer mehr Tüftler, die diesem Trend etwas entgegensetzen. 2003 haben zwei Studenten in Kalifornien die Firma »iFixit« gegründet, weil sie einen kaputten Computer hatten und nirgends eine Reparatur-

anleitung fanden. Auf ihrer Website gibt es alte Gebrauchsanleitungen, über 50 000 selbst gemachte Reparaturbe-
schreibungen, einen Onlineshop für Spezialwerkzeuge und
eine Datenbank für die abwegigsten Ersatzteile.[142] Wer technisch unbegabter ist, für den gibt es die Bewegung der Repair-Cafés. Die Verbraucherzentrale listet im Netz Seiten
auf, wo man solche Treffpunkte am eigenen Wohnort finden
kann – über 600, verteilt übers ganze Land. Dort kann man
mit mobilen Geräten den Nachmittag verbringen, sich Rat
holen, Reparaturen durchführen lassen und währenddessen
bei einem Kaffee oder Tee über die böse Industrie schimp-
fen.[143] Und wenn Sie einfach etwas Neues *wollen*: In vielen
Städten gibt es auf den örtlichen Wertstoffhöfen separate
Sammlungen für defekte Geräte. In München etwa werden
die in einem Betrieb von Langzeitarbeitslosen und Behin-
derten instand gesetzt und verkauft – auch das ist viel besser als ein Ende auf dem Müll.

Übrigens gilt all das nicht nur für Elektroartikel: Socken
stopfen statt im Fünferpack nachkaufen. Klamotten flicken.
Verfärbte Geschirrtücher als Putzlappen weiterverwenden.
Viele Gegenstände sind viel langlebiger, als es uns die Industrie manchmal vermitteln möchte!

---

142 https://de.ifixit.com/
143 https://www.verbraucherzentrale.de/wissen/umwelt-haushalt/nach-
   haltigkeit/repaircafes-8208

FAZIT:

- Reparieren ist ganz grundsätzlich eine bessere Idee als wegwerfen.
- Achten Sie schon beim Kauf darauf, ob Produkte reparierbar sind.
- In Repair-Cafés oder bei »iFixit« finden Sie Hilfe, wenn Ihr Hersteller Ihr Gerät nicht mehr reparieren will.

Mein Lieblings-T-Shirt als Klimasünder

Ich besitze zwei Kleiderschränke. Beide sind voll. Ich könnte problemlos einen Monat lang jeden Abend in einem chicen Outfit ausgehen, müsste nicht einmal etwas doppelt tragen und auch kein einziges Mal waschen. Vermutlich würde ich das auch noch einen zweiten Monat lang schaffen. Und seit die Frage nach Ressourceneinsatz und Energiebilanz von Produkten mich so intensiv beschäftigt, fühle ich mich dabei zunehmend unbehaglich. Kann das Hochgefühl, in einem neuen Kleid die Stadt zu erobern, wirklich eine ausreichende Kompensation sein für den ökologischen Fußabdruck jedes einzelnen Kleidungsstücks?

Unser Umgang mit Textilien hat sich drastisch verändert. Ich habe vor ein paar Jahren eine Fernsehdokumentation über Kleidung und Sozialgeschichte gemacht und war deshalb in einigen Modesammlungen großer Museen. Alle hatten das gleiche Problem: Es gab kaum historische Alltagskleidung. Weil unsere Vorfahren ihre Kleidung so lange getragen haben, bis sie ihnen praktisch vom Leib fiel. Heute kauft in Deutschland jede Person durchschnittlich 60 Kleidungsstücke. Pro Jahr. Schon die Zahl finde ich ziemlich bemerkenswert, das ist immerhin mehr als ein Stück pro Woche. Jeder fünfte dieser Käufe wird nach dem Kauf nicht mal getragen. Eine Million Tonnen Kleidung werden jährlich aussortiert.

Fast Fashion ist der Fachausdruck für dieses Phänomen. Und kein Wunder, denn die Preise für Mode sind heute so niedrig, dass selbst sparsame Studentinnen es sich leisten können, einen Partyfummel nur ein Mal zu tragen und dann zu entsorgen. Die Umweltorganisation »Greenpeace« hat ermittelt, dass 2014 100 Milliarden Kleidungsstücke weltweit produziert wurden. Das ist schlecht, weil an unserer Kleidung ein ziemlicher Rucksack an Ökoproblemen hängt.

Die beiden wesentlichen Fasern, aus denen unsere Kleidung besteht, sind Kunstfasern und Baumwolle. Die Non-Profit-Organisation »Textile Exchange« hat 2018 einen sehr umfassenden Marktbericht vorgelegt.[144] Demnach entfallen 60 Prozent der weltweit erzeugten Textilien auf synthetische Fasern, 25 Prozent auf Baumwolle. Wolle liegt bei 1 Prozent, Seide und Daunen bei unter 1 Prozent. 5,5 Prozent sind Naturfasern wie Jute, Hanf und Leinen.

Fangen wir an mit dem vermeintlich weniger problematischen Material, Baumwolle. Baumwolle ist eine sehr alte Kulturpflanze der Menschheit, und eine sehr anfällige: Regnet es in heranwachsende Baumwollknospen hinein, kann eine gesamte Ernte futsch sein. Deshalb wird die Pflanze kommerziell vor allem in sehr trockenen Regionen angebaut, zum Beispiel in Ägypten. Unglücklicherweise benötigen Baumwollpflanzen zum Gedeihen aber besonders viel Wasser. Der *Bayern-1-Umweltkommissar* hat 2013 zusammengetragen, was das konkret bedeutet: Fast zwei Drittel der weltweiten Baumwollanbaufläche werden künstlich bewässert. Das ist rund die Hälfte aller bewässerten Flächen auf

---

144 https://www.suedwesttextil.de/nachrichten/textile-exchange-reports-18

der Welt – »blaues« Wasser also, nach den Kriterien des Wasserabdrucks[145], das grundsätzlich kritisch zu bewerten ist. Der Baumwollanbau ist für etwa 6 Prozent des globalen Süßwasserverbrauchs verantwortlich. Die Umweltorganisation »Greenpeace« hat berechnet, dass in einem einzigen Baumwoll-T-Shirt etwa 3000 Liter Wasser stecken, Wasser, das in den trockenen Ursprungsländern als Trinkwasser fehlt.

Konventionelle Baumwolle ist zudem in aller Regel besonders stark pestizidbelastet. Biobaumwolle ist gemäß der oben schon erwähnten Marktanalyse zwar auf dem Vormarsch, mit Steigerungen des Umsatzes von 10 Prozent, hat aber insgesamt einen verschwindend geringen Marktanteil. Und auch Biobaumwolle verbraucht viel Wasser beim Anbau.

Kunstfasern wiederum werden in aller Regel aus Erdöl gewonnen, unter enormem Energieaufwand – fast doppelt so viel wie bei der Gewinnung von Baumwollfasern. Trotzdem stieg in den Jahren 2000 bis 2016 der Polyester-Einsatz für Bekleidungszwecke von 8,3 auf 21,3 Millionen Tonnen weltweit. Neben der Erdöl- und Energie-Problematik bescheren uns Kunstfasern eine weitere Ökosünde: Mikroplastik, wieder mal, diesmal beim Waschen in der Waschmaschine. Nicht so schlimm wie der Abrieb von Autoreifen oder Kunstrasenplätzen, aber gemäß einer Untersuchung des Fraunhofer-Instituts UMSICHT in Oberhausen reicht es mit 90 Gramm pro Person und Jahr immerhin für Platz zehn unter 51 unter-

---

145 Siehe Infokasten »Die Sache mit der Avocado« am Ende des Abschnitts »Sind Veganer die besseren Menschen?« auf S. 208.

suchten Quellen.[146] Besonders extrem sind dabei Fleece-Kleidungsstücke, die überdies – weil häufig beim Sport getragen – oft schon nach einer Nutzung gewaschen werden: »Greenpeace« kommt auf eine Million Fasern pro Wäsche. Aber auch eine Feinstrumpfhose verliert pro Waschgang stolze 136 000 Fasern.[147] Ein zusätzliches Problem ist hier übrigens der Schonwaschgang: Forscher der Uni Newcastle haben herausgefunden, dass pro Waschgang im Schnitt 800 000 Fasern mehr herausgespült werden. Ursache dafür ist vermutlich die größere Wassermenge.[148]

Immerhin passiert in diesem Bereich einiges: Gerade Fleece wird immer öfter aus recycelten PET-Flaschen hergestellt – das ist auf jeden Fall eine gute Sache. Das Öko-Nylon »Econyl« wird aus recycelten Industrieabfällen und aus alten Fischernetzen hergestellt. Und es gibt eine ganze Reihe von Firmen, die an halbsynthetischen oder natürlichen Fasern aus eher unkonventionellen Ausgangsstoffen forschen: Ein Unternehmen auf der Schwäbischen Alb fertigt Matratzenbezüge aus Brennesselfasern, es gibt neuerdings Fasern aus Braunalgen oder Kaffeesatz, und als beson-

---

146 https://www.umsicht.fraunhofer.de/content/dam/umsicht/de/dokumente/publikationen/2018/kunststoffe-id-umwelt-konsortialstudie-mikroplastik.pdf, S. 11

147 Mittlerweile gibt es eine Reihe von Waschnetzen oder Partikelfängern, die die Fasern schon in der Waschmaschine einfangen sollen. Die TU Dresden arbeitet an einem Forschungsprojekt zum Thema und hat die Produkte getestet – richtig gut war keines.

148 ›Importance of water-volume on the release of microplastic fibres from laundry.‹ Max Kelly, Dr Neil Lant, Dr Martyn Kurr, Professor Grant Burgess. Environmental Science and Technology Sept 2019

ders erfolgversprechend gilt das Konzept Qmilch: Jährlich fallen in Deutschland etwa zwei Millionen Liter Milch an, die aus hygienischen Gründen nicht verzehrt werden dürfen. Aus diesem Milchausschuss entstehen gut verarbeitbare Fasern, ohne Einsatz von Chemikalien und bei minimalem Wasserverbrauch.

Die immer beliebtere Viskose hingegen ist keine uneingeschränkt umweltschonende Alternative: Sie wird zwar aus Holz erzeugt, also einem nachwachsenden Rohstoff. Doch auch ihre Herstellung ist sehr energieintensiv, und außerdem werden dabei größere Mengen Chemikalien und giftige Dämpfe freigesetzt. Rund 83 Prozent der Viskoseproduktion finden heute in China, Indien und Indonesien statt, in Ländern also, bei denen ich mir lieber gar nicht so genau vorstellen möchte, wie mit schädlichen Emissionen in Industrieanlagen umgegangen wird …

Damit wären wir beim anderen wesentlichen Punkt, der zwar nicht direkt mit der Ökobilanz zu tun hat, sehr wohl aber mit Ethik. Die vielen, vielen Kleidungsstücke in unseren Schränken werden oft unter erbärmlichen Bedingungen zusammengenäht, und wenn ich mir die Berichterstattung zu diesem Thema der vergangenen Jahre in Erinnerung rufe, dann sind es nicht nur die Billigst-Anbieter, die ihre Mode von geknechteten Asiatinnen produzieren lassen. Die Gewerkschaft »Verdi« hat errechnet, dass ein T-Shirt nur zwölf Cent mehr kosten müsste, und die Näherin in Bangladesh würde fair bezahlt.

Die NGO »Kampagne für saubere Kleidung« hat 2019 45 große Unternehmen der Textilindustrie befragt, wie es um die Entlohnung der Arbeiterinnen steht, die für sie tätig sind, darunter Branchenriesen wie H&M, Zara oder Primark. Die Schweizer Modefirma Nile war dabei die einzige, die nachweislich auch bei Zulieferern außerhalb ihres Hauptsitzlandes sogenannte Existenzlöhne bezahlte; davon profitieren immerhin etwa die Hälfte der Beschäftigten. Bei Gucci wird demnach ein großer Teil der Bekleidung in Italien gefertigt, wo es einen Branchentarifvertrag gibt. Alle 43 anderen konnten keine Anhaltspunkte dafür liefern, dass wenigstens ein Teil der Nähkräfte Existenzlöhne erhielt, Amazon, Lidl oder die Otto Group antworteten nicht mal.

Es gibt eine Reihe von Siegeln, die sich mit Materialien und Arbeitsbedingungen befassen:

IVN NATURTEXTIL zertifiziert BEST: Das strengste Ökosiegel garantiert zudem die Einhaltung von Arbeitsnormen: u. A. Tarifverträge, keine Zwangs- und keine Kinderarbeit, außerdem Mindestlöhne. Die Textilien sind zu 100 Prozent aus zertifiziert ökologischen Naturfasern. Textilien aus Kunstfasern werden nicht bewertet.

GOTS: Es gelten ähnliche Arbeitsnormen wie beim IVN. Textilien bestehen zu mindestens 70 Prozent aus Naturfasern aus kontrolliert biologischer Landwirtschaft oder Tierhaltung. Bei dem Labelzusatz »organic« gilt dies für 95 Prozent der eingesetzten Fasern. Die sozialen und ökologischen Standards sind bei IVN höher als bei GOTS.

Das Siegel **Bluesign** ist weniger streng bei der Untersuchung der textilen Produktionskette, gilt dafür aber als sehr verlässlich bei der Kontrolle der Grenzwerte für Chemikalien.

Das **Fairtrade-Siegel** für Baumwolle steht für Rohbaumwolle, die fair angebaut und gehandelt wurde. Der Fairtrade-Mindestpreis hilft den Bauern, die Kosten einer nachhaltigen Produktion zu decken. Die Fairtrade-Standards sind deutlich höher als die Einhaltung der Arbeitsnormen der beiden vorherigen Siegel. Fairtrade fördert den Biobaumwollanbau. Der Fairtrade-Textilstandard deckt die gesamte textile Wertschöpfungskette ab.

Die **Fair Wear Foundation** arbeitet gemeinsam mit den Firmen an einer Verbesserung der sozialen Bedingungen in allen Konfektionsbetrieben der textilen Kette in den Produktionsländern. Mehr als 80 Unternehmen mit 120 Marken sind mittlerweile dabei.

Cotton made in Africa unterstützt Kleinbauern dabei, ihre Lebensbedingungen und die ihrer Kinder zu verbessern, etwa durch den Ausschluss von Kinderarbeit, gefährlichen Pestiziden oder genveränderter Baumwolle. Die Kleinbauern werden gerecht und pünktlich bezahlt und außerdem geschult.

Oeko-Tex Made in Green: Produktlabel für schadstoffgeprüfte und nachhaltig und sozial verträglich produzierte Textilien. Textilprodukte können anhand einer eindeutigen Produkt-ID bzw. eines QR-Codes auf dem Label vom Konsumenten zurückverfolgt werden. Je nach Datenfreigabe durch die beteiligten Unternehmen ist sogar sichtbar, in welchen konkreten Betrieben die Fertigung stattgefunden hat.

Der **Grüne Knopf:** Seit September 2019 vergibt die Bundesregierung ebenfalls ein Siegel, auf freiwilliger Basis. Und räumt auf ihrer Homepage gleich ein, dass zunächst nur ein Teil der Arbeitsschritte erfasst wird: »Der Grüne Knopf umfasst in der Einführungsphase noch nicht die gesamte Lieferkette. Zum Start prüft er die Produktionsstufen ›Zuschneiden und Nähen‹ sowie ›Bleichen und Färben‹. Die Herausforderungen sind hier besonders groß. In den kommenden Jahren wird der Grüne Knopf auf die Arbeitsschritte ›Weben und Spinnen‹ sowie ›Baumwollanbau/Faserproduktion‹ ausgeweitet.«[149]

Im Internet gibt es – auf Englisch – zudem den »Transparency Index«, der die Themen Fertigung, Ressourcenverbrauch und Verbleib von Überproduktion analysiert. Allerdings auf freiwilliger Basis, insofern ist die Auflistung der Firmen bei Weitem nicht vollständig. Aber immerhin erfährt man dort, dass Marken wie Adidas, Reebok, Patagonia, Esprit und H&M 60 Prozent der möglichen Punkte schaffen, Chanel hingegen nur 10 und Tom Ford gar 0 Prozent.[150]

Je länger ich zu diesem Thema recherchiere, desto klarer wird mir, dass wir das Ökoproblem Bekleidung nur auf eine Weise wirklich lösen können: weniger kaufen! Ausgewählte Stücke, die wir lange tragen und nur waschen, wenn es nötig ist. Die wir, noch idealer, schon secondhand gekauft haben, reparieren, wenn etwas kaputtgeht, und dann, wenn wir das gute Stück gar nicht mehr sehen können, weiterverkaufen oder -verschenken. Außerdem Ausschau halten nach heimischer Produktion oder zumindest nach fair hergestellter Ware. Vor allem aber eben: Konsumieren mit Augenmaß.

---

149 /www.gruener-knopf.de
150 https://issuu.com/fashionrevolution/docs/fashion_transparency_
index_2019?e=25766662/69342298

Wo die Fair-Trade-Ökoprodukt-Gutmenschen-Welt klar endet, ist an unseren Füßen. Turnschuhe bestehen praktisch immer größtenteils aus Erdölprodukten. Die Stiftung Warentest hat Materialien und Herstellung 2015 unter die Lupe genommen und konnte keinem Hersteller ein uneingeschränkt gutes Zeugnis ausstellen.[151] Auch Leder hat keine sonderlich gute Ökobilanz, ganz abgesehen von den problematischen Haltungsbedingungen vieler Tiere.

Seit Kurzem gibt es in Hamburg die erste deutsche Filiale der »Sole Rebels« – dem ersten Schuhunternehmen überhaupt weltweit, das von der World-Fair-Trade-Organisation zertifiziert worden ist und das auch einen Onlineshop betreibt. Schuhe mit einem Klima-Fußabdruck nahe null. Hergestellt aus nachwachsenden Rohstoffen in Äthiopien, von Arbeitern, die dreimal so gut bezahlt werden, wie dort sonst üblich. Die Sohlen sind aus recycelten Altreifen. Und trotzdem sind die Schuhe nicht teurer als konventionelle Ware. Okay, High Heels gibt es da nicht. Alles eher praktisch als stylish. Aber eine gute Idee auf jeden Fall.[152]

---

151 https://www.test.de/Laufschuhe-Das-richtige-Paar-finden-und-da-bei-ein-gutes-Gewissen-haben-4884063-4884116/
152 https://www.solerebels.com/

FAZIT:

- Weniger ist mehr: Uneingeschränkt ökologisch gut ist die Herstellung von Bekleidung nie. Deshalb wenige Stücke kaufen und die möglichst lang tragen.

- Nutzen Sie Secondhandläden oder Kleidertausch-Portale! Dort finden Sie aktuelle, kaum getragene Mode. Gerade bei Babybekleidung können Sie so außerdem sicherstellen, dass eventuell noch vorhandene Schadstoffe ausgewaschen sind.

- Ökobaumwolle ist besser als konventionelle, wegen des Pestizideinsatzes.

- Stretchstoffe sind besonders schlecht zu recyceln, ebenso Fasermischungen wie Elasthan oder Lycra.

- Achten Sie auf faire Herstellungsbedingungen. Eine neue Jeans, genäht von geknechteten Inderinnen, kann Sie nicht schmücken.

- Apropos Jeans: Der coole »Used Look« ist besonders umweltbelastend wegen der Sandstrahlen.

- Die Zahl der Wäschen ist ein wichtiger Faktor, wegen des Mikroplastikabriebs, aber auch wegen der Langlebigkeit. Lieber Kleidung öfter auslüften!

- Sie reduzieren die Menge des Mikroplastiks, wenn Sie immer möglichst volle Waschmaschinen waschen – und sind damit eh besser dabei, in Sachen Energieverbrauch.

- Lassen Sie Schuhe möglichst oft reparieren. Inzwischen gibt es in Berlin sogar ein Start-up, das Turnschuhe vor der Tonne bewahrt: »Sneaker Rescue«.

Windeln waschen oder wegwerfen?

Diese Zahl hat mich echt beeindruckt: Der Müllberg, den ein Kleinkind im Laufe seiner etwa zweieinhalbjährigen Wickelkarriere hinterlässt, wiegt etwa eine Tonne! Die Kommunen erfassen den Windelanteil im Haushaltsmüll nicht separat, aber nach Schätzungen sind es laut BUND etwa 10 Prozent des Restmülls in Deutschland.

Das Ökoproblem dabei, mal abgesehen von der schieren Menge, steckt im Kern moderner Windeln: der sogenannte Superabsorber. 1987 revolutionierte der Marktführer Pampers mit den kleinen Granulatkügelchen die Windelwelt. Statt riesiger Zellstoffpakete, die im Laufe einer Nacht zu schweren, feuchten Klumpen mutierten, hatten die Babys plötzlich dünne, die Flüssigkeit perfekt absorbierende Schichten um den kleinen Po. Die Kügelchen aus polymeren Estern und dem Natriumsalz der Acrylsäure können die 30-fache Flüssigkeitsmenge ihres Gewichts aufnehmen. Dummerweise jedoch werden diese Wunderkügelchen ausgerechnet aus Erdöl synthetisiert.

Auch Öko-Wegwerfwindeln sind hier keine echte Alternative – da ist dann zwar der Zellstoff aus nachhaltigem Anbau, oder Plastikfolien werden durch Folien aus Maisstärke ersetzt, aber im Inneren saugt auch dort der böse Superabsorber. Ein Brandenburger Tüftler hat 2016 eine Ökowindel auf den Markt gebracht, bei der die Erdölerzeugnisse durch Kartoffelstärke aus der Region ersetzt wurden – die tatsächlich ähnlich saugstark ist wie die Industriekügelchen. Die

Neuentwicklung besteht zu 80 Prozent aus nachwachsenden Rohstoffen, nur die Klettverschlüsse und Gummibändchen sind noch aus Kunststoff. Die »Fairwindel« ist allerdings dreimal so teuer wie die herkömmliche Windel aus dem Supermarkt. Und schafft ein neues Problem: Das Recycling der kompostierbaren Windel scheitert an der deutschen Düngemittelverordnung. Menschliche Ausscheidungen dürfen hierzulande nicht in die Biotonne. Ökobewusste Eltern könnten die kompostierbaren Teile der Windel also nur auf dem heimischen Komposthaufen entsorgen – ganz ehrlich: Mein Enthusiasmus würde spätestens da an seine Grenzen stoßen!

Nun ist es kein Wunder, dass die Wegwerfwindel seit ihrer Einführung in Deutschland 1973 den Markt dominiert: Es ist nun mal so unendlich viel praktischer, ganz besonders unterwegs. Auf der anderen Seite des Marktes gibt es mittlerweile jedoch eine Fülle von Modellen, wie die gute alte Stoffwindel unseren modernen Bedürfnissen angepasst werden kann. Eine junge Mutter und Journalistin hat die verschiedenen Systeme für die *Süddeutsche Zeitung* einem Praxistest unterworfen.[153] Und kommt am Schluss zur entscheidenden Frage: Ist die Stoffwindel überhaupt ökologischer? Auch Baumwolle ist, wie wir inzwischen wissen, kein unproblematisches Produkt. Und das viele Waschen belastet die Ökobilanz ebenfalls.

Leider gibt es keine wirklich gute Studie zu diesem Thema, und vor allem keine aktuelle. Die Studie, auf die Ex-

---

153 https://www.sueddeutsche.de/leben/nachhaltigkeit-stoffwindeln-oder-wegwerfwindeln-was-ist-oekologischer-1.3043389-4

292 Politisch korrekter Konsum

perten immer wieder verweisen, stammt aus dem Jahr 2008 und arbeitet mit Daten aus den Jahren 2005 und 2006.[154] Finanziert wurde sie von verschiedenen britischen staatlichen Instituten. Demnach wäre bei nur einem Kind die Ökobilanz der Wegwerfwindel knapp besser als beim Windeln und Waschen. Bei Familien, in denen die Stoffwindeln noch für ein zweites Kind verwendet werden, schneidet die Stoffvariante etwas besser ab.

Allerdings hat diese Studie mehrere Haken, die wieder mal gut zeigen, warum Ökobilanzen so heikel sind: Die Forscher arbeiten mit zwei Durchschnittsszenarien. Bei Wegwerfwindeln ist das einfach, bei Stoffwindeln indes wird es komplex. In der Studie wäscht der Durchschnitts-Windelanwender bei 60 Grad in einer halbvollen Waschmaschine der Effizienzklasse B bis A, ein Viertel der Windeln kommt in den Wäschetrockner, und all das passiert mit konventionellem Strom. Viele Stellschrauben, wo schon Kleinigkeiten die ganze Bilanz auf den Kopf stellen. Liegt die Windel in einer vollen Maschine der Effizienzklasse A++ und trocknet immer auf der Leine, liegt die Stoffwindel auch bei nur einem Kind schon weit vorne.

Es gibt noch eine zweite Studie aus dem Jahr 2009 von der University of Queensland in Australien.[155] Dort wurde nicht mit Standardszenarien gearbeitet, sondern konkret errechnet, welche Auswirkungen die unterschiedlichen Windeltypen

---

154 https://assets.publishing.service.gov.uk/government/uploads/system/uploads/attachment_data/file/291130/scho0808boir-e-e.pdf
155 https://s3.amazonaws.com/zanran_storage/www.crdc.com.au/ContentPages/44777470.pdf

haben, bei Wasserverbrauch, dem Verbrauch nichterneuerbarer Energien, der Abfallmenge und der Landnutzung bei der Rohstofferzeugung. Ein Teil der Daten stammte von einem australischen Windelhersteller, finanziert wurde die Studie aber offenbar aus öffentlichen Geldern. Hier schneiden die Stoffwindeln nur beim Wasserverbrauch geringfügig schlechter ab als Wegwerfwindeln, in allen anderen Punkten liegen sie weit vorne. Und das sogar, obwohl in der Studie nur der Zellstoffverbrauch für Wegwerfwindeln angesetzt wurde, nicht jedoch das verwendete Plastik.

Allerdings waschen Australier offensichtlich viel ökologischer als wir: Die Forscher gingen davon aus, dass Stoffwindeln heiß eingeweicht, dann aber bei niedrigeren Temperaturen gewaschen und an der Luft getrocknet werden. Das mag der Grund sein, warum bei dieser Studie kommerzielle Waschdienste viel schlechter abschnitten als das Waschen der Windeln zu Hause. Außerdem wurden nur Frotteewindeln analysiert. Die Daten sind für den deutschen Markt also nicht wirklich anwendbar.

Unterm Strich muss man wohl davon ausgehen, dass Stoffwindeln die ökologischere Lösung sind, auch wenn der Pampers-Hersteller Procter&Gamble gemeinsam mit der Universität Erlangen an Superabsorbern aus Milchsäure forscht – damit wäre dann zumindest das Erdöl-Problem vom Tisch. In Norditalien ist ein Recyclinganlage für Wegwerfwindeln in Betrieb. Die müssen die Eltern dann allerdings in einer weiteren Tonne separat sammeln. Im Netz finden sich zahlreiche Firmen, die gestressten Eltern Abholsysteme für Stoffwindeln anbieten. Die meisten dieser Modelle lassen sich testen. Seriöse Berechnungen dazu, wie die Fahrten durch die Stadt beim Abholen schmutziger Windeln dann wieder die Ökobilanz vermiesen, gibt es nicht – aber wenn ich mal grob Energieverbrauch und das Mikroplastik aus dem Reifenabrieb überschlage, habe ich Zweifel, ob das die energiesparendere Industriewaschmaschine wieder ausgleichen kann. In diesem Fall ist die ökologischste Variante leider offenbar auch die unbequemste ...

FAZIT:

- Schon bei nur einem Kind ist die Ökobilanz von Stoffwindeln besser als die von Wegwerfwindeln. Nutzt ein zweites Kind die Stoffwindeln, liegt die Stoffwindel klar vorne.

- Bei sogenannten Ökowindeln genau hinschauen: Oft besteht der Kern trotzdem aus Superabsorber-Kügelchen, die aus Erdöl gewonnen werden.

- Auch vermeintlich kompostierbare Windeleinlagen dürfen in Deutschland nicht in die Biotonne. Ob Ihnen die Ausscheidungen Ihres Nachwuchses auf dem Kompost im heimischen Garten gefallen – Ihre Entscheidung ...

- Ganz einfach können Sie Ihre Wickel-Ökobilanz verbessern, indem sie auf Einweg-Nebenprodukte so oft wie möglich verzichten: mit Waschlappen statt Feuchttüchern, einem Moltontuch statt der Wegwerfwickelauflage.

Grillen mit gutem Gewissen

Zu meinen liebsten Kindheitserinnerungen gehört der Moment, wenn mein Vater den Steinzeitmenschen in sich entdeckte und den Grill aus dem Keller holte. »Soll ich dich heute mal entlasten und grillen?«, fragte er meine Mutter, eine Frage, die bei ihr eher gemischte Gefühle auslöste. Denn mein grillender Vater erforderte einen größeren Stab williger Assistentinnen, die Zutaten und Hilfsmittel auf Zuruf in Sekundenschnelle liefern mussten und in der restlichen Zeit in der Küche standen und Salate fabrizierten. Deren Herstellung gehörte selbstverständlich nicht zu den Tätigkeiten eines Grillmeisters! Trotzdem – ich fand diese sommerlichen Grillabende immer super und esse bis heute gerne Gegrilltes. Aber wie steht es da mit der Ökobilanz? Offenes Feuer? Holzkohle? Ressourcenverschwendung? Gehört zu den vielen Themen, bei denen wir ökologisch etwas falsch machen können, ab sofort auch noch das Grillen?

Entwarnung in Sachen Grillscham kommt vom TÜV Rheinland: 95 Prozent der klimarelevanten Emissionen bei einem typischen Grillfest werden durch das verursacht, was *auf* dem Grill liegt.[156] Dabei sind Rindfleisch und Grillkäse die schlimmsten Klimasünder, weil die Ökobilanz der Rinderhaltung viel schlechter ist als die von Schweinemast oder Hühnerzucht. Besonders gut schneidet in dieser Untersuchung der Maiskolben ab. Aber da ich diese Sachen ja im Zwei-

---

156 https://www.presseportal.de/pm/31385/2074444

fel auch ohne Grill gegessen hätte, verschlechtert sich mein ökologischer Fußabdruck demnach kaum, wenn ich mein Essen unter freiem Himmel zubereite statt in der Küche. Trotzdem lohnt es sich, auch die Grillweise etwas genauer anzuschauen. Fast zwei Drittel der Bundesbürger grillen mit Holzkohle. Laut TÜV Rheinland ist das eher emissionsintensiv, Elektro- oder Gasgrill schneiden deutlich besser ab. Nur der Einweggrill aus dem Supermarkt ist noch schlechter, auch wenn er in der Ökovariante theoretisch kompostierbar wäre. Nun schmeckt aber über Holzkohle Gegrilltes vielen einfach besser.

Allerdings kann Holzkohle ein sehr problematisches Produkt sein, je nachdem, wo das Holz herstammt. Die größten Herkunftsländer für Grillkohle in Deutschland sind Nigeria und Paraguay. In beiden Ländern findet praktisch keine nachhaltige Forstwirtschaft statt. Die Kohle stammt von riesigen Flächen, die – in Paraguay – für Viehzucht gerodet werden oder – in Nigeria – aus den letzten Regenwäldern, wo etwa bedrohte Schimpansen leben. Im Mai 2019 fand die Stiftung Warentest in fünf von 17 Grillholzkohlen Tropenholz.[157] Und selbst bei Holzkohle aus europäischen Laubbäumen sind wir Kunden nicht unbedingt auf der sicheren Seite, weil auch in Europa illegal Wälder abgeholzt werden – etwa in der Ukraine. So werden Europas letzte Urwälder auf unseren Grills verfeuert.

Leider lässt der Gesetzgeber uns hier ziemlich alleine: Die europäische Holzhandelsverordnung, die regeln soll,

---

157 https://www.test.de/Grillkohle-CSR-Test-5474364-0/

dass nur legales Holz in die EU kommt, gilt nicht für Grillkohle – dieser Bereich wird also gar nicht erst kontrolliert. Die Hersteller sind auch nicht gesetzlich zur Angabe verpflichtet, woher ihr Holz stammt. Dabei wäre das für uns Kunden gut zu wissen: Denn es gibt auch weitgereiste Holzkohle, die ökologisch sinnvoll ist. In Namibia etwa ist Verbuschung des Landes ein großes Problem. Wenn die Äste dort zu Grillkohle verarbeitet werden, ist das gut fürs Land.

Also was kaufen? Wenn Sie es besonders gut machen wollen: Die Firma Nero Grillkohle vertreibt die einzige zertifizierte Bioholzkohle aus europäischen Wäldern.[158] Und zwei Berliner haben ein Start-up gegründet, das Grillkohle aus den Resten von Futtermais herstellt.[159] Wenn es nicht ganz so innovativ werden soll:

Das FSC-Siegel ist nicht uneingeschränkt zu empfehlen, aber von den zurzeit vorhandenen Siegeln auf jeden Fall das glaubwürdigste. Die Stiftung Warentest stieß bei ihrem Test auf einen Anbieter, der trotz des Siegels ausschließlich Kohle aus Tropenholz im Sack hatte. Aber solche Fälle dreisten Betrugs gibt es nun mal, und zumindest ist das klar

---

158 https://www.nero-grillen.de/
159 https://www.maister-bbq.de/

rechtswidrig. In der Regel ist FSC-zertifizierte Grillkohle schon mal die bessere Wahl. Noch besser ist es, die wenigen Hersteller zu belohnen, die transparent arbeiten und eindeutig offenlegen, wo ihre Holzkohle herstammt. Oder im Zweifel eben doch zum Elektrogrill zu greifen – beheizt mit Ökostrom, natürlich!

FAZIT:

- In erster Linie hängt die Ökobilanz Ihres Grillabends vom Grillgut ab: Bioware ist besser als konventionelle, Gemüse besser als Fleisch und Schwein besser als Rind.

- Alles, was sie hinterher wegwerfen, ist schlecht: Alugrillschalen, Folie zum Abdecken oder gar der ganze Grill.

- Die Ökobilanz von Gas- und Elektrogrills fällt deutlich günstiger aus als die von Holzkohlegrills. Am ökologischsten grillen Sie elektrisch mit Ökostrom.

- Achten Sie beim Grillkohlekauf auf die Herkunft der Holzkohle. Das FSC-Siegel liefert einen Hinweis, ob das Holz nachhaltig gewonnen wurde. Am besten nur Kohle kaufen, bei der eindeutig angegeben wird, woher das Holz stammt und ob es ökologisch einwandfrei gewonnen wurde.

Energiesparen mit dem E-Book-Reader

Reisen war bei mir früher stets ein Gepäckproblem. Weniger wegen der Kleidung. Aber für drei Wochen Strand brauchte ich mindestens 15 Bücher, eher mehr als weniger. Ich kann mich gut an einen Kreta-Urlaub erinnern, in dem mir der Lesestoff auszugehen drohte und ich anfing, Lesezeiten zu rationieren. Oder wie ich mitten im malaysischen Hochland überglücklich ein Regal zum Büchertauschen entdeckte, und so den unmittelbar bevorstehenden Engpass abwenden konnte.

Diese Zeiten sind vorbei, seit ich einen E-Book-Reader habe – wobei mich auch das nicht gänzlich vor Lese-Katastrophen bewahrt: Wie an jenem windigen Nachmittag an der portugiesischen Westküste, als eine Riesenwelle aus meinem elektronischen Buch die Lebensgeister herausschwemmte … den Rest des Urlaubs habe ich mit zusammengekniffenen Augen auf dem Handy gelesen und die Elemente verflucht. Trotzdem: Für Leseratten wie mich ist das handliche Gerät eine extreme Erleichterung – 170 Gramm statt sieben Kilo bedrucktes Papier und Karton mitschleppen, und falls ich spontan Lust auf ein ganz bestimmtes Buch habe, ist es nur zwei, drei Mausklicks und einmal WLAN entfernt … Aber der Reader ist eben auch ein weiteres Gerät, das Strom verbraucht … andererseits benötigt ja auch die Herstellung eines Buches Energie und Ressourcen, selbst wenn viele deutsche Verlage zumindest nur Papier mit dem FSC-Siegel[160] bedrucken. Was also ist die umweltfreundlichere Lösung? Klassische E-Book-Reader unterscheiden sich technisch deutlich von Tablets oder Smartphone-Displays. Sie reflektieren das Licht wie echtes Papier und lassen sich damit auch in sonniger Umgebung problemlos lesen. Dies funktioniert dank Tausender kleiner Kügelchen, gefüllt mit weißen und schwarzen Pigmenten. Mittels Elektroden werden diese Pigmente gesteuert und damit das gewünschte Bild produziert. Solche E-Ink-Displays ermöglichen gewaltige Akku-Laufzeiten, weil sie nur kurz beim »Umblättern« Strom benötigen. Deshalb fallen etwa 99 Prozent des Energieverbrauchs und der Treibhausgasemissionen bei der Herstellung eines E-Book-Readers an und nicht im laufenden Betrieb. Damit ist die erste Regel schon mal klar: Je langfristiger ich meinen aufwändig erzeugten Buchspeicher benutze, desto besser.

Das Freiburger Ökoinstitut hat 2011 E-Book-Reader und ihren ökologischen Fußabdruck gründlich unter die Lupe genommen und ist dabei von einer Regelnutzungsdauer von drei Jahren ausgegangen.[161] Besagte portugiesische Welle hat damals ein sechs Jahre altes Gerät ausgeknockt – damit war das immer noch ärgerlich, aber zumindest war ich schon mal weit über dem Soll! E-Book-Reader müssen gemäß der Analyse der Freiburger Forscher durchschnittlich alle 14 Tage aufgeladen werden, im Gegensatz zu Tab-

---

160 Das Siegel vom schon mehrfach erwähnten Forest Stewardship Council
161 https://www.oeko.de/oekodoc/1179/2011-037-de.pdf

lets mit LED-Display, die schon nach acht Stunden Betrieb wieder ans Netz müssen. Unterm Strich bleibt ein durchschnittlicher Jahresstromverbrauch von 598 Wattstunden, gegenüber 3549 Wattstunden bei LED-Displays. Das Lesen auf dem Handy hat meine persönliche Urlaubslesebilanz damals also fast um den Faktor sechs verschlechtert.

Die Geräte enthalten ähnlich viele Wertstoffe und seltene Erden wie Handys, die an sich gut recyclebar wären. Wie bei Handys ist aber auch hier die Rücklaufquote bei Wertstoffhöfen u. ä. extrem niedrig. Mit schlechtem Gewissen denke ich darüber nach, wo mein kaputter E-Book-Reader damals gelandet ist – ganz ehrlich: keine Ahnung. Aber ziemlich sicher nicht auf dem Wertstoffhof.

Erste Zwischenbilanz: Wenn man elektronisch lesen möchte, dann sollte es lieber ein Reader mit E-Ink-Display sein – allerdings ist der Unterschied nicht riesig, denn, wie erwähnt, der größte Teil der Energie ging ja schon bei der Herstellung drauf. Aber wie schneidet mein kleiner Gepäck-Erleichterer nun im Vergleich zu Büchern ab? Die Papier verbrauchen, aber dafür viel weniger Strom?

Für ein gedrucktes Buch fallen bei der Herstellung etwa 1,1 Kilogramm Kohlendioxid an. Wird das Buch auf recyceltes Papier gedruckt, werden immerhin noch 900 Gramm CO_2 freigesetzt. Das elektronische Lesegerät ist zu diesem Zeitpunkt schon bei acht Kilo Kohlendioxid. Zu diesen Zahlen kommen noch der Strombedarf des Readers auf der einen und der Transport der Bücher auf der anderen Seite. Am Schluss lohnt sich der E-Book-Reader ökologisch ab 32 Büchern à 200 Seiten – bei einer Nutzungsdauer von drei

Jahren wären das etwa zehn Bücher im Jahr. Sind die Bücher, die Sie lesen, alle auf Recyclingpapier gedruckt, müssen Sie schon fast 25 Bücher jährlich lesen, damit sich das Lesegerät lohnt.

Diese Bilanz verändert sich natürlich in dem Moment, wo Ihr Buch nach dem Lesen nicht in Ihrem Bücherschrank verschwindet, sondern noch von weiteren Personen gelesen wird. Wer gebrauchte Bücher kauft und gelesene Bücher weiterverkauft, tut nicht nur seinem Geldbeutel etwas Gutes, sondern auch der Natur. Auch E-Books lassen sich verleihen, aber dann nutzt eben doch in der Regel jeder Leser ein eigenes Gerät. Die beste Ökobilanz hat die gute alte Leihbibliothek. Ein Buch, Dutzende Leser, ganz analog – das toppe selbst ich als bücherverschlingende Superleseratte mit meinem E-Book-Reader nicht.

FAZIT:

- Ab zehn Büchern pro Jahr ist der E-Book-Reader gegenüber dem gedruckten Buch die ökologisch sinnvollere Variante. Bei beleuchteten Displays müssen Sie etwas mehr lesen, und deutlich mehr, nämlich 22 Bücher jährlich, wenn Sie die auf dem Handy oder Tablet lesen.

- Ein defekter E-Book-Reader, der sich nicht reparieren lässt, gehört auf den Wertstoffhof und nicht einfach in den Hausmüll.

- Bücher sind viel zu schade für den Müll oder das Altpapier: Viele Onlinehändler kaufen Bücher en gros auf.

- In manchen Orten gibt es öffentlich zugängliche Bücherschränke, wo man Gelesenes abliefern und so weiteren Lesern zukommen lassen kann. Auf Wikipedia finden sich »Listen öffentlicher Bücherschränke« mit Standorten – allein in Deutschland über 1800. Und in der App »BuchschrankFinder« sind alle öffentlichen Bücherschränke im deutschsprachigen Raum aufgelistet.

- Die umweltfreundlichste Variante: öffentliche Bibliotheken. Wenn Sie dorthin dann auch noch mit dem Fahrrad fahren, machen Sie ganz sicher alles richtig!

Mit gutem Gewissen
durch die Weihnachtszeit

Ich oute mich: Ich bin Weihnachtsfan. Von Mitte Dezember bis weit in den Januar erleuchtet ein Christbaum das Wohnzimmer. Meine Kinder sind sehr erleichtert, dass man mir mit ausgefallenem Christbaumschmuck immer eine Freude machen kann, damit ist die Weihnachtsgeschenkefrage auf Jahrzehnte geklärt. Überhaupt – Geschenke… ich hatte immer viel Spaß daran, Päckchen zu verpacken, Schleifen zu binden. Und frage mich nun natürlich, wie um Himmels willen sich die allgemeine Konsumexplosion zu Weihnachten mit dem Wunsch nach einem nachhaltigen Lebensstil verbinden lassen soll.

281 Euro gab der durchschnittliche Bundesbürger 2019 für Weihnachtsgeschenke aus, 30 Millionen Christbäume stehen in deutschen Wohnzimmern. Von der Unmenge Geschenkpapier, Weihnachtssternen, Adventskränzen und dem Strom für die 17 Milliarden zusätzlichen Lämpchen für festlichen Lichterglanz gar nicht zu reden – klingt nach einer gruseligen Ökobilanz.

Fangen wir mal mit dem Baum an. Laut Schutzgemeinschaft Deutscher Wald stammen 90 Prozent der Weihnachtsbäume aus Deutschland. Heimische Bäume sind auf jeden Fall besser als Importware, je regionaler desto besser, wegen der Umweltbelastung durch den Transport. Wobei es hier schon wieder kniffelig wird – 80 Bäume auf einem LKW, die dann von den Käufern zu Fuß nach Hause gebracht werden, sind im Zweifel weniger CO_2-belastend, als 80 Familienkutschen, die in die Christbaumschonung auf dem Land fahren, um dort ihren Baum persönlich zu schlagen und abzutransportieren.

Beim *Bayern-1-Umweltkommissar* lerne ich, dass Christbäume früher ein Teil der Waldpflege waren: Schwächere Bäume wurden aus Jungbeständen ausgelichtet. Dadurch bekamen die verbleibenden Bäume mehr Licht, Platz und konnten sich besser entwickeln.[162] Bei 30 Millionen Bäumen funktioniert diese Methode allerdings nicht mehr. Heute sind Christbäume ein Plantagenerzeugnis, gezielt gezogen in riesigen Monokulturen. Klarer Favorit der Deutschen ist die Nordmanntanne, mit einem Marktanteil von 75 Prozent. Die ist eigentlich im Kaukasus zu Hause. Die Fichte wäre eine heimische Alternative, nadelt aber dummerweise viel stärker. Noch schlechter: Immer wieder finden Umweltschützer erhebliche Pestizidmengen in den Nadeln, zuletzt der BUND 2017, als von 17 untersuchten Bäumen 13 belastet waren.[163] Bei der Lektüre der Ergebnisse wird mir ganz schwummrig: »In den Nadeln von neun Bäumen und damit am häufigsten wurde das Insektizid Lambda-Cyhalothrin festgestellt, das als das schädlichste zurzeit in der EU zugelassene Pestizid gilt. Es ist unter anderem akut toxisch, schädigt Nervenzellen und das Hor-

---

162 https://www.br.de/radio/bayern1/inhalt/experten-tipps/umwelt-kommissar/christbaum-weihnachtsbaum-bio-100.html

163 https://www.bund.net/service/presse/pressemitteilungen/detail/news/bund-testet-weihnachtsbaeume-76-prozent-mit-pestiziden-belastet-auch-illegales-pestizid-gefunden/?gclid=EAIaIQobChMI0tfWz quy5gIVBbDtCh1mvAEoEAAYASAAEgLBKPD_BwE

monsystem, ist giftig für Bienen und Wasserlebewesen und reichert sich in Organismen an. In Weihnachtsbaumplantagen wird es zur Insektenbekämpfung eingesetzt. Ein weiterer bei dem BUND-Weihnachtsbaumtest gefundener Wirkstoff, Parathion-Ethyl – früher bekannt als E 605 oder umgangssprachlich als ›Schwiegermuttergift‹ –, ist illegal und darf aufgrund seiner äußerst hohen Giftigkeit bereits seit 15 Jahren in der EU nicht mehr verwendet werden. In zwei Weihnachtsbäumen wurde auch das umstrittene Totalherbizid Glyphosat nachgewiesen.« Also, das mag ich eindeutig *nicht* vier Wochen lang in meinem Wohnzimmer herumstehen haben!

Eine mögliche Alternative sind Bio-Christbäume. Damit löse ich das Pestizid-Problem, auch wenn die Biobäume manchmal etwas weniger gerade und gleichmäßig gewachsen sind. Ich notiere das schon mal, als guten Vorsatz fürs nächste Jahr. Allerdings fällt das Nach-Hause-Tragen damit in meinem Fall schon mal weg – Biobäume gibt es fußläufig bei mir keine ...

Nun könnte man den Baum ja mit Wurzelballen kaufen und nach Weihnachten wieder einpflanzen. Weil nicht jeder sich über die Jahre einen Tannenwald im Garten zulegen mag und kann, gibt es mittlerweile Anbieter, bei denen man den Baum im Topf mieten kann. Das ist allerdings etwas für Spezialisten: Denn nachhaltig ist das nur, wenn der Baum auch wirklich nach Weihnachten weiterlebt. Deshalb darf er nur kurz im Wohnzimmer stehen, muss langsam an die wärmere Temperatur gewöhnt werden, wobei er nicht neben der Heizung stehen darf, und man muss ihn regelmäßig, aber nicht zu viel gießen ... klingt kompliziert! Das Umweltportal »Utopia« hat eine Reihe von Anbietern zusammengestellt und erklärt, wie man seinen Mietbaum lebend durch die Weihnachtszeit bringt.[164] Allerdings schlägt da der Transport gleich mehrfach zu Buche, wenn der Mietbaum kilometerweit durch die Gegend gefahren wird.

Oder lieber gleich den Baum aus Plastik? Meine Kollegen von dem WDR-Wissenschaftsmagazin *Quarks* haben verschiedene Studien angesehen, die echte Bäume mit ihren Plastikgeschwistern vergleichen. Bilanz: Je nach Herkunftsland vergehen 17 bis 20 Jahre, bis der Plastikbaum in Sachen Ökobilanz vorne liegt. Den Studien zufolge entstehen durch einen natürlichen Baum etwa 3,1 Kilogramm Kohlendioxid, während bei einer Plastiktanne 48,3 Kilogramm CO_2 zusammenkommen.[165] Und dann haben Sie bei Plastikbäumen auch wieder das Erdöl-Thema auf der Uhr … Was zudem für den traditionellen Christbaum spricht: In den acht bis zehn Jahren, während er wächst, speichert er CO_2.

In Sachen Christbaumschmuck habe ich ein gutes Gewissen: Da wird bei mir wirklich gar nichts weggeworfen, meine ältesten Anhänger begleiten mich seit über 30 Jahren, und schon jetzt wetteifern meine Kinder, wer was erben darf. Aber was ist mit der Beleuchtung? Wenn Sie auf echte Kerzen stehen: Bienenwachs hat eine viel bessere Ökobilanz als Kerzen aus Paraffin – das wird aus Erdöl erzeugt und ist schon deshalb problematisch. Stearinkerzen wären günstiger, dürfen

---

164 https://utopia.de/ratgeber/weihnachtsbaum-alternativen-bio-oeko-regional/

165 https://www.quarks.de/umwelt/weihnachtsbaum-echte-tannen-besser-als-plastik/

aber auch bis zu 10 Prozent aus Paraffin bestehen. Ich persönlich bin mit elektrisch beleuchteten Christbäumen groß geworden – immer ein Highlight an Weihnachten, wenn jemand versehentlich an der falschen Kerze den Baum ausgedreht hat, und die ganze Familie an den Lichtern herumfummelte, um den Baum wieder zum Strahlen zu bringen ... der Stromverbrauch einer LED-Lichterkette ist relativ niedrig. Wie hoch genau können Sie relativ leicht ausrechnen. Die Computerzeitschrift Chip erklärt wie.[166]

Was aus ökologischer Hinsicht gar nicht geht, ist Kunstschnee zum Aufsprühen – Chemikalien und Schwermetalle im Spray, die Entsorgung der Spraydose, und kompostierbar ist der Baum dann auch nicht mehr. Sogenanntes »schweres Lametta« besteht großteils aus Blei und darf deshalb nicht in den Hausmüll, sondern muss zur Schwermetallsammelstelle auf dem Wertstoffhof. Ist das Lametta aus Kunststoff oder Aluminium, ist es wenigstens kein Sondermüll, versaut jedoch ebenfalls den Kompost und muss peinlich genau entfernt werden, bevor der Baum entsorgt wird.

Ein relativ problematisches Produkt ist der so beliebte Weihnachtsstern, nach Orchideen Deutschlands meistverkaufte Topfpflanze. Die Mutterpflanzen unserer Weihnachtssterne stehen in Afrika. Die Stecklinge kommen zu großen Teilen aus Weihnachtsstern-Farmen in Uganda, Kenia oder Äthiopien. Denn unser Klima ist für diese Pflanze völlig ungeeignet, zu wenig Wärme und Sonne. Zwischen Mai und

---

166 https://praxistipps.chip.de/stromverbrauch-der-lichterkette-berechnen-so-leicht-gehts_51048

Mit gutem Gewissen durch die Weihnachtszeit **309**

Juni fliegen die Stecklinge dann nach Europa und werden hier großgezogen. Die Arbeitsbedingungen in den afrikanischen Farmen sind meist problematisch – schlecht bezahlte Arbeiter, hoher Pestizideinsatz. Und weil die Pflanzen nur zu Weihnachten so richtig beliebt sind, wandern sie im Januar meist in den Müll, ganz abgesehen davon, dass das Pflegen eines Weihnachtssterns als mehrjährige Zimmerpflanze auch nur Menschen mit grünem Daumen gut gelingt.

Beim Adventskranz hingegen habe ich trotz intensiver Recherchen keine gravierenden Umweltprobleme gefunden – außer, dass der Korpus nicht aus Styropor sein sollte, weil das später auf dem Kompost Probleme macht.

Kommen wir zu den Geschenken. Ich kenne einige Familien, die sich schon seit Jahren aus Prinzip gar nichts zu Weihnachten schenken. Was dann meistens nur so halb klappt, weil dann doch wieder einer ausschert, die anderen sich daraufhin düpiert fühlen, im nächsten Jahr dann doch auch eine Kleinigkeit bereithalten, sicherheitshalber ... Ich finde, es lohnt sich, über dieses Thema kreativ nachzudenken. Zum Beispiel schenke ich mittlerweile oft am liebsten gemeinsame Erlebnisse: Konzertbesuche, Reisen, ein selbst gekochtes Gala-Menü. Die meisten Leute haben ja ohnehin von allem zu viel. Fast niemand in Ihrem Bekanntenkreis wird noch einen Kerzenleuchter brauchen, und wenn er noch so hübsch ist.

Geschenkpapier gibt es bei mir seit diesem Jahr kategorisch gar nicht mehr. Ich habe jetzt angefangen, besonders schöne bunte Zeitungsseiten aufzuheben. Oder hübsche Tüten als Geschenkverpackung zu nutzen. Und verwende mehrfach – das, was ich bei meinen Geschenkbänder aufbügelnden Großeltern früher etwas skurril fand, ist unter ökologischer Betrachtungsweise genau richtig.

Eine Woche nach der Bescherung folgt in aller Regel die zweite Konsumexplosion, im wahrsten Sinne des Wortes: Laut Statistischem Bundesamt haben wir zum Jahreswechsel 2018/19 stolze 133 Millionen Euro für Feuerwerk verböllert. Die Liste, die gegen die Feuerwerksorgie spricht, ist lang: Wild- und Haustiere geraten in Panik, die Arbeitsbedingungen in den chinesischen Fabriken sind gruselig, dann der Transport, Brände, Verletzungen und Tote durch unsachgemäße Verwendung, ein Müllberg am Morgen danach, und die Feinstaubkonzentration in der Luft am Neujahrstag ist vielerorts höher als das ganze restliche Jahr über. Das Umweltbundesamt kommt auf 4500 Tonnen Feinstaub. Das sind etwa 15 Prozent der Menge, die der gesamte Straßenverkehr im Jahr produziert.

Es gibt also kein richtig gutes Argument für die Feuerwerkerei; ich gebe allerdings ehrlich zu, dass ich bei diesem Thema davon profitiere, dass meine Kinder, die früher mit großer Begeisterung stundenlang Raketen abgefeuert haben, erwachsen sind. Ich weiß nicht, wie standhaft ich wäre, wenn ich mit traurigen Neunjährigen diskutieren müsste, warum ich ihnen ihr Silvesterhighlight verweigern will. An der Uni München arbeiten Forscher an Ökofeuerwerk. Das ist allerdings noch weit entfernt von der Marktreife.

Fast 15 Millionen Deutsche fahren Ski – damit sind wir die zweitgrößte Skination der Welt, und da wir ja auch Reiseweltmeister sind, zieht es viele in den Weihnachtsferien in den Skiurlaub. Gleich die nächste Ökosünde? Ja, allerdings auf andere Art und Weise, als Sie vielleicht vermuten. Denn das, was wirklich die Umweltbilanz verhagelt, sind nicht Kunstschnee oder das Abholzen von Bergwäldern, sondern die Anreise: Etwa 85 Prozent des CO_2-Ausstoßes im Wintertourismus insgesamt gehen auf das Konto der Autofahrten ins Skigebiet. Wer also mit halbwegs gutem Gewissen Ski fahren möchte, sollte mit dem Zug in die Berge fahren. Und auf Tagesausflüge eher verzichten.

FAZIT:

- Der beste Christbaum ist einer aus regionalem, ökologischem Landbau, den Sie idealerweise zu Fuß nach Hause gebracht haben. Schwierig, ich weiß. Nach Weihnachten gehört er in die kommunale Biomüllsammlung, dort wird er kompostiert. Dafür muss er unbedingt komplett lamettafrei sein.

- LED-Lichterketten verbrauchen relativ wenig Strom. Bei Kerzen am besten zu Bienenwachs greifen.

- Alles, was Sie oft benutzen, verbessert Ihre Bilanz: Christbaumschmuck, Lichterketten, Geschenkpapier.

- Feuerwerk geht nicht. Leider.

- Der umfassendste Ratgeber zum Thema stammt vom Institut für Kirche und Gesellschaft der Ev. Kirche von Westfalen und steht im Netz:
  https://www.ekiba.de/html/media/dl.html?i=79585

Besser Konsumieren – und alles wird gut?

Bücher schreiben hilft der Umwelt. Also zumindest bei mir zu Hause. Während ich an diesem Buch geschrieben habe, sind mein Sohn und ich sehr versierte Mülltrenner geworden. Ich war etliche Male mit dem Zug unterwegs, statt mit dem Auto oder dem Flieger und kann jetzt endlich mitreden, wenn es um geänderte Wagenreihung und ausgefallene Heizungen bei der Deutschen Bahn geht. Den Orangensaft zum Frühstück gibt es bei uns nur noch im Winter, wenn wenigstens europäische Zitrusfrüchte verfügbar sind.

314 Besser Konsumieren – und alles wird gut?

Und doch habe ich zunehmend das Gefühl, dass wir Bürger an der Nase herumgeführt werden: Das Bundesumweltministerium schätzt in seinem Klimaschutzbericht für das Jahr 2017, dass damals in Deutschland 905 Millionen Tonnen sogenannter CO_2-Äquivalente ausgestoßen wurden.[167] Ein Drittel dieser 905 Millionen Tonnen stammt von der Energiewirtschaft, allen voran der Stromriese RWE, der vor allem durch seine Kohlekraftwerke für stolze 217 Millionen Tonnen verantwortlich ist. Im gleichen Jahr veröffentlichte eine britische Umweltorganisation einen Report: Demnach gehen 71 Prozent der weltweit ausgestoßenen Treibhausgase auf das Konto von 100 Industrieunternehmen.[168] Ein, zwei Kohlekraftwerke abgeschaltet, und meine Flug- und Autoscham wäre millionenfach kompensiert.

Je länger ich Studien dazu wälze, welche Einkaufstüte die richtige ist, desto verärgerter bin ich. Ein bisschen ist es mit all diesen kleinen Maßnahmen wie mit dem guten alten »Opium fürs Volk«. Wir sind alle derart damit beschäftigt, den Klimawandel zu bekämpfen und uns gegenseitig zu übertreffen mit noch ökologischeren Verhaltensweisen, dass dabei in Vergessenheit gerät, wo die richtig großen Aufgaben liegen. Aufgaben, die so groß sind, dass wir Bürger sie nicht (alleine) schultern können. Dafür aber sehr wohl die Politik. Zum Beispiel beim Thema Verkehr, laut den Zahlen

---

167 https://www.bmu.de/fileadmin/Daten_BMU/Pools/Broschueren/klimaschutzbericht_2017_aktionsprogramm.pdf
168 https://b8f65cb373b1b7b15feb-c70d8ead6ced550b4d987d7c03f-cdd1d.ssl.cf3.rackcdn.com/cms/reports/documents/000/002/327/original/Carbon-Majors-Report-2017.pdf?1499691240

des Bundesumweltministeriums 2017 nach Energie und Industrie auf Platz drei der Verursacher von Treibhausgasen.

Warum komme ich mit meinem Auto doppelt so schnell zum Münchner Flughafen wie mit der S-Bahn, selbst wenn ich eine Weile im Stau stehe? Warum gibt es in vielen Orten überhaupt keinen öffentlichen Personennahverkehr oder einen so ausgedünnten Fahrplan, dass Busse keine Alternative zum privaten PKW sind? Warum sind deutsche Züge zuweilen rollende Schrotthaufen mit überfordertem Personal, das der verärgerten Kundschaft erklären muss, warum die Anschlusszüge im nächsten Bahnhof schon wieder nicht erreicht werden? Warum gibt es kein vernünftiges Schnellzugnetz, und warum wird bei uns der Löwenanteil der Güter noch immer auf der Straße transportiert, wo ausgebeutete, übernächtigte Fahrer aus Osteuropa mit ihren schweren Sattelschleppern einen Großteil dazu beitragen, dass so hohe Straßeninstandhaltungskosten anfallen? Warum haben wir keine nutzungsabhängige Maut für PKW auf Autobahnen, und am besten auch in verstopften Städten?

Diese Liste an Fragen ließe sich endlos fortsetzen. Manchmal scheint mir, dass wir ruhiggestellt werden sollen, mit einer Strategie, die Versprechen und Drohung zugleich ist: Wenn ich mich richtig verhalte – richtig esse, einkaufe, reise –, dann lässt sich das Klima retten. Während wir eifrig mit Hilfe des CO_2-Rechners auf der Seite des Umweltbundesamtes[169] ermitteln, wie sehr wir zum Klimawandel beitra-

---

169 Ganz ehrlich: Ich hab mit mir gerungen, ob es nicht inkonsequent ist, die Adresse hier anzugeben. Wo ich doch gerade gegen das schlechte

gen, mit unserem Konsumverhalten, und uns permanent ein schlechtes Gewissen umweht, weil irgendwie alles, was Spaß macht, unsere Bilanz versaut, während wir zu verzichten lernen und im Schwarzwald urlauben statt in New York (oder wenigstens nur mit ultraschlechtem Gewissen zu unserem Langstreckenflug starten), genießen im Autoland Deutschland die Hersteller immer noch weitgehend Narrenfreiheit, wird die Energiewende eher zögerlich vorangetrieben, hat die Politik bis heute keine wirkliche Antwort darauf, wie wir denn nun die vielen Klimaziele erreichen wollen, die auf irgendwelchen Gipfeln regelmäßig verabschiedet werden.

Wer keine Antwort weiß, fragt gerne zurück: Im oben genannten Klimarechner des Umweltbundesamtes gibt es im Unterpunkt »Mein CO_2-Szenario« zum Beispiel folgende Frage:»Sind Sie zukünftig bereit, Ihre Wohnfläche zu verkleinern, beheizte Wohnfläche zu reduzieren oder Ihre Wohnraumtemperatur um 1 Grad zu senken?« Frieren für die Klimarettung? Ernsthaft? Ich finde es fast schon frech, wenn eine der Bundesregierung unterstellte Behörde mir solche Fragen stellt.

Mit großem Getöse hat die Bundesregierung im September 2019 ihr »Klimaschutzprogramm 2030« vorgelegt – ein Paket, bei dem sich alle Experten einig sind, dass die Maßnahmen nicht annähernd ausreichen, um den Klimawandel zu stoppen. Gerade beim Thema Verkehr sind wir auch mit

---

Gewissen wettere. Aber vielleicht sind Sie ja trotzdem neugierig. Deshalb hier doch der Link zum CO_2-Rechner: https://uba.CO_2-rechner.de/de_DE/.

den beschlossenen Maßnahmen weit davon entfernt, die im Pariser Weltklimavertrag längst beschlossenen Ziele zu schaffen. Der »European Green Deal« der neuen EU-Kommissionspräsidentin Ursula von der Leyen ist deutlich ambitionierter – doch wie viel davon übrig bleibt, wenn der Klimaschutzplan durch die Gremien der Union gegangen ist, wissen die Götter.

Ich werde trotzdem weiter meinen Müll trennen. Ohne Zweifel nutzt es etwas, wenn jeder bei sich im Kleinen ein paar Dinge besser macht. Aber gleichzeitig sollten wir alle uns immer wieder klarmachen, dass die großen Fragen die viel relevanteren sind. Dass große Veränderungen notwendig sind, bei der Energieerzeugung, bei der Herstellung von Lebensmitteln, beim Warentransport, beim Verkehr. Wir sollten unseren Politikern damit so oft wie möglich auf die Nerven fallen und deutlich machen, dass uns bewusst ist, wo die wirklich wirksamen Entscheidungen getroffen werden, die den Klimawandel stoppen können. Dass wir einerseits verstanden haben, dass zur Rettung der Erde auch Verzicht gehören wird und dass wir bereit sind, diesen Beitrag zu leisten. Aber dass wir von unseren gewählten Volksvertretern im Gegenzug erwarten, dass sie die drängenden Probleme angehen. Jetzt.

10 goldene Regeln für ein nachhaltiges Leben

Energie sparen: Strom ist nie völlig sauber. Deshalb immer und überall so wenig Strom verbrauchen, wie es nur geht.

Müll vermeiden: Der beste Abfall ist immer der, der gar nicht erst entsteht. Ansonsten Müll getrennt sammeln und einem geregelten Recycling zuführen.

Verwerten statt entsorgen: Was für Sie überflüssiger Ballast ist, ist vielleicht genau das, was ein anderer gerade sucht.

Gebraucht kaufen: Alles, was nicht neu für Sie erzeugt wurde, sondern ein zweites oder drittes Mal genutzt wird, verbessert sofort Ihre persönliche Energiebilanz.

Bewusst reisen: Flüge auf ein Minimum beschränken. Und möglichst oft öffentliche Verkehrsmittel nutzen statt das eigene Auto.

Weniger Fleisch: Fleisch, besonders Rindfleisch, ist das klimaschädlichste Lebensmittel und sollte deshalb eine Delikatesse sein. Und immer aus tiergerechter Haltung stammen.

Lieber bio: Die ökologische Landwirtschaft geht, trotz höheren Landverbrauchs, schonender mit unseren natürlichen Ressourcen um. Das gilt nicht nur für Lebensmittel, sondern beispielsweise auch für Baumwolle.

Fair einkaufen: Viele Waren sind nur deshalb so billig, weil sie unter für andere unzumutbaren Bedingungen erzeugt werden.

Konsum mit Augenmaß: Alles, was Sie nicht kaufen, ist ein Gewinn in Sachen CO_2-Ausstoß.

Seien Sie anstrengend! Gehen Sie Handel, Herstellern und Erzeugern auf die Nerven. Fragen Sie nach nachhaltig erzeugten Produkten. Zeigen Sie Interesse daran, wie Ihre Ware produziert wird. Wir Kunden haben mit unseren Kaufentscheidungen viel mehr Macht, als uns oft bewusst ist. Diese Macht sollten wir nutzen!

Dank

Wenn es sie nicht gäbe, müsste man sie unbedingt erfinden: die Stiftung Warentest. Seit Jahrzehnten testet sie all die Produkte in unserem Alltag. Von ihren unbestechlichen Analysen, die sich immer öfter auch mit Umweltaspekten befassen, habe ich bei meinen Recherchen enorm profitiert, ebenso wie von den Tests der Zeitschrift *Ökotest.*

Mein Dank gilt zudem meinem Kollegen Alexander Dallmus von Bayern 1. Als »Umweltkommissar« hat er dort viele der Themen behandelt, um die es auch in diesem Buch geht, und mir wertvolle Denkanstöße und Hinweise auf Studien gegeben.

Meine Freunde, insbesondere die »Lago-Gang«, verschönern nicht nur seit Jahren mein Leben, sondern haben mir auch durch unsere zahlreichen Gespräche und Diskussionen viel Futter geliefert und mir dabei geholfen, die richtigen Fragen zu stellen.

Nicht zuletzt danke ich Theresa und Jakob – die als erste Leser mit ihrer konstruktiven Kritik das Manuskript besser gemacht haben. Und auch sonst in wirklich jeder Lebenslage eine Bereicherung sind: Schön, dass ich euch zwei habe! Allein für euch würde es sich schon lohnen, diesen Planeten zu retten!

Hilfreiche Links und Literatur für bewussteren Konsum

https://www.siegelklarheit.de/home
Das Portal der Bundesregierung bewertet sehr übersichtlich Siegel aller Art.

https://www.atmosfair.de/de/
Der Marktführer für CO_2-Kompensation, etwa bei Flugreisen oder Kreuzfahrten.

https://utopia.de/siegel-guide/
Das Umweltportal hat im Netz einen umfassenden Wegweiser durch den Siegel-Dschungel veröffentlicht und ist auch sonst eine gute Adresse für ökologisch korrekten Konsum.

https://www.blauer-engel.de/de
Das Umweltzeichen der Bundesregierung ist ein wertvoller Hinweis. Im Netz sind alle ausgezeichneten Produkte zu finden, nach Warengruppen sortiert.

Katarina Schickling: *Besser Einkaufen.* **2018**
In meinem Wegweiser für Verbraucher finden Sie ausführliche Erklärungen dazu, wie unsere Lebensmittel entstehen

und wie Sie als kritischer Kunde hochwertige, fair erzeugte Ware finden.

Hannes Jaenicke: *Die große Volksverarsche. Wie Industrie und Medien uns zum Narren halten. Ein Konsumenten-Navi.* **2013**
Der Schauspieler und Dokumentarfilmer zeigt, wie man sich gegen die Irreführung des Konsumenten wehren kann.

Rudolf Buntzel, Francisco Marí: *Gutes Essen – arme Erzeuger: Wie die Agrarwirtschaft mit Standards die Nahrungsmärkte beherrscht.* **2016**
Wenn Sie mehr über die Mechanismen hinter unserer Lebensmittelerzeugung und den Zusammenhängen mit Flüchtlingsströmen wissen möchten.

Register

Abfallhierarchie, fünfstufige 48
Akku 168, 173
– wiederaufladbarer 168, 173
Altpapier 53 f., 57
Altpapiertonne 54 f.
Anbau, konventioneller 198
Anbau, ökologischer 236
Anwohnerparken 139
Apfel 193–201
– Ökobilanz des 201
– regionaler 200
Aqua Pro Natura (Siegel) 57
Atmosfair (Non-Profit-Organisation) 110, 113, 130
Atomenergie 144, 151
Auto 92 ff., 105, 125
– CO_2-Bilanz des 101, 103
– Diesel 94
– mit Brennstoffzelle 97
Automobilindustrie 88, 98, 136
Avocado 208 f.

Backpapier 273
Bad, abfallfreies 258–265
Bahn 118
Bambusbecher 76 ff.
– Melaminharz in 76
Batterie 168
Batterietechnologie 100
Baumwollanbau 281

Baumwolle 280
– konventionelle 281
Bekleidung 281, 284, 287
– aus Secondhandläden 289
– Kleidertauschportale und 289
– Siegel für 284 ff.
Bioanbau 198, 237
Biobaumwolle 281
Biofleisch 207, 243
– Trinkwasserschutz und 235
Biokaffee 84
Biolandwirtschaft 240
Biolebensmittel 240
Biomülltonne 49
Biopalmöl 227, 230
Bio-Plastik 46
Bioprodukte, Globalisierung und 224
Bisphenol A 63, 65, 78
Bleiche, chlorfreie 55
Brennstoffe, fossile 98, 148
Bügelflasche 79
Bus 119

CO_2-Äquivalent 16
Carsharing 88, 137 ff., 140
Carsharing-Modelle 90, 137
CO_2 126
CO_2-Emissionen 112

– Kompensationsgeschäft und 112

CO_2-Labelung 192

Damenhygiene 259
Deoroller 261
Der Blaue Engel (Siegel) 56, 57
Desinfektionsmittel 267
Deutsche Bahn 118 ff., 147
Dienstwagen 103 f.
– Steuererleichterungen und 104
Dienstwagensteuer 103
Digitalisierung 180
Duales System Deutschland 49
Dünger 227

E-Auto-Bashing 100
E-Book-Reader 299 ff., 303
– mit E-Ink-Display 301
Econyl (Öko-Nylon) 282
Einkaufen, regionales 193
Einkaufsbeutel 46
Einwegartikel 265
Einwegfilter 81
Einwegflasche 71 f.
Einweg-Glasverpackung 63
Einwegpfand 70
Einweg-Pfandpflicht 70
Einwegverpackung 69
Elektro-Auto 93 f.
– Batterien des 95 f.
– CO_2-Bilanz des 96
– Strommix und 95
Elektromobilität 100
Elektronikschrott 167
Elektrorasur 259
Elektroschrott 276

E-Mail 190
Energie 13, 35, 54, 133, 144 f.
– Kommunikation und 185
– Server, Clouds und 186, 188
– Serverfarmen und 186
– Streamingdienste und 188
Energieeffizienz 161
Energiemarkt 151
Energien, erneuerbare 17, 147 f.
Energiesparlampe 157, 160
Energiespeicher 175
Energieträger, CO_2-Bilanz der 148
Energieverbrauch, Technik und 189
Energiewende 316
Energiewirtschaft 314
Entwicklungshilfe, Handelspolitik und 221
Entwicklungsprojekte, Agrarexporte und 222
Erden, seltene 17, 180, 301
Erneuerbare-Energien-Gesetz 144
Ersatzmilch 210
E-Scooter 133 ff.
– Nutzungsdauer der 134
Essigessenz 269
Europäische Blume (Ecolabel) 57
European Green Deal 317

Fahrgemeinschaft 125
Fahrrad 131 f., 136
Fahrradfahren 136, 141
Fahrzeugherstellung, CO_2-Emissionen und 97
Fairphone 182
Farstainability 259
Fast Fashion 279

Feinstaub 89 f., 127
Fernbus 119
Fernwärme 153
Fisch 214–217
– Aquakultur und 213, 217
– Ökobilanz und 214, 216
Fleece-Kleidungsstücke 282
Fleisch 202, 205, 207, 213
Fleischersatz 203 f.
Fleischersatzprodukte 203 f.
Fleischkonsum 202
Fliegen 117
– CO_2-Bilanz des 107
– Inlandsflüge 115
– Treibhausgase und 108
Flugrouten, Nicht-CO_2-Emissionen und 115
Flugscham 106
Flugverzicht 113
Flugzeug 124
Flüssigwaschmittel 274
Forstwirtschaft, nachhaltige 57
Fruchtsaft 197
FSC (Forest Stewardship Council) 57
FSC-Siegel 57
Futtermittelerzeugung 213

Gasheizung 152
Gelber Sack 48 f.
Gemüseabfälle 51
Geschirrspüler 162, 165 f.
Getränkedose 75
Getränkekarton 74 f.
Getränkeverpackung 70
Glas 49, 261
Glühbirne 49, 155, 160

Goldstandard CER (Gütesiegel) 112
Grillen 295 ff.
– FSC-Siegel und 297 f.
– mit Bioholzkohle 297
– mit Elektrogrill 298
– mit Gasgrill 296
– mit Grillkohle 296 ff.
– mit Holzkohle 295 ff.
Grillgut, Ökobilanz des 298

Halogenlampe 156
Haushaltsbeleuchtung, Stromverbrauch der 156 f.
Haushaltsgeräte 160
– Effizienzklasse der 167
– Richtwerte für 164
Haushaltsreiniger 268
– gesundheitsfreundliche 269
Hausmüll 52
Holzpellets 152
Huhn 218 f., 224
Hundekot 42
Hybridfahrzeug 97
Hygiene 266

Internet 190
– Einkaufen im 249

Jevons-Paradoxon 144
Joghurtbecher 50, 69

Kaffee 81 f., 109
– in Aluminiumkapsel 83 ff., 85
– Vollautomat 86
– wiederbefüllbare Kapsel und 85
Kaffeeanbau 84

Kaffeebecher 22, 24, 27, 31
Kaffeemaschine 86
Kaffeesatz 81, 83
Kehrichtverbrennung 149
Keimbelastung, im Haushalt 267
Kernenergie siehe Atomenergie
Kernseife 269, 274
Kleidung 279
Kleidungsstück 280
Klimaschutz, Biolebensmittel und
237
Klimaschutzprogramm 2030 316
Klimawandel 12, 124, 314 f.
– Konsumverhalten und 313 f.
Kondensstreifen 114
Konservendose 63
Konsum, nachhaltiger 14, 146,
222
Konsumverhalten 132
– Kompensationszahlungen und
111
Kreislaufwirtschaft 68
Kreuzfahrt 123, 126, 128 ff.
Kreuzfahrtschiff 126, 128
Kühlschrank 161 ff.
Kunstfasern 280 f.
Kunststoff, kompostierbarer 44,
85

Landbau, konventioneller 236
Landbau, ökologischer 239
Landwirtschaft, konventionelle
238, 240
Landwirtschaft, ökologische 224,
237
Lebensmittel 222, 241
– CO_2-Bilanz der 201

– Handelskonzepte und 223
– Ökobilanz der 204 ff.
– Verarbeitungsgrad der 201
– weniger wegwerfen 244 ff.
Lebensmitteleinkauf 191
Lebensmittelverschwendung 239
Lebensstil 11, 208, 239
Leder 288
LED-Leuchte 156 f.
Leuchtmittel 157

Mandelmilch 211
Master-Slave-Steckdose 158, 160
Mehrwegbecher 28, 33
– Pfandsystem und 33
Mehrwegbecher-Konzept 24
Mehrwegflasche 70 ff., 78, 80
Mehrweg-Glasflasche 78
Menstruationstasse 259
Mikroplastik 42, 262 ff., 281, 289
– in Kosmetik 262
Mikroplastiksiegel 264
Milch 210
Milcherzeugung, konventionelle
220
Milchprodukte, Ökobilanz der
210
Milchpulver 220, 224
Mitfahrzentrale 125
Mobilität 91
Mobilitätswende 100
Müllheizkraftwerk 149
Müllmythen 48
Mülltrennung 47
Müllverbrennung 47
Müllverbrennungsanlage 50

Register   329

Nachhaltigkeit 248
Nahrungsmittel, Verschwendung
   von 241 f.
Nahverkehr 131 – 141
Nassrasieren 258
Natron 269, 274
Nespresso-Kapsel 82

Obsoleszenz, geplante 275
Ocean Plastic 67
Ökobaumwolle 289
Ökobilanz 234
Ökolandbau 236
Ökolandwirtschaft 239
Ökostrom 146 f., 154
Ölheizung 153
Onlinehandel 249, 251
 – Ökobilanz des 253
 – Retouren und 251 ff.

Packpapier 59
Palmöl 225 – 230
 – als Biokraftstoff 229
 – nachhaltiges 226
Palmölunternehmen 109
Palmölverbrauch 230
Papier 53 f.
 – holzfreies 55
Papiertüte 40, 43, 46, 59
Pappbecher 23 f., 31
Parkgebühren 141
Parkraum 139
Personennahverkehr, öffentlicher
   139, 315
Pestizid 197 f., 226 f., 240, 305
PET-Flasche 78
Pfandbecher 31

Photovoltaik siehe Solarstrom
Plastik 261
 – recyceltes 46
Plastikfasten 60
Plastikhülle 37, 59
Plastikmüll 44, 61
 – Verwertungszyklus und 67
Plastiktüte 38, 40 f., 59
Plastikverpackung 35, 61
Polyethylen 41 f., 64
Poolflasche 80
Powerbank 168, 174 – 177
Putzmittel 266, 272
 – antibakterielle 266

Recyclingcodes 65 f.
Recyclingkreislauf 69
Recyclingpapier 56, 58
Recyclingquote 51
Reiniger, antibakterielle 268 f.
Reisebus 123
Reisemüll 116
Repair-Café 277
Reparaturen 277

Schiffstreibstoff 128
Schiffsverkehr 127
Smartphone 178 – 184
 – ausrangiertes 184
 – Ökobilanz des 181
Soda 269, 274
Solarenergie 149
Solarstrom 148
Solarthermie 152
Spülmaschine 30
Stellplätze 139
Stickoxide 127

Stretchstoffe 288
Strohhalm 234
Strom, mobiler 168–177
Strommix 95 f., 121
Stromverbrauch 145, 156 f.
– Stand-by-Funktion und 158
Stromversorgung, dezentrale
153
SUV (Sport Utility Vehicle) 99

Tampons 260
Tempolimit 101 f.
Tetra Pak 64, 73
Textilien 279 f.
Textilindustrie 283
Tierhaltung, konventionelle 240
Tourismus 122
Tragetasche 41
Treibhausgase 16, 110
– Ausgleichszahlungen und 110
– Industrieunternehmen und 314
– Rindfleischerzeugung und 213
– Verkehr und 314 f.
Treibhausgasemissionen 185, 188
– Autoverkehr und 113
– der Haushaltshelfer 162
– E-Book-Reader und 299
– Rindfleisch und 204
– Urlaubsreisen und 122
– Verkehr und 93
Tüte, kompostierbare 49

Überfischung 215 ff.
Übersee-Apfel 193
– Ökobilanz des 194
Umwelt-Auto-Abwrackprämie 162,
276

Umweltprämie siehe Umwelt-
Auto-Abwrackprämie

Verbrennungsmotor 97
Verbundkarton 62, 64, 69, 72 f.,
79 f.
Verbundmaterialien 270
Verkehrsmittel 122, 124, 127, 131
– Emissionen und 120
– externalisierte Kosten der 124
– öffentliche 88, 141
Verpackung 59, 69, 265
Verpackungsmaterial 59
Verpackungsmüll 60, 68
Versandhandel 59
Viskose 283

Wärmepumpe 152
Wäschetrockner 161 f.
Waschmaschine 160 f.
Waschmittel 265, 268, 270 f.
– im Baukastensystem 269
– umweltfreundliche 268 f.
Waschpulver 274
Wasser 231–235
– Grundwasser 233, 269
– Leitungswasser 232 f., 235
– Mineralwasser 232
– Trinkwasserverordnung und
232
– Wassersprudler und 233, 235
Wasserkocher 164
Wasserkraft 144, 146
Wasserverbrauch 211
Wattepads 260
Wegwerfbatterie 169 ff., 177
Weihnachtszeit 304–311

Register 331

- Adventskranz 309
- Bio-Christbaum 306
- Christbaum 304 f., 311
- Christbaumschmuck 304, 311
- Feuerwerk 310 f.
- Geschenke 309
- Geschenkpapier 309
- Kerzen 307 f.
- Kunstschnee 308
- Lametta 308
- LED-Lichterkette 308, 311
- Mietbaum 307
- Plastikbaum 307
- Skiurlaub 311
- Weihnachtsstern 308
Weltpark Tropenwald 57
Windel 290–294

- Fairwindel 291
- Öko-Wegwerfwindel 290
- Stoffwindel 291 ff.
- Wegwerfwindel 291 ff.
- Wickel-Ökobilanz und 294
Windkraft 147
Windräder 146 f.
Wintertourismus 122
Wohnmobil 123

Zahnbürste 258
10 goldene Regeln 318
Zitronensäure 269
Zuchtfisch 214
Zug 125
- Ökobilanz des 125

Bildnachweis

Aid by Trade Foundation, Cotton made in Africa: 286
Arbeitskreis Mehrweg GbR: 71
Blauer Engel www.blauer-engeld.de: 57
EU Ecolabel, mit freundlicher Genehmigung der RAL
GmbH: 57
Flustix GmbH, Berlin: 264
FSC®-Logos mit freundlicher Genehmigung von FSC
Deutschland: 57, 297
Genossenschaft Deutsche Brunnen, Bonn: S. 79
Internationaler Verband der Naturtextilwirtschaft e.V.,
IVN NATURTEXTIL zertifiziert BEST, Global Organic Textil
Standard: 284
OEKO-TEX Service GmbH, Zürich: 286
TransFair e.V., Köln: 285

ENTDECKEN SIE DIE SCHÖNSTEN SEITEN DES LEBENS.

Um die ganze Welt des Mosaik Verlags kennenzulernen, besuchen Sie uns doch im Internet unter: *www.mosaik-verlag.de*

Dort können Sie
  nach weiteren interessanten Büchern *stöbern*,
  Näheres über unsere *Autoren* erfahren,
  in *Leseproben* blättern, alle *Termine* zu
  Lesungen und Events finden und den *Newsletter*
  mit interessanten Neuigkeiten, Gewinnspielen
  etc. abonnieren.

Ein *Gesamtverzeichnis* aller lieferbaren Bücher finden Sie dort ebenfalls.

www.mosaik-verlag.de

GEMÜSE

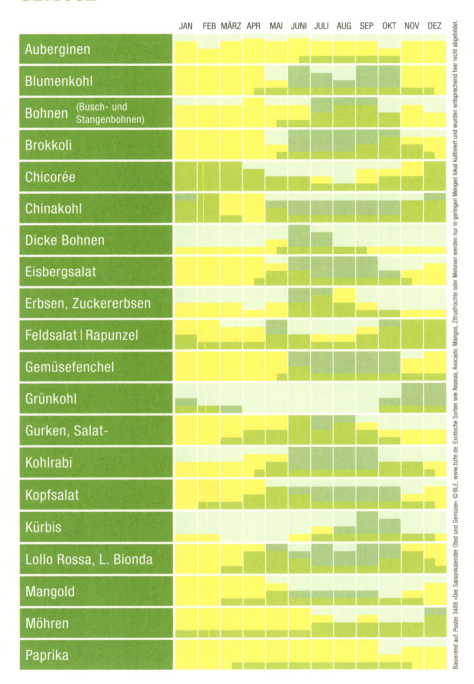